Einführung in die Bilanzierung und Bewertung

Lizenz zum Wissen.

Sichern Sie sich umfassendes Wirtschaftswissen mit Sofortzugriff auf tausende Fachbücher und Fachzeitschriften aus den Bereichen: Management, Finance & Controlling, Business IT, Marketing, Public Relations, Vertrieb und Banking.

Exklusiv für Leser von Springer-Fachbüchern: Testen Sie Springer für Professionals 30 Tage unverbindlich. Nutzen Sie dazu im Bestellverlauf Ihren persönlichen Aktionscode C0005407 auf *www.springerprofessional.de/buchkunden/*

Springer für Professionals.
Digitale Fachbibliothek. Themen-Scout. Knowledge-Manager.

- Zugriff auf tausende von Fachbüchern und Fachzeitschriften
- Selektion, Komprimierung und Verknüpfung relevanter Themen durch Fachredaktionen
- Tools zur persönlichen Wissensorganisation und Vernetzung

www.entschieden-intelligenter.de

Springer für Professionals

Boris Hubert

Einführung in die Bilanzierung und Bewertung

Grundlagen im Handels- und Steuerrecht sowie den IFRS

Boris Hubert
BEST-Sabel-Hochschule Berlin
Berlin
Deutschland

ISBN 978-3-658-04512-8   ISBN 978-3-658-04513-5 (eBook)
DOI 10.1007/978-3-658-04513-5

Die Deutsche Nationalbibliothek verzeichnet diese Publikation in der Deutschen Nationalbibliografie; detaillierte bibliografische Daten sind im Internet über http://dnb.d-nb.de abrufbar.

Springer Gabler
© Springer Fachmedien Wiesbaden 2014
Das Werk einschließlich aller seiner Teile ist urheberrechtlich geschützt. Jede Verwertung, die nicht ausdrücklich vom Urheberrechtsgesetz zugelassen ist, bedarf der vorherigen Zustimmung des Verlags. Das gilt insbesondere für Vervielfältigungen, Bearbeitungen, Übersetzungen, Mikroverfilmungen und die Einspeicherung und Verarbeitung in elektronischen Systemen.

Die Wiedergabe von Gebrauchsnamen, Handelsnamen, Warenbezeichnungen usw. in diesem Werk berechtigt auch ohne besondere Kennzeichnung nicht zu der Annahme, dass solche Namen im Sinne der Warenzeichen- und Markenschutz-Gesetzgebung als frei zu betrachten wären und daher von jedermann benutzt werden dürften.

Gedruckt auf säurefreiem und chlorfrei gebleichtem Papier

Springer Gabler ist eine Marke von Springer DE. Springer DE ist Teil der Fachverlagsgruppe Springer Science+Business Media
www.springer-gabler.de

Vorwort

Über einen Zeitraum von mehreren Jahren betrachtet sind aus Bilanzen sowie Gewinn- und Verlustrechnungen bestehende Jahresabschlüsse von Unternehmen das, was für Privatpersonen Lebensläufe darstellen: lückenlose Zusammenfassungen aller erzielten Ergebnisse, Erfolge und auch Misserfolge innerhalb durchlebter Geschäftsjahre. Aus der Sicht eines Unternehmens betrachtet liegt hierin das Kerngeschäft des externen Rechnungswesens: die Erstellung aller Dokumente, die für Finanzbehörden als Informationsgrundlage zur Bemessung der Steuerlast sowie für Share- und Stakeholder als Abbild der wirtschaftlichen Entwicklung eines Unternehmens dienen. Während für die Finanzbehörden primär der in der G&V ausgewiesene und zu versteuernde Gewinn von Interesse ist, liegt das Augenmerk der Anteilseigner und Kapitalgeber darüber hinaus in der Entwicklung des Eigenkapitals, anhand dessen sich das wirtschaftliche Wachstum des Unternehmens ableiten lässt.

Dass derart sensible Informationen mit größtmöglicher Sorgfalt zu erstellen sind, dürfte außer Frage stehen, weswegen Kaufleute im Gegensatz zum als Kostenrechnung bezeichneten, internen Rechnungswesen bei der Bilanzierung und Bewertung nicht frei hinsichtlich der Gestaltung sind. Neben der Abgabenordnung (AO) restringieren u. a. das Einkommensteuergesetz sowie das Handelsgesetzbuch die Bewertung von Vermögensgegenständen. Beide Rechtsquellen ergänzen sich aufgrund der Existenz des Maßgeblichkeitsprinzips.

Handels- und steuerrechtliche Bewertungsvorschriften weichen zum Teil erheblich voneinander ab und führen bei ihrer Anwendung zu völlig anderen Ergebnissen hinsichtlich des Gewinns und des Eigenkapitals. Dieses Buch ist darauf ausgerichtet, die insbesondere im Mittelstand wiederkehrenden Fragestellungen hinsichtlich der Bewertung von Forderungen, Verbindlichkeiten, geringwertigen Wirtschaftsgütern sowie die aus dem Bilanzrechtsmodernisierungsgesetz (BilMoG) resultierenden Änderungen des strengen sowie des gemilderten Niederstwertprinzips und des Prinzips der wirtschaftlichen Zuordnung an Hand konkreter Beispiele zu verdeutlichen. Ferner sollen deren Auswirkungen auf das Unternehmensergebnis erläutert werden. Zu diesem Zweck sind stets die zu den im Text behandelten Fallbeispielen gehörenden Buchungssätze und Konten dargestellt. Versierten Praktikern soll hiermit ein Nachschlagewerk und Studierenden eine Begleitliteratur zu Vorlesungen und Seminaren geboten werden.

Mein Dank an dieser Stelle gilt insbesondere meinen Freunden und Kollegen Herrn Prof. Dr. Alex Baumgärtner, Herrn Prof. Dr. Benjamin-Immanuel Hoff sowie Herrn Dipl.-Ing. ök. Ök. Wolfgang Peter für viele gute Gespräche und den Zuspruch, der maßgeblich zur Fertigstellung dieses Buches beigetragen hat.

Berlin, Juni 2014					Boris Hubert

Inhaltsverzeichnis

1	**Das betriebliche Rechnungswesen**	1
1.1	Abgrenzung des externen und internen Rechnungswesens	1
1.2	Aufgaben und Bedeutung des externen Rechnungswesens	2
1.3	Bilanzierungsanlässe	4
1.4	Handelsrechtliche Bilanzierungsvorschriften	5
1.5	Steuerrechtliche Bilanzierungsvorschriften	11
1.6	Materielle Ordnungsmäßigkeit und Verstöße gegen die Bilanzierungsvorschriften	14
1.7	Wechselwirkung der Handels- und Steuerbilanz	19
1.8	Zusammenfassung	23
1.9	Wiederholungs- und Kontrollfragen	24
1.10	Lösungen Kapitel 1	24
	Literatur	26
2	**Bewertung von Vermögensgegenständen**	29
2.1	Zusammenhang von Bilanzierung und Bewertung	29
2.2	Das Prinzip der wirtschaftlichen Zuordnung	30
2.3	Bewertungsgrundsätze	33
	2.3.1 Immaterielle Vermögensgegenstände	36
	2.3.2 Bewertung von Vermögensgegenständen des Anlagevermögens	43
	2.3.3 Vermögensgegenstände des Umlaufvermögens	70
	2.3.4 Verbindlichkeiten	84
2.4	Inhalte und Aussage der Kapitalflussrechnung/Cashflow	85
2.5	Nachträgliche Anschaffungskosten	94
2.6	Bewertungsvereinfachungsverfahren	98
2.7	Zusammenfassung	102
2.8	Wiederholungs- und Kontrollfragen	104
2.9	Lösungen Kapitel 2	109
	Literatur	123

3 Ansatzvorschriften, Bilanzierungsverbote und Kennziffern ... 125
- 3.1 Rückstellungen ... 125
- 3.2 Rechnungsabgrenzungsposten ... 130
- 3.3 Nicht durch Eigenkapital gedeckter Fehlbetrag ... 132
- 3.4 Aktivierungs- und Passivierungsverbote ... 134
- 3.5 Bilanzanalyse und Bilanzkennziffern ... 136
  - 3.5.1 Liquidität 1., 2. und 3. Grades ... 137
  - 3.5.2 Eigenkapitalintensität/Verschuldungsgrad ... 138
  - 3.5.3 Vermögensstruktur/Anlagendeckung ... 139
  - 3.5.4 Eigenkapitalrentabilität ... 139
  - 3.5.5 Zusammenfassung ... 140
- 3.6 Wiederholungs- und Kontrollfragen ... 142
- 3.7 Lösungen Kap. 3 ... 144
- Literatur ... 149

4 Bilanzierung in Konzernen ... 151
- 4.1 Gründe für Unternehmenszusammenschlüsse ... 151
- 4.2 Kapitalkonsolidierung; Anwendung der Buchwertmethode ... 152
- 4.3 Bilanzierung nach IFRS gemäß § 315 a HGB ... 155
- 4.4 Zusammenfassung ... 157
- 4.5 Wiederholungs- und Kontrollfragen ... 158
- 4.6 Lösungen Kapitel 4 ... 159
- Literatur ... 159

5 Internationale Rechnungslegung ... 161
- 5.1 Gründe für die Existenz internationaler Rechnungslegungsvorschriften ... 161
- 5.2 Ursprung der Vorschriften/Aufbau der IFRS –Foundation ... 163
- 5.3 Unterscheidung zwischen Code-Law und Case-Law ... 165
- 5.4 Bewertung von Sachanlagen/Assets ... 167
- 5.5 Atomisierung von Vermögensgegenständen ... 174
- 5.6 Immaterielle Vermögensgegenstände/intangible assets ... 176
- 5.7 Zusammenfassung ... 178
- 5.8 Wiederholungs- und Kontrollfragen ... 180
- 5.9 Lösungen Kapitel 5 ... 181
- Literatur ... 183

Sachverzeichnis ... 185

Abkürzungsverzeichnis

AfA	Absetzung für Abnutzung
AB	Anfangsbestand (in bilanziellen/buchhalterischen Konten)
Abs.	Absatz
AktG	Aktiengesetz
AO	Abgabenordnung
aRAP	aktive Rechnungsabgrenzungsposten
AV	Anlagevermögen
BGA	Betriebs- und Geschäftsausstattung
BGB	Bürgerliches Gesetzbuch
bzw.	beziehungsweise
d. h.	das heißt
EStG	Einkommensteuergesetz
EK	Eigenkapital
EÜR	Einnahmeüberschussrechnung
EWB	Einzelwertberichtigung
GFW	Geschäfts- und Firmenwert
ggf.	gegebenenfalls
GOB	Grundsätze ordnungsmäßiger Buchführung
GuV/G&V	Gewinn- und Verlustrechnung
GWG	Geringwertige Wirtschaftsgüter
HGB	Handelsgesetzbuch
IAS	International Accounting Standards
i. d. R.	in der Regel
i. d. Z.	in der Zeit
IFRIC	International Financial Reporting Interpretations Committee
IFRS	International Financial Reporting Standards
i. H. v.	in Höhe von
i. V. m.	in Verbindung mit
KStG	Körperschaftsteuergesetz

Lifo	last in – first out; Bewertungsvereinfachungsmethode im Rahmen derer unterstellt werden darf, dass jüngst beschaffte Vorräte als erste verbraucht werden
mglw.	möglicherweise
o. ä.	oder ähnliches
o. g.	oben genannt
p. a.	per annum (pro Jahr)
pRAP	passive Rechnungsabgrenzungsposten
S.	Seite
SAC	Standards Advisory Council
SBK	Schlussbilanzkonto
sog.	sogenannt
Tab.	Tabelle
u. a.	unter anderem
UN	Unternehmen
UV	Umlaufvermögen
z. B.	zum Beispiel

Abbildungsverzeichnis

Abb. 1.1	Aufgaben des externen Rechnungswesens; Adressaten der Informationen	3
Abb. 1.2	Vorgehensweise und Intention einer Due Diligence	5
Abb. 1.3	Mindestbestandteile des Jahresabschlusses gemäß HGB	7
Abb. 1.4	Wechselwirkung von EK-Zuwachs und steuerlicher Belastung	20
Abb. 2.1	Änderungen der Bewertungsvorschriften durch das BilMoG	31
Abb. 2.2	Automatisches Warenregallager	32
Abb. 2.3	Gläubigerschutz und Niederstwertprinzip; juristische Interaktionen des BGB sowie des HGB	35
Abb. 2.4	Ermittlung und buchhalterische Behandlung des derivativen Geschäfts- und Firmenwertes	38
Abb. 2.5	Abschreibungsvarianten für Vermögensgegenstände des Anlagevermögens	47
Abb. 2.6	Unterscheidung von Einzel- und Gemeinkosten	57
Abb. 2.7	Kalkulationsschema der Herstellungskosten	59
Abb. 2.8	Kostenartenrechnung	61
Abb. 2.9	Kostenstellenrechnung	62
Abb. 2.10	Kostenstellenrechnung; Verteilungssätze in %	63
Abb. 2.11	Verteilung der administrativen Kosten auf die Fertigung	64
Abb. 2.12	Kalkulationsschema der Herstellungskosten; Gemeinkosten berücksichtigt	65
Abb. 2.13	Anwendung des Treppenverfahrens auf die Kostenstellenrechnung; erste Stufe	66
Abb. 2.14	Anwendung des Treppenverfahrens auf die Kostenstellenrechnung; zweite Stufe	67
Abb. 2.15	Auswirkungen der Berücksichtigung von Gemeinkosten im Rahmen der Kalkulation von Herstellungskosten	70
Abb. 2.16	Stahlpreisentwicklung in Deutschland zwischen November 2007 und März 2011	75
Abb. 2.17	Bewertung von Forderungen	79

Abb. 2.18	Verfahrensweise bei der Wertberichtigung von Forderungen	82
Abb. 2.19	Niederstwertprinzip und Imparitätsprinzip	84
Abb. 2.20	Berechnungsschema zur Cashflow-Ermittlung	87
Abb. 2.21	Schema der indirekten Berechnung des Cashflow aus der laufenden Geschäftstätigkeit gemäß des deutschen Rechnungslegungsstandards 28	89
Abb. 2.22	Berechnungsschema Anschaffungskosten	95
Abb. 2.23	Permanente Durchschnittsbewertung	99
Abb. 2.24	Lifo-Methode	100
Abb. 2.25	Fifo-Methode	100
Abb. 3.1	Bildung und Auflösung von Rückstellungen	126
Abb. 5.1	Aufbau der IFRS-Foundation	164

Das betriebliche Rechnungswesen

Lernziele

- Kenntnis der Unterschiede des externen und internen Rechnungswesens
- juristische und betriebswirtschaftliche Bedeutung von Jahresabschlüssen sowie Anlässe für die Erstellung von Bilanzen
- Zusammenhang des Handels- und Steuerrechts im Rahmen der Bilanzierung
- unterschiedliche Aussagen von Handels- und Steuerbilanzen

1.1 Abgrenzung des externen und internen Rechnungswesens

Das betriebliche Rechnungswesen lässt sich begrifflich grundsätzlich in ein internes sowie ein externes unterteilen. Das Ziel des internen Rechnungswesens bzw. der Kosten- und Leistungsrechnung liegt in der Erfassung und in der verursachungsbezogenen Verteilung betrieblicher Kosten und der diesbezüglichen Information unternehmensinterner Adressaten, wie der Unternehmens- oder Bereichs-/Abteilungsleitung, die ihre Ergebnisse als Grundlage für z. B. Investitionsentscheidungen verwendet.

Die Resultate/Informationen des externen Rechnungswesens richten sich, wie aus dem Namen bereits ableitbar ist, an Unternehmensexterne. Hierzu gehören Kreditinstitute (Gläubiger), Anteilseigner oder Finanzbehörden. Die Ergebnisse dienen der Dokumentation, der Kontrolle und dem Schutz (Renz und Wehrheim 2011, S. 6) Dritter, die sich auf diese Weise einen Eindruck über den wirtschaftlichen Zustand von Unternehmen verschaffen können, bevor sie in geschäftliche Beziehungen zueinander treten.

Zu den Aufgaben und Funktionen der Kostenrechnung zählt insbesondere die Planung

- des leistungsbezogenen Erfolgs,
- der Fertigungsverfahren,
- der Beschaffungsmethoden,
- der Absatzmethoden sowie

- der Personal- und Sachkosten.

Sie entspricht der Betriebsbuchhaltung, welche auch die Leistungsrechnung beinhaltet (Olfert 2010, S. 63).

Untersuchungsgegenstand dieses Buches soll jedoch primär das Gegenstück hierzu, das externe Rechnungswesen sein, das den handels- und steuerrechtlichen Vorschriften zur Buchführung und Bilanzierung gemäß der §§ 238–339 HGB unterliegt und zu dem alle Kaufleute gemäß §§ 1–6 HGB in Verbindung mit § 5 EStG verpflichtet sind (Olfert 2010, S. 24). In den §§ 1–6 HGB sind Kann-, Schein- sowie Formkaufleute definiert, die zur Einhaltung der Folgevorschriften verpflichtet sind. § 5 erweitert den Kreis der Buchführungspflichtigen und verweist auf § 140 AO, nach dem jeder zur Buchführung verpflichtet ist, der bereits die handelsrechtlichen Voraussetzungen erfüllt. Hierzu zählen alle juristischen und natürlichen Personen, die ein Handelsgewerbe betreiben und deren Umsätze des laufenden **sowie des vorangegangenen Jahres** oberhalb von € 50.000 lagen.

1.2 Aufgaben und Bedeutung des externen Rechnungswesens

Das externe Rechnungswesen bildet die finanzielle Situation eines Unternehmens nach außen ab. Dabei werden unter anderem die Ertrags-, die Vermögens- und die Finanzlage mit Mitteln wie der Bilanz und der Gewinn- und Verlustrechnung sowie weiterer, zum Jahresabschluss gehörender Dokumente wie der Kapitalflussrechnung dargestellt. Diesbezügliche Adressaten sind unter anderem die Finanzbehörden, Banken, Lieferanten, mögliche Investoren und die allgemeine Öffentlichkeit (Rinker et al 2012, S. 28) (Abb. 1.1). Im Zuge der fortschreitenden Internationalisierung des Rechnungswesens hat sich als gängiger Anglizismus der Begriff des ‚Financial Accounting' für das externe Rechnungswesen etabliert.

Gemäß deutschem Steuer- und Handelsrecht wirtschaftende Unternehmen sind in Anlehnung an § 93 AO auf Anfrage gegenüber der Finanzbehörde auskunftspflichtig, sofern ein für die Besteuerung der Geschäftstätigkeit erheblicher Sachverhalt vorliegt (NWB-Textausgabe 2012). Das externe Rechnungswesen schafft durch Übernahme der o. g. Aufgaben die Voraussetzung für die Erfüllung der Auskunftspflicht gegenüber Behörden wie dem Finanzamt hinsichtlich der finanziellen Situation des Unternehmens. Die bereitgestellten Daten dienen somit, neben der Information für Anteilseigner, Gläubiger, etc. als Grundlage für die Berechnung steuerlicher Belastungen, wie der

- Umsatzsteuer,
- Einkommensteuer,
- Körperschaftsteuer,
- Gewerbesteuer.

Um die Ermittlung der Steuerlast zu gewährleisten, müssen Handels- und Geschäftsbücher in einer Art und Weise beschaffen sein, dass…

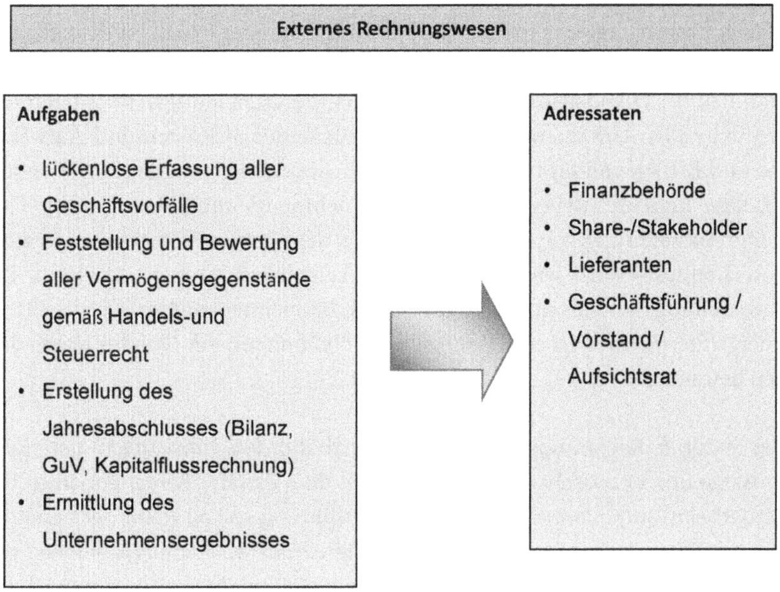

1.2 Aufgaben und Bedeutung des externen Rechnungswesens

Externes Rechnungswesen

Aufgaben
- lückenlose Erfassung aller Geschäftsvorfälle
- Feststellung und Bewertung aller Vermögensgegenstände gemäß Handels-und Steuerrecht
- Erstellung des Jahresabschlusses (Bilanz, GuV, Kapitalflussrechnung)
- Ermittlung des Unternehmensergebnisses

Adressaten
- Finanzbehörde
- Share-/Stakeholder
- Lieferanten
- Geschäftsführung / Vorstand / Aufsichtsrat

Abb. 1.1 Aufgaben des externen Rechnungswesens; Adressaten der Informationen

- sachverständige Dritte sich in angemessener Zeit einen Überblick über die Geschäftsvorfälle und die Vermögenslage eines Unternehmens verschaffen können,
- Buchungen geordnet vorgenommen wurden,
- Veränderungen nicht in einer Art vorgenommen wurden, sodass der ursprüngliche Inhalt nicht mehr feststellbar ist,
- sich jeder Geschäftsvorfall hinsichtlich Entstehung und Abwicklung verfolgen lässt; d. h. ohne das Vorhandensein eines Belegs darf keine Buchung vorgenommen werden.

Diese aus den GoB resultierenden Vorschriften werden als die **formelle Maßgeblichkeit** der Buchführung bezeichnet (Deitermann et al. 2011, S. 17).

Dem externen Rechnungswesen kommt ferner eine **Kontrollfunktion** sowie eine **Dispositionsaufgabe** zu (Rinker et al. 2012, S. 65), die insbesondere für unternehmensinterne Steuerungsprozesse relevant sind. Im Rahmen der **Kontrollfunktion** werden permanent die Wirtschaftlichkeit und die Effizienz der einzelnen Unternehmensbereiche z. B. in Form von

- Sachkosten,
- Personalkosten,
- erbrachten Leistungen/getätigten Umsätzen,
- etc.

kontrolliert.

Aus den ermittelten Daten können konkrete Handlungsempfehlungen für einzelne Abteilungen, wie erforderliche Sach- und Personalkostenanpassungen oder anzustrebende

Umsatzsteigerungen abgeleitet werden, um die aus laufender Wirtschaftstätigkeit resultierende, finanzielle Liquidität auf Dauer sicherzustellen.

Im Rahmen der **Dispositionsaufgabe** werden die entscheidungsrelevanten Informationen wie die in allen Unternehmensbereichen entstandenen Kosten und Aufwendungen, Gewinne und Erträge mittels betriebswirtschaftlicher Auswertungen (BWA) sowie individuell erstellter Berichte (Reports) für die Unternehmensleitung bereitgestellt (Paul 2007, S. 478). Die Aufbereitung von Informationen aus dem externen Rechnungswesen für das interne Rechnungswesen – wie die Kosten und Leistungsrechnung – sowie zur Entscheidungsvorbereitung, wird als **operations research** bezeichnet (Binder 2006, S. 118). In verschiedenen Unternehmen ist eine Controlling Abteilung mit der Durchführung derartiger Aufgaben betraut.

▶ Das externe Rechnungswesen soll Finanzbehörden hinsichtlich getätigter Umsätze und erwirtschafteter Gewinne mit dem Ziel der Berechenbarkeit der Steuerbelastung *informieren*. Die Geschäftsführung soll an Hand der bereitgestellten Daten in der Lage sein, ständig die Liquidität/ Zahlungsfähigkeit des Unternehmens zu *kontrollieren*. Für das interne Rechnungswesen *disponiert* die Finanzbuchhaltung/das externe Rechnungswesen benötigte Informationen für das *operations research*.

1.3 Bilanzierungsanlässe

Über die Abschlussbilanz am Ende eines Geschäftsjahres hinaus existieren weitere Situationen, zu denen die Erstellung einer Bilanz vorgeschrieben bzw. notwendig oder auch einfach sinnvoll ist. Im Falle der Neugründung oder Eröffnung eines Unternehmens wird die **Eröffnungsbilanz**, basierend auf dem in Anlehnung an das gemäß §§ 240, 241 HGB aufzustellende Inventar erstellt. **Sonderbilanzen** oder **betriebswirtschaftliche Auswertungen** (BWA) werden entweder im wöchentlichen oder monatlichen Turnus zur Überprüfung der finanziellen Situation des Unternehmens oder aber auch zur Vorlage bei Kreditinstituten bspw. als Grundlage für Verhandlungen hinsichtlich eines Kontokorrents o. ä. erstellt. Im Falle der Beendigung der Geschäftstätigkeit ist seitens der Gesellschafter/des Inhabers eine **Liquidationsbilanz** vorzulegen, die bei Überschuldung/Zahlungsunfähigkeit durch den Insolvenzverwalter erstellt und dann als **Insolvenzbilanz** bezeichnet wird (Rinker et al. 2012, S. 32). Eine nur im Falle von Unternehmenszusammenschlüssen relevante Form ist die **Fusionsbilanz** – die sogenannte **Due Diligence**.

Der Anglizismus „Due Diligence" wird im Deutschen als „mit gebotener Sorgfalt" übersetzt. Eine Bilanzierung in Anlehnung an diese Prämisse wird häufig dann praktiziert, wenn zwei oder mehrere Parteien eine Bindung eingehen, deren Konsequenzen aufgrund unvollständigen Wissens unsicher sind. Bei Due Diligence handelt es sich um Analysen/Prüfungen, die zum Ziel der Informationsversorgung in den Planungs- und Entscheidungsprozess integriert werden (Berens et al. 2013, S. 15) (Abb. 1.2).

Abb. 1.2 Vorgehensweise und Intention einer Due Diligence (Högemann 2006, S. 108)

Die Überprüfung der Unternehmenssituation in finanzieller Hinsicht dient – und daraus resultiert die Formulierung „mit gebotener Sorgfalt" – der Exkulpation derjenigen Personen, die an der Prüfung beteiligt und für die Kaufentscheidung verantworlich sind. Sofern sich der Unternehmenszusammenschluss im Nachhinein als unrentabel oder „falsch" herausstellt, sind die Entscheidungsträger nach Abschluss der Prüfung in der Lage, die **gebotene Sorgfalt** bei der Informationsbeschaffung und im Rahmen der Entscheidungsfindung nachzuweisen.

1.4 Handelsrechtliche Bilanzierungsvorschriften

Im Gegensatz zur Kosten- und Leistungsrechnung, die hinsichtlich der Art und des Umfangs frei gestaltbar ist, gelten für das externe Rechnungswesen in formaler Hinsicht juristische Restriktionen. Losgelöst von der eingangs bereits erwähnten Verpflichtung für Kaufleute zur Buchführung beinhaltet das Handelsgesetzbuch in

- § 240 die Vorschrift zur Durchführung einer körperlichen Bestandsaufnahme als Basis für die Angaben in der Bilanz,
- §§ 242–250 Vorschriften zum Inhalt des Jahresabschlusses,
- §§ 252–255 Vorschriften hinsichtlich der Bewertung von Vermögensgegenständen,
- §§ 257–261 Vorschriften bezüglich der Aufbewahrungsfristen und Vorlage von Geschäftsbüchern.

Jeder Bilanz liegt die körperliche Bestandsaufnahme aller Vermögensgegenstände und Schulden zugrunde, die als **Inventur** bezeichnet wird.

Die Art und Weise der Durchführung ist gesetzlich nicht vorgeschrieben. Gängige Verfahrensweisen sind die

- Stichtagsinventur
  - …im Rahmen derer das Datum der Inventur kurz vor dem Bilanzierungstermin gewählt wird; z. B. der 30. oder 31.12. eines Geschäftsjahres;
- permanente Inventur
  - …im Rahmen derer eine körperliche Bestandsaufnahme zu einem beliebigen Zeitpunkt des Geschäftsjahres vorgenommen wird und eine Fortschreibung der Werte bis zum Bilanzstichtag erfolgt;
- Stichprobeninventur
  - …bei welcher die Ermittlung der Inventurwerte durch Stichproben erfolgt und der gesamte Lagerbestand eines Gutes durch Hochrechnung der ermittelten Werte erfolgt.

Von der Erstellung eines Inventars befreit sind gemäß § 241 a HGB lediglich Kaufleute, die in zwei aufeinanderfolgenden Jahren einen Umsatz unter € 500.000 bzw. einen Gewinn unter € 50.000 erwirtschaftet haben.

Ein Bestandsverzeichnis/Inventar sollte die folgenden wesentlichen Informationen enthalten:

- genaue Bezeichnung der Güter,
- Zugangs-/Kaufdatum,
- Anschaffungs-/Herstellkosten (sonst keine AfA bestimmbar),
- Bilanzwert zum jeweiligen Stichtag.

Der Jahresabschluss jedes Kaufmanns muss zumindest aus

- der Bilanz und,
- einer Gewinn- und Verlustrechnung (G&V)

bestehen; die entsprechende Vorschrift findet sich in § 242 HGB (Abb. 1.3).

Für kapitalmarktorientierte Kapitalgesellschaften schreibt § 264 HGB zusätzlich die Erstellung

- eines Anhangs,
- einer Kapitalflussrechnung (Cash-Flow; Vgl. hierzu Kap. 2),
- eines Eigenkapitalspiegels sowie
- eines Lageberichts

vor.

1.4 Handelsrechtliche Bilanzierungsvorschriften

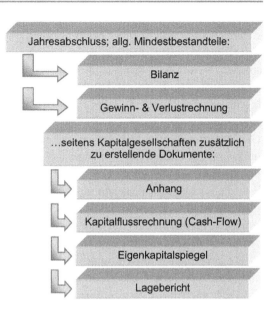

Abb. 1.3 Mindestbestandteile des Jahresabschlusses gemäß HGB

Im Anhang sind langfristige Verbindlichkeiten, angewandte Bewertungsmethoden und auch Forderungen und Verbindlichkeiten gegenüber Gesellschaftern aufzuführen. Da derartige wechselseitige Beziehungen durchaus von Langfristigkeit geprägt sein können, weil i. d. R eine enge Verbindung zwischen der natürlichen und der juristischen Person besteht; z. B. wenn es sich um geschäftsführende Gesellschafter handelt, ist die Ausweisung von Gesellschafterdarlehen im Anhang unproblematisch (Langenbeck 2007, S. 61).

Der **Zweck** einer **Handelsbilanz** liegt in der **bestmöglichen Darstellung** eines Unternehmens **nach außen** bzw. gegenüber Dritten. Im Rahmen des Vergleichs mehrerer Bilanzen auffallende, nicht getilgte Verbindlichkeiten oder nicht eingebrachte Forderungen sollten im **Anhang** erläutert werden, damit nicht der Eindruck der Zweifelhaftigkeit entsteht, der ein schlechtes Bild des bilanzierenden Unternehmens vermittelt.

Die Kapitalflussrechnung, welche literarisch vielfach mit dem Anglizismus des „Cash-Flow" bezeichnet wird, ist ein Recheninstrument, mit dem die nach Inkrafttreten des Bilanzrechtsmodernisierungsgesetzes (BilMoG) möglichen Wertzuschreibungen des Anlagevermögens gemäß § 253 Abs. 4 und 5 HGB, Rückstellungen und Abschreibungen korrigiert werden. Den Kapitalfluss bilden nur noch die Beträge, denen tatsächliche Zahlungsmittelflüsse zugrunde liegen. Das Ziel des Gesetzgebers liegt offenbar darin, das Informationsniveau von kapitalmarktorientierten Unternehmen den nicht-kapitalmarktorientierten anzugleichen (Philipps 2010, S. 157). Als **kapitalmarktorientiert** bezeichnet § 264 d HGB alle Unternehmen, die den Wertpapiermarkt durch selbst ausgegebene Wertpapiere in Anspruch nehmen. Die mittels einer Kapitalflussrechnung erhältlichen Aussagen über das Ergebnis eines Unternehmens werden in Kap. 2 ausführlich behandelt.

Der Eigenkapitalspiegel dient der Darstellung der Veränderung einzelner Bestandteile des Eigenkapitals bzw. der Erläuterung der einzelnen Eigenkapitalposten. Die Gegenüberstellung der Zu- und Abgänge liefert Informationen zur wirtschaftlichen Widerstandskraft eines Unternehmens, die sich in der Fähigkeit zur Kompensation von Verlusten widerspiegelt (Wöhe und Döring 2013, S. 769). Die bei Anteilseignern unbeliebte Vorgehensweise der **Gewinnthesaurierung** mit Einstellung des Jahresüberschusses in Gewinnrücklagen stellt eine Möglichkeit dar, Kapital für eine erwartete, schlechte Wirtschaftsperiode bereitzuhalten. Die aus laufender Wirtschaftstätigkeit stammenden Gewinne (nicht aus Gesellschaftereinlagen o. ä. stammend) werden direkt in die Gewinnrücklagen gebucht und somit bilanziell in das Eigenkapital eingestellt. Das Vorhandensein des Kapitals in den liquiden Mitteln wird unterstellt, bzw. ist Voraussetzung. So besteht einerseits die Möglichkeit, die Rücklage im Folgejahr gewinnerhöhend aufzulösen, oder aber sie steuerneutral für Ersatzbeschaffungen o. ä. zu verwenden. Kontinuierliche Rücklagen bzw. diesbezüglich steigende Beträge deuten auf eine vorausschauende Wirtschaftsweise und das Potenzial zur Kompensation von Verlusten hin.

Die **gesetzlichen Restriktionen** dienen in erster Linie dem Ziel der **Vereinheitlichung** von Jahresabschlüssen. Die **Vermögensstruktur** von Gesellschaften sowie deren Entwicklung soll miteinander **vergleichbar** sein; dies gilt insbesondere für kapitalmarktorientierte Unternehmen (Buchholz 2012, S. 3). Darüber hinaus liegt das Ziel der Vorschriften darin, Vermögensverhältnisse lückenlos, vollständig und korrekt darzustellen. Alle Geschäftsvorfälle müssen erfasst und der **tatsächliche Wert** des Unternehmens für Anteilseigner, Gläubiger und auch Mitarbeiter transparent sein. Uneinheitliche Buchungen von Geschäftsvorfällen verzerren das Jahresergebnis und machen eine Vergleichbarkeit von Jahresabschlüssen unmöglich. Hierin liegt die Ursache für die seitens der Gesetzgebung verabschiedeten Bewertungs- und Bilanzierungsrichtlinien.

Beispiele

Situation 1: Bewertung von Vermögensgegenständen des Anlagevermögens
Ein Unternehmen hat vor mehreren Jahren ein Grundstück gekauft, dessen Wert inzwischen auf ein Mehrfaches des Anschaffungswertes angestiegen ist. Da man dem Grundsatz der Bilanzwahrheit Sorge tragen möchte, soll der Buchwert dem Zeitwert angepasst werden. Ist diese Vorgehensweise statthaft?
Antwort:
- Nein. Gemäß § 253 Abs. 1 HGB sind Vermögensgegenstände des Anlagevermögens maximal mit ihrem Anschaffungswert bzw. ihren Herstellungskosten in der Bilanz anzusetzen. Eine Wertzuschreibung ist lediglich für Gegenstände des Umlaufvermögens gemäß 253 Abs. 4 und 5 HGB möglich. **Wertzuschreibungen** des **Anlagevermögens** sind nach deutschem Handels- und Steuerrecht zwar **nicht statthaft**; im Rahmen internationaler Rechnungslegungsvorschriften (IFRS) wird diese Vorgehensweise jedoch als völlig normal angesehen. Im Gegensatz zum deutschen Rechtsverständnis soll hier der Wert eines Unternehmens bzw. der darin existenten Vermögensgegenstände möglichst realistisch dargestellt und die Bildung stiller Reserven

vermieden werden. In diesem Zusammenhang soll insbesondere auf die IAS 16.31, 16.39 sowie 16.41 (Bewertung von Sachanlagen) verwiesen werden, die eine Wertzuschreibung von Vermögensgegenständen gestatten, sofern sich hierfür ein konkreter Marktwert feststellen lässt (Buchholz 2012, S. 141 ff).

Situation 2: Bilanzgliederung, Bezeichnung von Vermögensgegenständen
In der Jahresabschlussbilanz eines Unternehmens sind als „liquide Mittel" neben dem Kassenbestand auch das Guthaben auf einem Postgirokonto sowie Wertpapiere (Aktien) ausgewiesen. Ist die Bilanzierung der o. g. Positionen in dieser Form konform mit den Vorschriften des HGB?
Antwort:
- Nein. Bei dieser Vorgehensweise liegt ein Verstoß gegen §§ 243 und 266 HGB vor. Der Grundsatz der Bilanzklarheit ist verletzt, da erstens Aktien nicht als offizielles Zahlungsmittel bzw. als liquide Mittel anerkannt sind. Darüber hinaus sieht die Bilanzgliederung in § 266 HGB eine separate Position für Wertpapiere vor; losgelöst von Bank und Kassenbeständen.

Situation 3: Bilanzkontinuität
Ein Unternehmen weist in seiner Bilanz die bisher getrennt ausgewiesenen Roh- Hilfs- und Betriebsstoffe zusammen mit fertigen und unfertigen Erzeugnissen aus. Ist diese Art der Bilanzierung konform mit den Vorschriften des HGB?
Antwort:
- Nein. In dieser Situation liegt ein Verstoß gegen § 265 HGB vor; der Grundsatz der **Bilanzkontinuität** ist verletzt. Ungeachtet der Tatsache, dass auch in diesem Zusammenhang die Gliederung gemäß § 266 HGB nicht eingehalten wurde, erfolgt die Zusammenführung der Rohstoffe mit den fertigen Erzeugnissen ohne sachlichen Grund. Mit dieser Vorgehensweise versuchen Unternehmen ggf. bereits eingetretene oder erwartete Umsatzrückgänge zu kaschieren.

Situation 4: Abgrenzung
Im Oktober erhaltene Mieterträge für das Folgejahr wurden in der Schlussbilanz des laufenden Jahres ausgewiesen, um das Ergebnis zu verbessern. Sind Unternehmen zu dieser Vorgehensweise berechtigt?
Antwort:
- Nein. Hier liegt ein Verstoß gegen § 252 Abs. 1, Nr. 5 HGB vor, gemäß dessen Wortlaut periodenfremd erhaltene Zahlungen als passive Rechnungsabgrenzungsposten auszuweisen. In diesem Zusammenhang kann auch auf § 250 Abs. 1 HGB verwiesen werden (Buchungssätze: Vgl. folgende Fallstudie passive Rechnungsabgrenzungsposten).

Fallstudie aktive Rechnungsabgrenzungsposten Ein Unternehmen leistet am 01. Oktober eine Zahlung über € 80.000 für die Miete der Büroräume bis zum 30. September des Folgejahres. Gemäß § 250 HGB darf der Aufwand das Jahresergebnis nicht in vollem Umfang mindern und muss abgegrenzt werden. Lediglich € 20.000 für das letzte Quartal des Geschäftsjahres (€ 80.000 ÷ 4 Quartale = € 20.000 pro Quartal) dürfen als Aufwand erfasst werden. Da der Abgrenzungsposten für periodenfremde Aufwendungen auf der Aktivseite der Bilanz auszuweisen sind, werden diese als **aktive Rechnungsabgrenzungsposten** (aRAP) bezeichnet

Der *Buchungssatz* bei Leistung der Mietzahlung lautet:

Mietaufwand	20.000	–
aktive Rechnungsabgrenzungsposten	60.000	–
an Bank	–	80.000

Der Abgrenzungsposten wird im folgenden Geschäftsjahr zu jeweils einem Drittel pro Quartal ausgebucht.

Buchungssatz im Folgejahr einmal pro Quartal:

Mietaufwand	20.000	–
an aktive Rechnungsabgrenzungsposten	–	20.000

Auf diese Weise erfolgt eine periodengerechte Erfassung des (Miet-)Aufwands.

Fallstudie passive Rechnungsabgrenzungsposten

Es liegt der umgekehrte Fall vor: ein Unternehmen erhält am 01. Oktober eine Mietzahlung für ein Betriebsgebäude i. H. v. € 120.000 für 12 Monate. In Anlehnung an § 252 Abs. 1 Nr. 5 sind die Erträge lediglich für drei Monate im laufenden Jahr zu erfassen – für Oktober, November und Dezember – in Summe € 30.000. Die übrigen € 90.000 müssen abgegrenzt und auf der Passivseite der Bilanz erfasst werden, was zum Begriff der *passiven Rechnungsabgrenzungsposten* (pRAP) führt. Die sukzessive Auflösung der Posten erfolgt einmal monatlich im Folgejahr.

Buchungssatz bei Eingang der Mietzahlung:

Bank	120.000	–
an Mieterträge	–	30.000
an passive Rechnungsabgrenzungsposten	–	90.000

Monatliche *Buchung* im Folgejahr; Auflösung der pRAP:

passive Rechnungsabgrenzungsposten	10.000	–
an Mieterträge	–	10.000

1.5 Steuerrechtliche Bilanzierungsvorschriften

Neben dem HGB sind für die Erstellung von Handelsbilanzen weitere Rechtsquellen von Bedeutung. In Abhängigkeit der Rechtsform sei an dieser Stelle beispielhaft das GmbH-Gesetz erwähnt, das in § 5 die Existenz eines **Geschäftsführers** vorschreibt, oder die in § 150 AktG beinhaltete Vorschrift zur Bildung **gesetzlicher Rücklagen** (10 % des gezeichneten Kapitals; Einzahlung aus den Gewinnrücklagen mit 5 % jährlich, bis 10 % des gezeichneten Kapitals erreicht sind).

Während Handelsbilanzen zur Information externer Interessengruppen wie

- Kapitalgebern,
- Gläubigern,
- Arbeitnehmern,
- ggf. der Öffentlichkeit und auch
- dem Kapitalmarkt

dienen, liegt der Zweck einer **Steuerbilanz** in erster Linie in der Vorlage beim Finanzamt und der Ermittlung der steuerlichen Belastung des Unternehmens (Meyer 2011, S. 18). Hierzu gehören bspw.

- Einkommensteuer,
- Körperschaftsteuer,

sowie in Abhängigkeit der vorliegenden Unternehmensform außerdem die

- Gewerbeertragsteuer sowie die
- Kapitalertragsteuer (Rinker et al. 2012, S. 37).

Der abstrakte Begriff der „Öffentlichkeit" im Zusammenhang mit dem Interesse an Unternehmensergebnissen lässt sich leicht durch die Privatisierung von Versorgungsbetrieben in Deutschland erklären. Viele Energieversorger sind zwischenzeitlich privatisiert und haben sich – in Abhängigkeit der Anteile – der Weisung von Städten und Kommunen entzogen. Die Politik hat, als gewählter Vertreter der Öffentlichkeit, ein Interesse am Fortbestand von Anbietern von elektrischem Strom, Trinkwasser oder Brenngas, um die Versorgung der Bevölkerung sicherzustellen und um selbst nicht in die Kritik der Bevölkerung zu geraten. Neben den bereits zuvor genannten Bilanzierungsvorschriften der §§ 238 ff. HGB sind im Rahmen der Erstellung einer Steuerbilanz außerdem relevant:

1. § 4 Abs. 1 EstG
   Gewinnermittlung anhand des **Betriebsvermögensvergleichs**
2. § 5 Abs. 1 Satz 1 EstG

die **Maßgeblichkeit** der Handelsbilanz für die Steuerbilanz bzw. die Gültigkeit handelsrechtlicher Bestimmungen (auch) für die Erstellung der Steuerbilanz (Coenenberg et al. 2012, S. 21);
3. § 5 Abs. 1 Satz 2 EstG
die **„umgekehrte" Maßgeblichkeit**; UN richten sich danach, was die Finanzbehörde als richtig erachtet und bilanzieren entsprechend; der Grundsatz entfiel mit Inkrafttreten des BilMoG 2009 (Hahn 2011, S. 138);
4. § 6 EstG
Bewertung nach Steuerrecht; Deklaration von **Vermögensgegenständen** als „geringwertig";
5. §§ 7–7k EstG
steuerrechtliche Abschreibung (z. B. Gebäude).

Beispiele
1. **Betriebsvermögensvergleich**
Anstelle der Einnahmenüberschussrechnung (EÜR) bietet § 4 Abs. 1 EStG Selbstständigen und Freiberuflern die Möglichkeit, ihr zu versteuerndes Einkommen über den Betriebsvermögensvergleich zu ermitteln. Als Gewinn wird gemäß o. g. Rechtsquelle der Unterschiedsbetrag zwischen dem Vermögen am Ende des laufenden Wirtschaftsjahres und dem Vermögen am Ende des vorangegangenen Wirtschaftsjahres, vermehrt um den Wert der Einlagen und vermindert um den Wert der Entnahmen, bezeichnet (Bitz et al. 2011, S. 398).
Eine freiberuflich tätige Person, die
- Ende 2012 über ein Vermögen i. H. v. € 100.000 und
- Ende 2013 über ein Vermögen i. H. v. € 150.000 verfügt,
- 2013 privat € 10.000 entnommen und
- 2013 eine Privateinlage z. B. in Form eines PKW i. W. v. € 35.000 getätigt hat,

berechnet den Gewinn in Anlehnung an § 4 EStG wie folgt:

	Betriebsvermögen 2013	€ 150.000
./.	Betriebsvermögen 2012	€ 100.000
=	Reinvermögensänderung	€ 50.000
+	Privatentnahmen	€ 10.000
./.	getätigte Einlagen	€ 35.000
=	Gewinn/Verlust	€ 25.000

Neben Freiberuflern und Selbstständigen, die freiwillig Bücher führen, besteht diese Möglichkeit der Gewinnermittlung außerdem für Land- und Forstwirte, die entweder gemäß §§ 140, 141 AO verpflichtet sind, Bücher zu führen sowie für Land- und Forstwirte, die sich gegen die Ermittlung nach § 13 a EStG entschieden haben (Renz und Wehrheim 2012, S. 122).

2. **Maßgeblichkeitsprinzip**
Das HGB schreibt für Kaufleute in den §§ 240 und 241 die Durchführung einer Inventur sowie die Erstellung eines Inventars vor. Die auf diese Weise ermittelten Vermögenswerte stellen die Grundvoraussetzung für eine Bilanz dar, da ohne vorherige physikalische Erfassung – durch Zählen, Messen und Wiegen aller Vermögensgegenstände und Schulden – keine Werte existieren, die in einer Bilanz aufzuführen sind. Ungeachtet der Tatsache, dass das Handels- und das Steuerrecht den Kaufleuten abweichende Optionen zur Bewertung eröffnet, ist die Erfassung der Grunddaten für die Erstellung einer Steuerbilanz ebenso erforderlich wie für die Erstellung einer Handelsbilanz. Die handelsrechtliche Inventurverpflichtung gilt ebenso für die Erstellung der Steuerbilanz. Die Gültigkeit der Inventurdaten sowie die diesbezüglich zugrunde liegende Gültigkeit des Handels- für das Steuerrecht wird als das **Maßgeblichkeitsprinzip** bezeichnet.

3. **Umgekehrte Maßgeblichkeit**
In mittelständischen Unternehmen werden selten separate Handels- und Steuerbilanzen erstellt. Vielmehr ist es so, dass sich die Geschäftsführung bzw. die Inhaber an den steuerlich gestatteten Bilanzierungs- und insbesondere den Bewertungsvorschriften orientieren, ihren Jahresabschluss in Anlehnung an die Vorschriften des EStG erstellen und diesen sowohl zur Ermittlung der steuerlichen Belastung bei der Finanzbehörde als auch für handelsrechtliche Zwecke verwenden. Letztere können z. B. die Vorlage bei Kreditinstituten zur Prüfung der Kreditwürdigkeit, bei Wirtschaftsauskunftsunternehmen oder zur Information der Anteilseigner sein. Die Möglichkeit, diese Verfahrensweise anzuwenden, wird als das Prinzip der formellen oder der umgekehrten Maßgeblichkeit bezeichnet. Es resultiert aus § 5 Abs. 1 Satz 2 EStG der besagt, dass steuerrechtliche Wahlrechte bei der Gewinnermittlung in Übereinstimmung mit der handelsrechtlichen Jahresbilanz auszuüben sind, was sowohl für Bilanzierungs- als auch für Bewertungswahlrecht gilt.

Seit der Verabschiedung des Bilanzrechtsmodernisierungsgesetzes (BilMoG) hat die Steuerbilanz an Relevanz für die Kreditvergabe gewonnen, da handelsrechtlich inzwischen die Vornahme von Wertzuschreibungen auf das Umlaufvermögen möglich ist, die bis dahin, aufgrund der Existenz des strengen Niederstwertprinzips in Anlehnung an § 253 Abs. 4 HGB (Wöhe und Döring 2013, S. 701) nicht möglich war. Steuerliche Vorschriften sind hinsichtlich der Bewertung restriktiver als handelsrechtliche und zeichnen ein realistischeres Bild der finanziellen Situation eines Unternehmens. Aus diesem Grund bevorzugen Kreditinstitute zur Prüfung der Kreditwürdigkeit die Vorlage einer Steuerbilanz.

4. **Bewertung nach Steuerrecht**
   In § 6 EStG sind für die Unternehmenspraxis relevante Vorschriften bezüglich der Bestandsbewertung (Lifo-Verfahren), Ausschlüsse bezüglich der Bildung von Rückstellungen, Bewertungs- und Abschreibungsverfahren geringwertiger Wirtschaftsgüter sowie Restriktionen bezüglich der Bildung von Pensionsrückstellungen beinhaltet. Hier erfolgt eine Konkretisierung handelsrechtlicher Vorschriften, die auf die Existenz des Maßgeblichkeitsprinzips hinweist. § 253 HGB schreibt zwar grundsätzlich vor, dass bei Vermögensgegenständen des Anlagevermögens, deren Nutzung zeitlich begrenzt ist, planmäßige Abschreibungen vorzunehmen sind. Die Vorschrift, bzw. die Option für Unternehmen eine besondere Behandlung von Vermögensgegenständen mit einem Anschaffungswert von bis zu € 410 vorzunehmen, ist jedoch nur im Steuergesetz nachzulesen (die Bewertung geringwertiger Wirtschaftsgüter ist in Kap. 2.3.2.3 ausführlich erläutert).
5. **Steuerrechtliche Abschreibung nach § 7 EStG**
   Der erste Absatz des Paragrafen 7 EStG beinhaltet Vorschriften zu mehreren, in der unternehmerischen Praxis regelmäßig auftretenden Fragestellungen in Bezug auf die Abschreibung von Vermögensgegenständen. Gleich in Satz eins findet sich die grundsätzliche Verpflichtung zur **Abschreibung** in **gleichen Jahresbeträgen**, die umgangssprachlich als „**lineare Abschreibung**" bezeichnet wird, was die bis 2010 noch mögliche Abschreibung in fallenden Jahresbeträgen, umgangssprachlich als „**degressive Abschreibung**" bezeichnet, ausschließt. Ferner ist die Abschreibung des Geschäfts- und Firmenwerts über 15 Jahre erwähnt; eine Vorschrift, die handelsrechtlich ein Wahlrecht darstellt, und deren Frist in § 246 HGB nicht konkretisiert ist sowie die **Leistungs-** und die Abschreibung **für außergewöhnliche**, technische oder wirtschaftliche **Abnutzung**, die beispielsweise nach der Zerstörung von Vermögensgegenständen durch höhere Gewalt vorgenommen werden kann (Vgl. zur Systematik der AfA Kap. 2.3.2.1 & 2.3.2.2).

1.6 Materielle Ordnungsmäßigkeit und Verstöße gegen die Bilanzierungsvorschriften

Neben der eingangs bereits erwähnten **formellen Ordnungsmäßigkeit** resultiert auch die **materielle** aus den Grundsätzen ordnungsmäßiger Buchführung und kennzeichnet die Forderung nach Richtigkeit und Vollständigkeit der Aufzeichnungen in der Buchführung, zusätzlich zu den Formvorschriften. Im Rahmen der Jahresabschlussprüfung durch z. B. vereidigte Wirtschaftsprüfer (Vgl. § 316 HGB) soll festgestellt werden, ob die Aufzeichnungen des Unternehmens dergestalt erfolgten (Freidank et al. 2008, S. 396), dass

- alle **stattgefundenen** Geschäftsvorfälle aufgezeichnet wurden,
- alle Geschäftsvorfälle **wahrheitsgemäß** und korrekt aufgezeichnet wurden,

- **nicht stattgefundene** Geschäftsvorfälle auch **nicht** in den Geschäftsbüchern **verzeichnet** sind (Wöhe und Kußmaul 2012, S. 41).

An der lückenlosen Aufzeichnung von umsatz-, einkommen- oder körperschaftsteuerwirksamen Vorgängen sind insbesondere die Finanzbehörden interessiert, da sie deren Einnahmequelle darstellen. Im Gegensatz hierzu resultiert das Verbot der Verbuchung nicht stattgefundener Geschäftsvorfälle aus dem handelsrechtlich basierten Schutz gutgläubiger Dritter: Kein Unternehmen soll sich in seinem Jahresabschluss/den Zahlen seiner Buchführung besser darstellen, als es tatsächlich ist. Auf diese Weise sollen z. B. Kreditinstitute vor der Vergabe von Krediten ohne entsprechende Sicherheiten geschützt werden.

Fallstudie: Verbuchung nicht stattgefundener Geschäftsvorfälle

Nicht-stattgefundene Geschäftsvorfälle können Unternehmen in einem zu positiven Bild darstellen, indem Vermögensgegenstände bilanziert werden, die für das Unternehmen physisch nicht existieren und insofern dem Buchwert kein tatsächlicher, monetär messbarer Wert gegenübersteht. Anhand eines einfachen Beispiels sollen die Auswirkungen auf das Eigenkapital und die Kreditwürdigkeit dargestellt werden.

Ein Unternehmen

- startet mit der unten abgebildeten Eröffnungsbilanz in das neue Geschäftsjahr,
- kauft Rohstoffe (Stahl) im Wert von € 400.000 ein, die für die Produktion o. g. Maschinen vollständig verbraucht werden,
- veräußert zwei Maschinen zum Preis von jeweils € 250.000 und
- hat einen Auftrag über denselben Betrag in Aussicht.

Für die Gewährung eines Darlehens im Folgejahr muss ein **Gewinn** in Höhe von mindestens € 50.000 sowie ein **Eigenkapital** in Höhe von mindestens € 500.000 erreicht werden.

ERÖFFNUNGSBILANZ

BGA	150.000	Eigenkapital	150.000
Bank	150.000	Verbindlichkeiten	150.000
Summe	300.000	Summe	300.000

Zur Verdeutlichung der Veränderungen in allen Konten durch die Geschäftsvorfälle wird die Bilanz in Konten aufgelöst.

BGA (Betriebs- & Geschäftsausstattung)		Eigenkapital	
AB 150.000		AB	150.000

Bank		Verbindlichkeiten	
AB 150.000		AB	150.000

Gemäß der o. g. Geschäftsvorfälle müssen zusätzlich Konten für Erlöse aus Lieferungen und Leistungen, Rohstoffe sowie Materialaufwand erstellt werden.

Der Buchungssatz für den Materialeinkauf ① lautet

Rohstoffe	400.000	–
an Bank	–	400.000

Der Verkauf der beiden Maschinen ② wird wie folgt gebucht:

Bank	500.000	–
an Erlöse aus Lieferungen und Leistungen	–	500.000

Nach der Inventur werden die eingekauften Rohstoffe mit dem vollen Betrag in den Materialaufwand für die Produktion übernommen ③.

Materialaufwand	400.000	–
an Rohstoffe	–	400.000

Nach der Verbuchung der Geschäftsvorfälle und dem Abschluss der Konten bleibt ein dem Eigenkapital zurechenbarer Gewinn i. H. v. € 100.000 und ein Gesamt-EK i. H v. € 250.000.

1.6 Materielle Ordnungsmäßigkeit und Verstöße gegen die ...

BGA (Betriebs- & Geschäftsausstattung)			
AB	150.000	SALDO Schlussbilanz	150.000
	150.000		150.000

Eigenkapital			
SALDO an Schlussbilanz	250.000	AB	150.000
		aus G&V	100.000
	250.000		250.000

Bank			
AB	150.000	①	400.000
②	500.000	SALDO Schlussbilanz	250.000
	650.000		650.000

Verbindlichkeiten			
SALDO Schlussbilanz	150.000	AB	150.000
	150.000		150.000

Rohstoffe			
①	400.000	③	400.000
	400.000		400.000

Erlöse aus Lieferungen und Leistungen			
an G&V	500.000	②	500.000
	500.000		500.000

Materialaufwand			
③	400.000	an G&V	400.000
	400.000		400.000

SCHLUSSBILANZKONTO			
BGA	150.000	Eigenkapital	250.000
Bank	250.000	Verbindlichk.	150.000
	400.000		400.000

GEWINN- UND VERLUSTRECHNUNG			
aus Materialaufwand	400.000	aus Erlösen	500.000
SALDO an Eigenkapital	100.000		
	500.000		500.000

Der geforderte Gewinn i. H. v. € 50.000 wurde durch die Geschäftstätigkeit zwar erreicht, nicht aber das geforderte Eigenkapital i. H. v. € 500.000. Eine „Versuchung" zur Verbuchung nicht stattgefundener Geschäftsvorfälle kann jetzt darin liegen, die mündlich zugesagten Maschinen unter Erlösen zu verbuchen, da mündliche Vereinbarungen unter zwei

Vollkaufleuten als bindend gelten. Die **Versuchung** ist in o. g. Beispiel besonders groß, da das geforderte Eigenkapital von 500.000 in diesem Fall erreicht wäre. Solange jedoch eine Vertragspartei noch **keine Leistung** erbracht hat, dürfen **Geschäftsvorfälle nicht** in den Geschäftsbüchern **erscheinen**. § 362 HGB beinhaltet die Regelung, dass das Schweigen des Kaufmanns als Annahme eines Vertrages gilt. Trägt Kaufmann A also Kaufmann B die Schließung eines Vertrags an, so muss Kaufmann B für den Fall, dass er diesen nicht annehmen will, ausdrücklich (schriftlich) absagen, da Kaufmann A sein **Schweigen** als **Annahme** des Vertrages deuten kann. Aus dieser Vorschrift lässt sich auch die nicht konkret mit einem Paragrafen belegbare Vereinbarung ableiten, dass mündliche Vereinbarungen unter Kaufleuten bereits rechtlich bindend sind.

Selbst wenn eine **vertragliche Vereinbarung** in Anlehnung an § 362 HGB als **zustande gekommen** angesehen werden kann, ist eine EK-steigernde Erlösbuchung nicht statthaft, da nach wie vor keine Sollbuchung auf z. B. dem Bankkonto vorgenommen werden kann, weil (kundenseitig) noch **keine Gegenleistung** erfolgt ist. Eine diesbezügliche Buchung **ohne Beleg** würde den Tatbestand der Bilanzfälschung erfüllen. Da sich derartige Buchungen auf das in der G&V auszuweisende Ergebnis und somit auf die Ermittlung der Steuerlast auswirken, kann ein solches Vorgehen bei nachgewiesener Steuerhinterziehung strafrechtliche Konsequenzen in Anlehnung an § 370 AO nach sich ziehen.

Liegen **erhebliche formelle Mängel** vor, die das Wesen der Buchführung berühren, wird die Buchführung als nicht ordnungsmäßig angesehen. Hierzu führt beispielsweise das **Fehlen** eines **Kassenbuchs** oder **Inventarbuchs**, eine nicht vorhandene **Ausdrucksbereitschaft** im Falle der elektronischen- oder Speicherbuchführung. Kleinere formelle Mängel, wie vereinzelte fehlerhafte Kontenauswahlen, Saldenfehler oder allgemein Rechenfehler führen nicht zu einer vollständigen Beanstandung der Buchführung bzw. schränken deren Ordnungsmäßigkeit nicht ein. Materielle Mängel der Buchführung, wie wiederholte Falsch- oder insbesondere Nichtbuchungen von Geschäftsvorfällen sowie Passivsalden im Kassenbuch, können folgende Konsequenzen nach sich ziehen:

- die **Fehler** in der Buchführung werden **berichtigt**;
- das Buchführungsergebnis wird durch eine ergänzende **Schätzung** berichtigt;
- das **gesamte Ergebnis** wird unter Verwendung der Buchführungsunterlagen **geschätzt** (Rinker et al. 2012, S. 163).

Im Rahmen der Abschlussprüfung verfahren Prüfer häufig nach der Prämisse, dass sie von einem fehlerhaften Rechenwerk ausgehen und solange nach positiven Ergebnissen suchen, bis sie genügend Beweise dahin gehend gefunden haben, dass eine relative Verlässlichkeit der Daten unterstellt werden kann (Freidank et al. 2008, S. 402). Fehlt jedoch beispielsweise der Großteil der den Buchungen zugrunde liegenden Belege (Wöhe und Kußmaul 2012, S. 44), wird die materielle Ordnungsmäßigkeit als nicht gegeben eingestuft und erfolgt die Schätzung des zu versteuernden Gewinns/Einkommens. Auch wenn der Existenz der Belege, in Anlehnung an die handelsrechtlich basierten Grundsätze ordnungsgemäßer Buchführung eine hohe Bedeutung beigemessen wird, lassen sich auch anderweitige Verstöße gegen die Bilanzierungsvorschriften aufdecken. Als „**Bilanzfrisur, Bilanzverschleierung oder Bilanzfälschung**" werden Verstöße gegen Bilanzierungsvorschriften bezeichnet, die im Rahmen z. B. o. g. Prüfungen zu Tage treten.

Bilanzfrisur liegt bspw. dann vor, wenn die Bezeichnung einzelner Posten in der Bilanz nicht den realen Gegebenheiten entspricht. Wird ein einzelner, zum Betriebsvermögen eines Unternehmens gehörender LKW gleich als „Fuhrpark" ausgewiesen, lässt dies zumindest stille Reserven vermuten. Ein Unternehmen würde auf diese Weise den Anschein erwecken mehr zu besitzen, als tatsächlich der Fall ist (Rinker et al. 2012, S. 37).

Als **Bilanzverschleierung** bezeichnet man Verstöße gegen das Verrechnungsverbot. Dies ist der Fall, wenn Forderungen mit Verbindlichkeiten saldiert werden, um auf diese Weise im Laufe der Geschäftsjahre kontinuierlich steigende Verbindlichkeiten zu kaschieren.

Bilanzfälschungen sind vorsätzliche Verstöße gegen Bewertungsvorschriften, **fingiert angesetzte Posten** wie Grundstücke oder allgemein Gegenstände des Anlagevermögens. Gleiches gilt für die Nichtaufnahme von Posten wie Verbindlichkeiten. Als **Fälschung** innerhalb einer Bilanz werden alle Posten bezeichnet, denen kein Wert gegenübersteht, die eine Veränderung insbesondere des Eigenkapitals bewirken und gegenüber Dritten ein falsches Bild des Unternehmens vermitteln, das – in Abhängigkeit des Zwecks wie Senkung der Steuerbelastung – zu niedrig, aber auch ebenso zu hoch ausfallen kann.

1.7 Wechselwirkung der Handels- und Steuerbilanz

Die Entwicklung des Eigenkapitals mittels des Vergleichs mehrerer Bilanzen stellt eines der wichtigsten Beurteilungskriterien für die wirtschaftliche Entwicklung eines Unternehmens dar. Eine **kontinuierliche Steigerung** – idealerweise aus erwirtschafteten Gewinnen und nicht aufgrund von Einlagen ggf. wechselnder Teilhaber/Gesellschafter – wird als positiv angesehen, wohingegen eine **degressive EK-Entwicklung** auf umsatzbedingte finanzielle Probleme oder übertriebene Entnahmen von Inhabern/Gesellschaftern deutet.

Die Bewertungs- und Abschreibungsvorschriften des Handelsgesetzbuchs sind darauf ausgerichtet, dem Eigenkapital am Ende eines Geschäftsjahres einen möglichst hohen Betrag zuführen zu können.

Die Ursache hierfür liegt darin begründet, dass die Bestimmung und der Zweck einer Handelsbilanz in der Vorlage bei Kreditinstituten, gegenüber Anteilseignern und in der Publikation im Bundesanzeiger liegt – letztere gilt primär für Kapitalgesellschaften. Das Handelsrecht lässt Kaufleuten mehr Gestaltungsspielraum für die Bilanz, was sich in verschiedenen Wahlrechten und der Möglichkeit zur Wertzuschreibung im Umlaufvermögen manifestiert. Der derivative Geschäfts- und Firmenwert gilt gemäß 246 Abs. 1 Satz 4 HGB als zeitlich nutzbarer Vermögensgegenstand. Ein niedrigerer Wertansatz für Vermögensgegenstände des Umlaufvermögens darf gemäß § 253 Abs. 4 und 5 HGB nicht beibehalten werden, wenn die Gründe dafür nicht mehr bestehen. Wenn z. B. Baustahl am Anfang des

Abb. 1.4 Wechselwirkung von EK-Zuwachs und steuerlicher Belastung

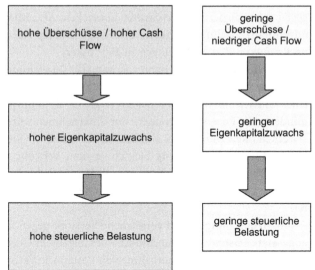

Jahres zu einem niedrigeren Preis eingekauft wurde als zu dem zum Zeitpunkt des Jahresabschlusses ermittelbaren Marktwert, darf dieser Wert handelsrechtlich angepasst werden.

Vermögensgegenstände mit einem Anschaffungspreis von < 410 € können gemäß § 6 Abs. 2 EStG als geringwertige Wirtschaftsgüter im Jahr der Anschaffung abgeschrieben werden, handelsrechtlich besteht eine derartige Verpflichtung jedoch nicht. Alle o. g. Vorgehensweisen der Bewertung führen in der Gewinn- und Verlustrechnung zur Erhöhung des Gewinns und wirken sich somit direkt auf das Eigenkapital aus, über dessen Konto die G&V abgeschlossen wird. Für Kaufleute besteht durch die Handelsbilanz die Möglichkeit, eben bei der **Publikation** des **Jahresabschlusses** im **Bundesanzeiger**, sowie gegenüber Banken und Anteilseignern höhere EK-Beträge in der Bilanz auszuweisen, als sie gemäß steuerlicher Richtlinien zu erzielen gewesen wären (Abb. 1.4).

Das Einkommensteuergesetz bietet Kaufleuten die Möglichkeit, Bewertungen und Abschreibungen in einer Art vorzunehmen, die zusätzliche Aufwendungen in der G&V nach sich zieht und somit den Gewinn und dadurch auch die steuerliche Belastung reduziert. Die Abschreibung geringwertiger Wirtschaftsgüter mit Anschaffungs- oder Herstellungswerten zwischen € 150 und € 1.000 gemäß § 6 Abs. 2 a EStG oder die Möglichkeit zur leistungsbezogenen Abschreibung von Vermögensgegenständen des Anlagevermögens gemäß § 7 Abs. 1 Satz 6 EStG sind diesbezügliche Beispiele.

Fallstudie: Abschreibung von Vermögensgegenständen

Ein Kaufmann hat hinsichtlich der Außendarstellung seines Unternehmens zwei Möglichkeiten: Er kann einen hohen Gewinn erwirtschaften, den er versteuern muss, mit dem er jedoch in der Lage ist, sein Eigenkapital zu erhöhen. Alternativ kann er durch die Inanspruchnahme von Abschreibungsmöglichkeiten sowie durch Leasing anstel-

1.7 Wechselwirkung der Handels- und Steuerbilanz

le des Kaufs von Vermögensgegenständen den Gewinn reduzieren was sich jedoch in einem nur geringen, dem Eigenkapital zurechenbaren Betrag auswirkt.

Bei der Bewertung und Bilanzierung von Geschäftsfahrzeugen, die sowohl gekauft, aktiviert und abgeschrieben als auch geleast werden können, wird dieser Zusammenhang schnell deutlich. Leasing ist nach dem Grundsatz nichts anderes als eine Miete von Gegenständen – so auch von Fahrzeugen. Der Leasingnehmer zahlt dem Leasinggeber für eine vorab vereinbarte Nutzungsdauer einen i. d. R monatlichen Betrag für die Nutzung des Gegenstands, der nach Ablauf der Nutzungsdauer im Eigentum des Leasinggebers verbleibt. Es erfolgt im Rahmen eines Leasingverhältnisses kein automatischer Eigentumsübergang wie bei einem Kaufvertrag.

Leasingraten werden **buchhalterisch** als **Aufwand** behandelt und senken den zu versteuernden Gewinn. Least ein Kaufmann also ein Geschäftsfahrzeug mit einem Anschaffungspreis von jeweils € 35.000 für die Dauer von zwei Jahren, kann der monatliche Leasingaufwand bei einer derart kurzen Laufzeit € 680 – also € 8.160 p. a. – betragen. Der Restbetrag i. H. v. € 18.680 wäre im Falle des Eigentumsübergangs zu zahlen. Die Begleichung der Leasingraten würde sich am Ende des Jahres in der *Buchhaltung* wie folgt darstellen:

Leasingaufwand	8.160	–
an Bank	–	8.160

Bank		Leasingaufwand	
Leasing Fuhrpark	8.160	Fahrzeug	8.160

Das Aufwandskonto Leasing wird über die Gewinn- und Verlustrechnung abgeschlossen, sodass sich ein Gewinn mindernder Aufwand i. H. v. € 8.160 auf der Sollseite der G&V ergibt. Für diesen Betrag fällt für den Kaufmann entsprechend keine Einkommens- oder Körperschaftsteuer an.

Gewinn- und Verlustrechnung	8.160	–
Leasingaufwand	–	8.160

GEWINN- UND VERLUSTRECHNUNG		Leasingaufwand			
Leasing- aufwand	8.160	Fahrzeug	8.160	an G&V	8.160
			8.160		8.160

Wenn ein Kaufmann ein Fahrzeug zu einem Preis von € 35.000 kauft, anstatt es zu leasen, wird es zu einem **begrenzt nutzbaren Vermögensgegenstand**, der im Anlagevermögen zu erfassen und gemäß § 253 Abs. 2 HGB abzuschreiben ist. Die Nutzungsdauer für Fahrzeuge beträgt, in Anlehnung an die AfA-Tabelle für die allgemein verwendbaren Anlagegüter, 6 Jahre[1]. Gewinn- und somit **steuermindernder Aufwand** entsteht **nicht** durch die **Anschaffung** des Fahrzeugs, sondern nur durch die **Abschreibung**, die – ebenso wie Leasingraten – über die Gewinn- und Verlustrechnung abgeschlossen werden. Das Fahrzeug wird nach dem Kauf zunächst aktiviert; also im Anlagevermögen z. B. im Konto „Fuhrpark" nebst Transportkosten etc. gebucht und über die folgenden 6 Jahre sukzessiv im Wert gemindert/abgeschrieben. Der Jahresbetrag lässt sich einfach mittels Division des Kaufpreises i. H. v. € 35.000 durch die Nutzungsdauer von 6 Jahren ermitteln.

$$35.000 \div 6 = € 5.833{,}33 \text{ p.a.}$$

Buchhalterisch erfolgt die Erfassung bei z. B. Barzahlung über den *Buchungssatz*:

Fuhrpark	35.000	–	
an Bank	–	35.000	

Fuhrpark			Bank		
Neufahrzeug	35.000			Fuhrpark	35.000

Die Gewinn mindernde AfA soll an dieser Stelle für ein ganzes Jahr betrachtet werden, um die genauen Beträge mit dem Leasingaufwand sowie die Auswirkung auf den Gewinn zu ermöglichen. Die Abschreibung wird für das erste Jahr – betrachtet wird ein volles Geschäftsjahr von 12 Monaten – gebucht

Abschreibung auf Fuhrpark	5.833,33	–	

---

[1] Bundesministerium der Finanzen: AfA-Tabelle für die allgemein verwendbaren Anlagegüter („AV"). Gültig für Anlagegüter, die nach dem 31.12.2000 angeschafft worden sind.

		an Fuhrpark	–	5.833,33

Fuhrpark			
AB	35.000	① AfA	5.833,33
		③ Saldo Schlussbilanzkonto	29.166,67
	35.000		35.000

AfA auf Fuhrpark			
① Fuhrpark	5.833,33	② G &V	5.833,33

GEWINN- UND VERLUSTRECHNUNG	
② AfA	5.833,33

SCHLUSSBILANZKONTO	
③ Fuhrpark	29.166,67

Es wird deutlich, dass der Gewinn mindernde Aufwand im Falle des **Leasings** deutlich **oberhalb** des Aufwands liegt, den ein Kaufmann für die Abschreibung eines **gekauften** Fahrzeugs in der G&V geltend machen kann. Darüber hinaus besteht für ihn, im Falle des Fahrzeugleasings die Möglichkeit, alle zwei Jahre ein neues Fahrzeug zu nutzen. Wenn ein Auto gekauft wird, steht es im Anlagevermögen, bewirkt einen nur geringen Aufwand durch die Abschreibung und unterstreicht auf diese Weise die Kapitalstärke des Unternehmens – zumindest dann, wenn für die Finanzierung kein Fremdkapital erforderlich war. Der Nachteil für den Unternehmer liegt in der Verpflichtung zur Versteuerung des Kapitals.

1.8 Zusammenfassung

Die Handlungen der **Bilanzierung und Bewertung** von Vermögensgegenständen sind **untrennbar** miteinander **verbunden**. Aufgrund der Tatsache, dass sie einer Abnutzung unterliegen und sich ihr Wert im Laufe der Nutzungsdauer reduziert, müssen Vermögensgegenstände regelmäßig bewertet und abgeschrieben werden, um ihren Wert im Jahresabschluss so realistisch und genau wie möglich darzustellen. Die **Finanzbehörden** benötigen die **Ergebnisse** der aus Bewertungen resultierenden Bilanzen zur **Erhebung** der **Personen- und/oder Körperschaftsteuer**. Lieferanten, Anteilseigner, etc. beurteilen hiermit die wirtschaftliche Situation, Kreditwürdigkeit und Liquidität eines Unternehmens. Bilanzen werden nicht ausschließlich am Ende eines Geschäftsjahres erstellt – woraus der Begriff des Jahresabschlusses resultiert. Sie können auch zu Beginn eines Geschäftsjahres bei Unternehmensgründung, unterjährig zur Bonitätsprüfung durch Kreditinstitute oder in Form von Fusionsbilanzen im Falle eines Unternehmenszusammenschlusses erforderlich werden. Das Ergebnis eines handelsrechtlichen weicht ggf. erheblich von dem eines steuerlichen Jahresabschlusses ab. Während die **handelsrechtlichen Bestimmungen** bilanzierenden Unternehmen Möglichkeiten zur **Darstellung** des **Gesamtpotentials** in Form von Wertzuschreibungen auf Gegenstände des Umlaufvermögens eröffnen, die sich in einem erhöhten Eigenkapital widerspiegeln, sind die steuerlichen Bestimmungen deutlich restriktiver. Je nach Zielsetzung – entweder Senkung der steuerlichen Belastung oder höchstmöglicher Betrag des Eigenkapitals – können die Wahlrichtlinien angewandt werden. Jeder Unternehmer muss sich jedoch über die grundsätzlichen Alternativen im Klaren sein: Entweder das Unternehmen weist einen hohen Betrag im Eigenkapitalkonto aus und zahlt für den hierzu führenden Gewinn entsprechende Personen- oder Körperschaftsteuer, oder aber der Gewinn wird durch Abschreibungen von Vermögensgegenständen, Rückstellungen, etc. reduziert, so dass sich auch die steuerliche Belastung verringert, was dann zu einem geringen Eigenkapitalzuwachs führt.

1.9 Wiederholungs- und Kontrollfragen

1. In welche Bereiche lässt sich das betriebliche Rechnungswesen grundsätzlich unterteilen?
2. Welche sind die Aufgaben der Kostenrechnung?
3. Wer sind die Adressaten des internen- bzw. des externen Rechnungswesens?
4. Erläutern Sie die Bilanzierungsform „Due Dilligence".
5. Nennen Sie die Mindestbestandteile eines Jahresabschlusses sowie deren handelsrechtliche Quellen.
6. Erläutern Sie die in § 238 HGB genannte Anforderung, dass ein „sachverständiger Dritter" in der Lage sein muss, sich in angemessener Zeit einen Überblick über die Geschäftsvorfälle und die Lage des Unternehmens zu verschaffen.
7. Nennen Sie die handelsrechtliche Quelle, in der die Grobgliederung einer Bilanz festgelegt ist.
8. Ein Unternehmen beabsichtigt, ein Nutzfahrzeug in der Bilanz unter der Position „technische Anlagen und Maschinen" auszuweisen – beurteilen Sie dieses Vorhaben aus rechtlicher Sicht.
9. Erläutern Sie die Vorgehensweise der Einkommensermittlung im Rahmen des Betriebsvermögensvergleichs gemäß § 4 Abs. 1 EStG.
10. Erläutern Sie die Zielsetzung der Handels- und der Steuerbilanz anhand der Auswirkungen auf das Eigenkapital.

1.10 Lösungen Kapitel 1

Das betriebliche Rechnungswesen lässt sich in externes und internes unterteilen. Das interne Rechnungswesen wird als Kostenrechnung bezeichnet, die der Betriebsbuchhaltung entspricht und die Leistungsrechnung beinhaltet.

1. Zu den Aufgaben der Kostenrechnung zählt die Planung
   - des leistungsbezogenen Erfolgs,
   - der Fertigungsverfahren,
   - der Beschaffungsmethoden,
   - der Absatzmethoden,
   - der Personal- und Sachkosten.
2. Die Ergebnisse des internen Rechnungswesens beziehen sich auf z. B. Erlöse, Kosten und/oder Leistungen und dienen primär der Geschäftsführung als Grundlage für Entscheidungen im Rahmen der Steuerung eines Unternehmens. Neben der Tatsache, dass das interne Rechnungswesen seine Daten aus dem externen Rechnungswesen bezieht, dienen die dort erstellten Daten der Information von
   - Finanzbehörden
     - zur Berechnung der Steuerlast,
   - Lieferanten sowie potenziellen Geschäftspartnern
     - zur Ermittlung der Kreditwürdigkeit und Zahlungsfähigkeit,
   - Anteilseignern
     - zur Beurteilung der Sicherheit ihrer (Kapital-)Anlage sowie zur Prognostizierung von Dividenden sowie zur Identifikation der Sicherheit von Kapitalanlagen.
3. Im Rahmen von Unternehmenszusammenschlüssen werden Fusionsbilanzen erstellt, deren Anglizismus „Due Dilligence" lautet. Die Übersetzung „mit gebotener Sorgfalt" resultiert aus der Intention einer Exkulpation für den Käufer, der durch sorgfältige Prüfung aller Vermögensgegenstände alle Optionen genutzt hat, vor der Übernahme die wirtschaftliche Situation des Unternehmens so präzise wie möglich zu beurteilen.
4. Gemäß § 242 HGB gehören zu den Mindestbestandteilen des Jahresabschlusses von Personengesellschaften und eingetragenen Kaufleuten die Bilanz und eine Gewinn- und Verlustrechnung. Kapitalmarktorientierte Kapitalgesellschaften müssen gemäß § 264 HGB zusätzlich einen Anhang, einen Eigenkapitalspiegel sowie eine Kapitalflussrechnung beifügen.
5. Diese Vorschrift resultiert aus der Tatsache, dass die Finanzbehörden berechtigt sind, die Buchführung sowie die Jahresabschlüsse von Unternehmen zu prüfen. Die Anforderung in § 238 HGB kann daher als eine Vorschrift zur Einhaltung von Standards angesehen werden, die ein Steuerprüfer benötigt, um den Jahresabschluss eines Unternehmens sowie die Korrektheit seiner Buchführung, Bewertung und Bilanzierung zu beurteilen. Darüber hinaus sind Kapitalgesellschaften gemäß § 316 HGB verpflichtet, die Korrektheit ihrer Jahresabschlüsse durch vereidigte (Wirtschafts-)Prüfer testieren zu lassen. Aufgrund der Tatsache, dass die Prüfung und die Existenz der o. g. Wirtschaftsprüfer gesetzlich basiert ist, gehören auch diese zu den o. g. „sachverständigen Dritten", die durch Einhaltung von Standards in die Lage versetzt werden, die Inhalte eines Jahresabschlusses in kurzer Zeit inhaltlich und sachlich auf Korrektheit und Vollständigkeit zu prüfen.
6. Die Grobgliederung der Bilanz ist in § 266 HGB festgelegt.

7. Die Vorgehensweise ist nicht statthaft, da § 266 HGB auf der Aktivseite eine Position „Fuhrpark" für die Bilanzierung von Fahrzeugen vorsieht.
8. Im Rahmen des von Selbstständigen und Freiberuflern angewandten Betriebsvermögensvergleichs wird der Unterschiedsbetrag zwischen den Vermögen am Ende des Vorjahres und am Ende des laufenden Wirtschaftsjahres gebildet. Anschließend werden getätigte Einlagen addiert und getätigte Entnahmen subtrahiert. Die hieraus resultierende Summe bildet das zu versteuernde Einkommen.
9. Der Zweck einer Handelsbilanz liegt
   - in der Vorlage bei Kreditinstituten zur Prüfung der Kreditwürdigkeit,
   - im Fall der Kapitalgesellschaften der Publikation im Bundesanzeiger,
   - der Darstellung der wirtschaftlichen Situation des Unternehmens im Geschäftsbericht,
   - etc.

Der Zweck einer Steuerbilanz hingegen liegt primär in der Vorlage bei der Finanzbehörde und der Ermittlung der steuerlichen Belastung. Das deutsche Handelsrecht bietet Unternehmen Wahlrechte, wie die Vornahme von Zuschreibungen auf den Wert von Vermögensgegenständen des Umlaufvermögens, die sich in einem höheren Eigenkapital widerspiegeln – einem maßgeblichen Indikator für die Beurteilung der wirtschaftlichen Situation eines Unternehmens. Bei der Erstellung der Steuerbilanz versuchen Unternehmen i. d. R ihre steuerliche Belastung und entsprechend den Gewinn so niedrig wie möglich zu halten. Da die Zuwächse des Eigenkapitals jedoch aus dem Gewinn in der G&V resultieren, die über das Eigenkapitalkonto abgeschlossen wird, müssen sich Unternehmer darüber im Klaren sein, dass sie entweder einen hohen Gewinn ausweisen, den sie dem Eigenkapital als Steigerung zuschreiben können, dann aber versteuern müssen, oder aber sie weisen einen niedrigen Gewinn aus, der eine geringe steuerliche Belastung bedeutet, aber auch einen nur geringen Zuwachs im Eigenkapital.

Literatur

Berens, W., Brauner, H., Strauch, J., Knauer, T. (Hrsg.): Due Diligence bei Unternehmensakquisitionen. Verlag Schäffer Poeschel, Stuttgart (2013)
Binder, C.: Die Entwicklung des Controlling als Teildisziplin der Betriebswirtschaftslehre. Deutscher Universitätsverlag, Wiesbaden (2006)
Bitz, M., Schneeloch, D., Wittstock, W.: Der Jahresabschluss, Verlag Vahlen, 5. Aufl. München (2011)
Buchholz, R.: Internationale Rechnungslegung, 10. Aufl. Verlag Erich Schmidt, Berlin (2012)
Coenenberg, A., Haller, A., Schultze, W.: Jahresabschluss und Jahresabschlussanalyse, 22. Aufl. Verlag Schäffer Poeschel, Stuttgart (2012)
Deitermann, R., Schmolke, C., Rückwart, W.-D.: Industrielles Rechnungswesen, IKR 2011, 41. Aufl. Verlag Winklers, Ludwigshafen (2011)
Freidank, C., Müller, S., Wulf, I. (Hrsg.): Controllingund Rechnungslegung. Verlag Gabler, Wiesbaden (2008)
Hahn, K.: BilMoG Kompakt, 3. Aufl. Verlag HDS, Weil im Schönbuch (2011)

Literatur

Högemann, B.: Due Dilligence, Prüfung und Unternehmensbewertung von Akutkrankenhäusern. Verlag Wikom, Wegscheid (2006)

Langenbeck, J.: Kompakttraining Bilanzanalyse, 3. Aufl. Verlag Kiehl, Ludwigshafen (2007)

Meyer, C.: Bilanzierung nach Handels- und Steuerrecht, 22. Aufl. Verlag NWB, Herne (2011)

NWB-Textausgabe. 61. Aufl. NWB, Herne (2012)

Olfert, K.: Kostenrechnung, 16. Aufl. Verlag Kiehl, Herne (2010)

Paul, J.: Einführung in die Allgemeine Betriebswirtschaftslehre. Verlag Gabler, Wiesbaden (2007)

Philipps, H.: Rechnungslegung nach BilMoG. Verlag Gabler, Wiesbaden (2010)

Renz, A., Wehrheim, M.: Die Handels- und Steuerbilanz. Bilanzierung, Bewertung und Gewinnermittlung, 3. Aufl. Verlag Vahlen, München (2011)

Rinker, C., Ditges, J., Arendt, U.: Bilanzen, 14. Aufl. Verlag Kiehl, Herne (2012)

Wöhe, G., Döring, U.: Einführung in die Allgemeine Betriebswirtschaftslehre, 25. Aufl. Verlag Vahlen, München (2013)

Wöhe, G., Kußmaul, H.: Grundzüge der Buchführung und Bilanztechnik, 8. Aufl. Verlag Vahlen, München (2012)

2 Bewertung von Vermögensgegenständen

Lernziele
- Kenntnis der Gruppen von Vermögensgegenständen sowie der wirtschaftlichen Prinzipien
- Lineare-, degressive Abschreibung sowie AfA nach Maßgabe der Leistung eines Vermögensgegenstands
- Bewertung von Vermögensgegenständen des Anlage- und Umlaufvermögens sowie der Verbindlichkeiten
- Erstellung und Bedeutung der Kapitalflussrechnung
- Anwendung von Bewertungsvereinfachungsverfahren

2.1 Zusammenhang von Bilanzierung und Bewertung

Die Begriffe Bilanzierung und Bewertung sind im Zusammenhang mit dem betrieblichen Rechnungswesen nicht isoliert zu betrachten. Kaufleute bewerten ihre Vermögensgegenstände und Schulden unter Ausnutzung der handels- und steuerrechtlichen Wahlrichtlinien im Ergebnis der Inventur, um diese in der Bilanz bzw. der Gewinn- und Verlustrechnung auszuweisen, die der Ermittlung der Steuerbelastung sowie der Präsentation unternehmerischer Erfolge gegenüber den Shareholdern und Stakeholdern dient (Wöhe und Döring 2013, S. 20 ff.). In diesem Zusammenhang sollen beide – sowohl die Share- als auch die Stakeholder – angesprochen sein. Ob sich Anteilseigner mit einer Handelsbilanz zufrieden geben oder ob sie die Einsicht in die Steuerbilanz verlangen, in welcher das Eigenkapital ungeschönt und ohne die Möglichkeit von Wertzuschreibungen ausgewiesen ist, sei dahingestellt. Darüber hinaus soll nicht vergessen werden, dass auch Mitarbeiter und dem Unternehmen angeschlossene Verbände an der wirtschaftlichen Entwicklung interessiert sein können. Aus diesem Grund soll der betriebswirtschaftliche Ansatz an dieser Stelle nicht auf die Kapitalgeber beschränkt bleiben.

Für das erstellende Unternehmen steht die vorteilhafteste Darstellung von Vermögenswerten des Anlage- und Umlaufvermögens sowie der Verbindlichkeiten im Jahresabschluss bzw. in der Bilanz im Vordergrund. Wie bereits in Kap. 1 erwähnt, kann als „vorteilhaft" sowohl ein niedriger Wertansatz bezeichnet werden, der für das Unternehmen zur Senkung der Steuerbelastung beiträgt, als auch ein hoher Wertansatz, der aufgrund geringer Wertminderung des Ergebnisses/Jahresüberschusses dazu führt, eine hohe Summe in das Eigenkapital zu buchen und dessen Entwicklung handelsbilanziell positiv darzustellen.

Im Zeitalter von Email und Internethandel schreitet die **Globalisierung** rasch voran. Jedes Unternehmen ist faktisch in der Lage, seine Güter und Dienstleistungen weltweit an jedem Ort anzubieten und zu veräußern, ohne selbst physisch vor Ort sein zu müssen. Der hierdurch entstehende Wettbewerb ist eine Begleiterscheinung dieser Entwicklung, ebenso wie das Bestreben insbesondere kapitalmarktorientierter Unternehmen, sich miteinander vergleichen zu können. Diese Denkweise hat dazu geführt, dass seitens des **IASB** (International Accounting Standards Board) ein Regelwerk verabschiedet wurde, das Bewertungs- und Bilanzierungsrichtlinien für alle international operierenden Kapitalgesellschaften beinhaltet (Heuser et al. 2007, S. 8). Diese weichen allerdings von den deutschen Vorschriften teilweise in erheblichem Maß ab. Diese Thematik wird in Kap. 5 ausführlich behandelt. Mit der Verabschiedung des **Bilanzrechtmodernisierungsgesetzes** (BilMoG) 2009 hat der Gesetzgeber einen ersten Schritt in die Richtung der Vereinheitlichung deutscher und internationaler Jahresabschlüsse getätigt und u. a. handelsrechtlich die Wertzuschreibung von Vermögensgegenständen des Umlaufvermögens ermöglicht. Ferner gilt der derivative Firmenwert nach Inkrafttreten des BilMoG als zeitlich begrenzt nutzbarer Vermögensgegenstand des Anlagevermögens. Auch wenn andere immaterielle Vermögensgegenstände weiterhin von der Aktivierung ausgeschlossen sind, muss in diesem Zusammenhang doch von entscheidenden Neuerungen gesprochen werden, welche die Richtlinien der Bewertung von Vermögensgegenständen und somit auch die Bilanzierung betreffen (Abb. 2.1).

2.2 Das Prinzip der wirtschaftlichen Zuordnung

Bevor die möglichen Varianten zur Wertminderung von Vermögensgegenständen in den folgenden Kapiteln anhand von Beispielen ausführlich dargelegt werden, erfolgt zunächst der Bezug auf ein Prinzip der Bilanzierung und Bewertung, das festgelegt, wem zur Abschreibung bestimmte Vermögensgegenstände zuzurechnen bzw. auf wessen Bilanz sie auszuweisen sind. Dieses Prinzip der **wirtschaftlichen Zuordnung** resultiert aus § 246 Abs. 1 S. 2 HGB, der besagt, dass nicht grundsätzlich der Eigentümer sondern derjenige einen Vermögensgegenstand zu bilanzieren hat, dem dieser wirtschaftlich zuzuordnen ist. Anders ausgedrückt kann diese Vorschrift dergestalt interpretiert werden, dass Vermögensgegenstände, wie technische Anlagen oder Maschinen, die in einem Unternehmen fest installiert oder unlösbar montiert wurden, von diesem anstelle vom Hersteller/Eigentümer zu bilanzieren sind, auch wenn der Kaufpreis noch nicht voll beglichen wurde. Die-

2.2 Das Prinzip der wirtschaftlichen Zuordnung

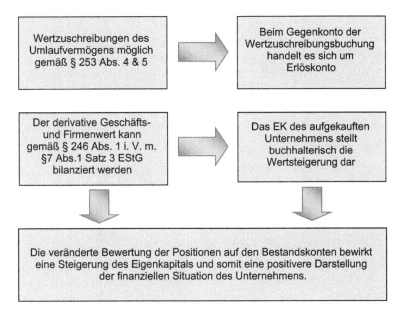

Abb. 2.1 Änderungen der Bewertungsvorschriften durch das BilMoG

se Vorschrift erweckt den Anschein, als resultiere sie aus § 94 des BGB, nach dem zu den wesentlichen Bestandteilen eines Gebäudes oder eines Grundstücks diejenigen gehören, die mit dem Grund und Boden fest verbunden sind. Sofern in einem Unternehmen also ein Wirtschaftsgut in der Form installiert wird, dass es **untrennbar** mit dem **Gebäude** oder dem **Grundstück verbunden** ist, kann das wirtschaftliche Eigentum diesem Unternehmen unterstellt werden. Der Wortlaut des § 246 Abs. 1 S. 2 HGB wurde erst 2009 durch das Bilanzrechtsmodernisierungsgesetz modifiziert und hat seinen Ursprung daher eher in den Vorschriften der internationalen Rechnungslegung IAS und IFRS. In IAS 1.9 ist festgelegt, dass eine Bilanz in Anlehnung an die IFRS-Vorschriften Angaben bezüglich der Vermögenswerte enthalten muss, über die ein Unternehmen verfügt. IAS 16.7 definiert Vermögensgegenstände als z. B. Sachanlagen, aus denen einem Unternehmen künftig wirtschaftlicher Nutzen zufließt. Die **Verfügungsmacht** an derartigen Gegenständen **stellt sich** bereits **mit** deren **Lieferung** bzw. deren Montage **ein** (Buchholz 2012, S. 54). Anders ausgedrückt bedeutet diese Formulierung, dass eine IFRS-Bilanz, ebenso wie eine nach handels- und steuerrechtlichen Vorschriften erstellte, alle Vermögenswerte eines Unternehmens darzustellen hat und diese als solche zu bezeichnen und auszuweisen sind, wenn das Unternehmen durch deren Verwendung Umsätze und/oder Gewinne zu erwirtschaften in der Lage ist. Wenn sich die Verfügungsmacht über derlei Gegenstände bereits mit der Lieferung einstellt und alle die Gegenstände bilanziell zu erfassen sind, über die ein Unternehmen zu verfügen in der Lage ist, heißt dies wiederum, dass auch Gegenstände zu bilanzieren sind, die **noch nicht bezahlt** sind. Aus Gründen der Sicherheit veräußern Hersteller von Investitionsgütern ihre Produkte daher häufig unter **Eigentumsvorbehalt**. Der Effekt für das Unternehmen, welches einen Vermögensgegenstand kauft anstatt ihn bspw. zu leasen, besteht in einer **Erhöhung** der Summe des **Anlagevermögens**.

Abb. 2.2 Automatisches Warenregallager. (Foto mit freundlicher Genehmigung der Kardex Germany GmbH)

> **Fallstudie: bilanzielle Erfassung eines Investitionsgutes**

Ein Produktionsunternehmen, welches dauerhaft eine große Menge verschiedener Waren zur Produktion seiner Güter bevorraten muss, installiert ein automatisches Warenregallager, wie in Abb. 2.2 dargestellt.

Durch den Einsatz dieses Geräts erwartet das Unternehmen sowohl Zeitersparnis bei der Kommissionierung von Aufträgen als auch eine Reduktion der diesbezüglichen Fehlerquote. Der Preis der Anlage liegt inklusive der Montage sowie Inbetriebnahme bei 250.000 €; die Nutzungsdauer beträgt 8 Jahre. Die Geschäftsführung des Unternehmens überlegt, auf welche Weise die Anlage zu finanzieren ist. Es besteht einerseits die Möglichkeit, die Anlage zu einem Zinssatz von 4,67 % mit einer jährlichen Rate i. H. v. 45.000 € zu leasen oder das Regalsystem zu o. g. Preis von 250.000 € zu kaufen. Die Hälfte des Betrages könnte aus den liquiden Mitteln beglichen werden, für die restlichen 50 % wäre die Aufnahme eines Darlehens erforderlich.

Sofern sich die Geschäftsführung dazu entschließt, das Warenregallager zu leasen, würde jährlich der Betrag von 45.000 € gewinnmindernd als Aufwand gebucht. In diesem Fall tritt keine Veränderung des Bestands ein. Kauft und finanziert das Unternehmen besagtes Warenregallager hingegen, so geht es gemäß dem Prinzip der wirtschaftlichen Zuordnung in sein Eigentum über. Auch wenn bei fehlender EK-Steigerung die Anlagendeckung sinkt (vgl. hierzu auch Kap. 3.5.3), ist dennoch eine **Steigerung** des **AV** messbar.

2.3 Bewertungsgrundsätze

Das deutsche Handels- und Steuerrecht ist dergestalt aufgebaut und formuliert, dass es an Handelsgeschäften beteiligte Personen und Gesellschaften vor einem falschen Eindruck ihres Handelspartners schützt. In Geschäftsbüchern und Jahresabschlüssen sollen keine Beträge dargestellt werden, denen kein tatsächlicher, monetärer Wert gegenübersteht. Sämtliche **Vermögensgegenstände** sind in Bilanzen mit den **niedrigstmöglichen** Werten und im Umkehrschluss sämtliche **Verbindlichkeiten** mit den **höchstmöglichen** Werten anzusetzen, sodass sich Kaufleute nach deutschem Recht in ihren Geschäftsbüchern „ärmer" darstellen sollen, als sie tatsächlich sind. Gemäß § 252 HGB ist durch den Kaufmann eine **„vorsichtige" Bewertung** aller Vermögensgegenstände vorzunehmen – die Werte sämtlicher Vermögensgegenstände sollen besser zu niedrig als zu hoch und die Werte aller Verbindlichkeiten eher zu hoch als zu niedrig eingestuft werden. Diese Vorschrift hat in Deutschland den Begriff des **Vorsichtsprinzips** (Bitz et al. 2011, S. 231) geprägt. In Ergänzung hierzu legt § 253 in den Absätzen 4 und 5 fest, dass Vermögensgegenstände des Anlage- und Umlaufvermögens höchstens mit den Anschaffungs- oder Herstellungskosten anzusetzen sind und eine **Wertzuschreibung** – zumindest im **Anlagevermögen** – untersagt ist. Diese Bestimmung hat wiederum den Begriff des **Niederstwertprinzips** geprägt. Bilanziell dient diese Vorgehensweise der Vermeidung von Handelsgeschäften, die mit betrügerischer Absicht geschlossen werden. Kreditinstitute sollen bspw. vor Unternehmen geschützt werden, die Darlehen beantragen und in ihren Jahresabschlüssen mehr Sicherheiten ausweisen, als tatsächlich existent sind (vgl. hierzu Kap. 1.6).

Die Abschreibung insbesondere von Vermögensgegenständen des Anlagevermögens, die noch über einen Marktwert verfügen bis auf einen Erinnerungswert, der i. d. R 1 € beträgt und die Möglichkeit, derartige Gegenstände noch zu einem höheren Preis als den Buchwert zu veräußern, führt zur Bildung von sogenannten **stillen Reserven**.

> **Fallstudie: stille Reserven**
>
> Eine stille Reserve bzw. deren Auflösung lässt sich anschaulich in Anlehnung der o. g. Situation am Beispiel eines Geschäftsfahrzeugs demonstrieren, das nicht geleast, sondern gekauft, aktiviert und über die Nutzungsdauer gemäß der steuerlichen Richtlinien abgeschrieben wurde.
>
> Wenn das Fahrzeug mit einem Neupreis i. H. v. 35.000 € sechs Jahre lang mit einem Betrag von 5.833,33 € abgeschrieben wurde, wird das Konto am Ende des letzten Jahres nicht auf „null" gesetzt bzw. aufgelöst, sondern es wird ein sogenannter Erinnerungswert von i. d. R. einem Euro gebucht, um daran zu erinnern, dass das Fahrzeug noch zum Betriebsvermögen gehört – der Buchwert beträgt in dieser Situation einen Euro, der Zeitwert kann jedoch ein völlig anderer sein. Das Konto Fuhrpark erhält über die Nutzungsdauer des Fahrzeugs folgendes Aussehen:

Fuhrpark			
AB	35.000	AfA 1. Jahr	5.833,33
		AfA 2. Jahr	5.833,33
		AfA 3. Jahr	5.833,33
		AfA 4. Jahr	5.833,33
		AfA 5. Jahr	5.833,33
		AfA 6. Jahr	5.832,35
		Restwert/ Schlussbilanz	1,--
	35.000		35.000

Ein sechs Jahre altes Fahrzeug, für welches ein Neupreis von 35.000 € beglichen werden musste, kann – in Abhängigkeit des Zustands und der Kilometerleistung – durchaus einen Erlös i. H. v. 5.000 € erzielen. Diese **Diskrepanz** zwischen dem **Buchwert** und einem ggf. **erzielbaren Marktwert** wird als **stille Reserve** bis zum Zeitpunkt der Auflösung bezeichnet. Das Adjektiv „still" wird verwendet, da der Differenzbetrag in den Handelsbüchern und im Jahresabschluss nicht auftaucht.

Die Auflösung der stillen Reserve erfolgt dergestalt, dass das Bestandskonto z. B. „Fuhrpark", auf dem das Fahrzeug noch mit dem Erinnerungswert geführt ist, aufgelöst und der erzielte Differenzbetrag zwischen Buch- und Zeitwert über ein Erlöskonto gebucht wird.

Buchungssätze (Fahrzeug mit Buchwert 1 € wird für 5.000 € gegen Barzahlung verkauft):

Kasse	5.000	
an Erlöse aus Anlagenabgängen		5.000

Erlöse aus Anlageabgängen	5.000	
an Fuhrpark		1
an sonstige betriebliche Erträge		4.999

Der gewinnsteigernde Betrag i. H. v. erhöht den Gewinn des Unternehmens und ist zu versteuern. Die Abschreibung des Fahrzeugs über den Zeitraum von sechs Jahren resultiert aus § 253 Abs. 3 HGB i. V. m. § 7 Abs. 1 S. 1 EStG.

Die Regelungen erfüllen einen Informationszweck und dienen dem Institutionenschutz. Einerseits sollen Kaufleute Selbstinformationen über die Situation ihres Unternehmens erhalten und außerdem sollen Gläubiger vor mangelnder Liquidität und Bonität geschützt

2.3 Bewertungsgrundsätze

| § 242 BGB: Prinzip von Treu-und Glauben |

- Ein Schuldner hat Leistungen gegenüber einem Gläubiger so zu erbringen, wie es die Verkehrssitte erfordert;
  - ➤ d.h. die Leistung darf nicht in einer Art gemindert oder verändert werden, die Nachteile für den Gläubiger mit sich bringt.

| § 253 HGB: Niederstwertprinzip |

- Vermögensgegenstände gelten als zeitlich begrenzt nutzbar und müssen im Wert gemindert werden

Abb. 2.3 Gläubigerschutz und Niederstwertprinzip; juristische Interaktionen des BGB sowie des HGB

werden, die insbesondere bei Kapitalgesellschaften relevant ist, da hier kein persönlich haftender Gesellschafter zur Verfügung steht (Klunzinger 2011, S. 114).

Die Bestimmungen der Paragrafen 252 und 253 HGB haben ihren Ursprung jedoch in § 242 des Bürgerlichen Gesetzbuchs, der definiert, dass Schuldner verpflichtet sind, Leistungen gegenüber Gläubigern so zu erbringen, wie **Treu und Glauben** es mit Rücksicht auf die **Verkehrssitte** erfordern. Aus dieser Vorschrift ist der Begriff des **Gläubigerschutzes** entstanden, der über das Privatrecht hinaus auch im Wirtschaftsrecht bzw. im Hinblick auf haftungsrechtliche Grundlagen relevant ist. Der Zusammenhang der drei Vorschriften ist in Abb. 2.3 grafisch erläutert.

Über das Niederstwertprinzip hinaus sind bei der Bewertung von Vermögensgegenständen noch das Prinzip der wirtschaftlichen Zuordnung sowie der Begriff der Herstellungskosten zu beachten. Auf beide soll jedoch noch in Kap. 2.5 im Rahmen der Bilanzierung von Vermögensgegenständen des Anlagevermögens Bezug genommen werden.

Seit der Verabschiedung des Bilanzrechtsmodernisierungsgesetzes wurden die umseitig genannten Prinzipien aufgeweicht. Die Verpflichtung, sämtliche Vermögensgegenstände möglichst niedrig und sämtliche Schulden möglichst hoch zu bewerten, besteht in der seit 2009 gültigen Version des HGB nicht mehr. Die auf den Internationalen Rechnungslegungsvorschriften IFRS und IAS basierenden, diesbezüglichen gesetzlichen Änderungen des HGB betreffen insbesondere das Umlaufvermögen, die Herstellungskosten und immaterielle Vermögensgegenstände (IDW Textausgabe 2013, IAS 16.31 ff.; IAS 39.43 ff.).

2.3.1 Immaterielle Vermögensgegenstände

Als **immaterieller Vermögenswert** wird ein identifizierbarer, nicht monetärer Vermögenswert eines Unternehmens **ohne physische Substanz** umschrieben, von dem erwartet wird, dass er dem Unternehmen künftig wirtschaftlichen Nutzen beschert (Lüdenbach und Christian 2012, S. 383). Mit dieser, in Anlehnung an die internationalen Rechnungslegungsvorschriften getätigten Definition sind

- Patente,
- Rechte,
- (derivative) Geschäfts- und Firmenwerte

abgedeckt, die das Unternehmen

- selbst geschaffen hat und im Umlaufvermögen ausweist oder
- entgeltlich erworben hat und im Anlagevermögen ausweist (Wöhe und Döring 2013, S. 746).

Den Vermögensgegenständen steht **keine physische Substanz** gegenüber, da nicht anhand von Tabellen, Publikationen o. ä. feststellbar ist, mit welchem Wert ein Patent, ein Nutzungsrecht oder ein Firmenwert zu beziffern ist. Daten wie eine Liste der Gebrauchtfahrzeugpreise von z. B. einer DAT-Schätzstelle[1] werden in diesem Zusammenhang nicht gepflegt. Dennoch bergen die Vermögensgegenstände für das Unternehmen einen wirtschaftlichen Nutzen, der sich in Form

- einer Weiterveräußerung mit Wertschöpfung von Patenten und Rechten oder
- der Nutzung einer Kunden-/Adressdatenbank, bzw. des Mitarbeiterstamms eines aufgekauften Unternehmens darstellt,

jedoch zum Zeitpunkt der Aktivierung noch nicht zu beziffern ist.

Eine gravierende Änderung hinsichtlich der Aktivierung immaterieller Vermögensgegenstände beinhaltet die Überarbeitung des § 246 HGB, der sich auf den **derivativen, entgeltlich erworbenen Geschäfts- und Firmenwert** bezieht und in Absatz 1 Satz 4 den

---

[1] Vgl. www.schwacke.de. Die sog. „Schwackeliste" ist ein bundesweit anerkanntes Medium zur Bewertung von Gebrauchtfahrzeugen.

2.3 Bewertungsgrundsätze

„…Unterschiedsbetrag, um den die für die Übernahme eines Unternehmens bewirkte Gegenleistung den Wert der einzelnen Vermögensgegenstände des Unternehmens abzüglich der Schulden im Zeitpunkt der Übernahme übersteigt (entgeltlich erworbener Geschäfts- oder Firmenwert)" definiert.[2] In § 266 HGB, der die Vorschriften zur Mindestgliederung einer Bilanz beinhaltet, ist der Geschäfts- und Firmenwert inzwischen als Bestandteil der immateriellen Vermögensgegenstände, an erster Stelle erwähnt.

Anders ausgedrückt ist die Vorschrift des § 246 so zu verstehen, dass, wenn ein Unternehmen ein anderes aufkauft und als Kaufpreis einen höheren Betrag als die Summe des Eigenkapitals zahlt (Vgl.: Unterschiedsbetrag der Vermögensgegenstände abzüglich der Schulden = der über das Eigenkapital hinausgehende Betrag), so ist diese Differenz im Anlagevermögen als derivativer Geschäfts- und Firmenwert aktivierbar und gemäß § 7 Abs. 1 Satz 3 EStG über einen Zeitraum von 15 Jahren abzuschreiben.

Die beiden o. g. Vorschriften stellen eine Einschränkung des bisher so restriktiv existenten, strengen Niederstwertprinzips dar, da seit Einführung des BilMoG ein Vermögenswert aktivierbar ist, dem kein direkter, monetärer Wert entgegensteht.

Beispiel

Ein mittelständisches Produktionsunternehmen A kauft eine Schlosserei B, in der neben dem Inhaber, einem eingetragenen Kaufmann, lediglich zwei weitere Gesellen tätig sind und die in ihrer letzten Bilanz ein Eigenkapital i. H. v. 50.000 € ausgewiesen hat zu einem Preis von 75.000 €. Die Schlosserei hat dem Produktionsunternehmen über mehrere Jahre zugearbeitet. Die Gründe für den **über das Eigenkapital hinausgehenden** Kaufpreis liegen darin, dass der Inhaber der Schlosserei eine Adressdatenbank besitzt, in der diverse potenzielle Kunden für das Produktionsunternehmen verzeichnet sind und außerdem beide Gesellen über wertvolle technische Kenntnisse sowie handwerkliche Fertigkeiten verfügen, die sich auch das Produktionsunternehmen zunutze machen kann. Dem Inhaber waren diese Details bekannt, weswegen er sein Unternehmen für nicht weniger als 75.000 € veräußern wollte.

Sowohl die Datenbank als auch die Handwerker bergen Potenzial für das Produktionsunternehmen A, das sich in monetär messbaren Erfolgen manifestieren kann. Die übernommenen Gesellen sind aufgrund Ihrer Kenntnisse und Fertigkeiten in der Lage, Produkte zu fertigen, die das Unternehmen mit hohen Gewinnen verkaufen kann. Ferner birgt die Adressdatenbank potenzielle Kunden, mit denen das Unternehmen **Geschäftsbeziehungen** aufbauen kann, wodurch sich ebenfalls **zusätzliche Umsätze und Gewinne** erwirtschaften lassen. Aus diesen Gründen besteht für den Inhaber/die Gesellschafter des Produktionsunternehmens A die Möglichkeit, diesen potenziellen Mehrwert in der Bilanz als Aktivposten „Geschäfts- und Firmenwert" auszuweisen und über eine Laufzeit von 15 Jahren abzuschreiben (Abb. 2.4).

---

[2] Vgl. § 246 Absatz 1 S. 4 in Handelsgesetzbuch des Deutschen Taschenbuchverlags 2013.

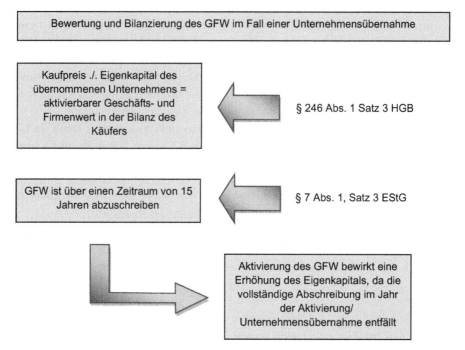

Abb. 2.4 Ermittlung und buchhalterische Behandlung des derivativen Geschäfts- und Firmenwertes

Obwohl der GFW prospektiv einen monetär messbaren Nutzen für das erwerbende Unternehmen darstellt, ist er zum Zeitpunkt des Erwerbs lediglich eine Fiktion ohne Gegenwert (Meyer 2011, S. 136). Ferner bewirkt die ausbleibende Abschreibung im Jahr des Erwerbs sowie der hierdurch ausbleibende, buchhalterische Aufwand eine Steigerung des Eigenkapitals. Das **strenge** und **gemilderte Niederstwertprinzip** hat und hatte stets Auswirkung auf das Eigenkapital, da Abschreibungen den Gewinn eines Unternehmens mindern und somit den dem Eigenkapital zurechenbaren Betrag reduzieren. Durch die Möglichkeit zur **Aktivierung** des **GFW** wird das **strenge Niederstwertprinzip** dergestalt **eingeschränkt**, dass eine Bilanzposition existiert, der, im Gegensatz zu den übrigen Vermögensgegenständen des Anlagevermögens wie

- Gebäuden
- technischen Anlagen und Maschinen oder
- dem Fuhrpark

kein konkreter monetärer Wert entgegensteht und das Eigenkapital sich durch die Aktivierung einer fingierten Position erhöht. Bei der Übernahme werden die Bilanz der Schlosserei B und die des Produktionsunternehmens A zusammengefasst, um eine GoB-konforme buchhalterische und bilanzielle Erfassung des Geschäfts- und Firmenwerts zu ermöglichen. Die *Buchungen* würden in Anlehnung an o. g. Beispiel wie folgt vorgenommen:

2.3 Bewertungsgrundsätze

Geschäfts- und Firmenwert	25.000	
Eigenkapital übernommenes Unternehmen	50.000	
an Bank		75.000

Das **Eigenkapital** der aufgekauften Schlosserei wird **über** das **Bankkonto** des aufkaufenden Produktionsunternehmens **ausgebucht**, sodass die **Differenz**/der übersteigende Betrag den **GFW** darstellt – eine Bilanzposition ohne realen, monetären Gegenwert.

Fallstudie: Ermittlung und buchhalterische Erfassung des derivativen Firmenwerts nach Unternehmenszusammenschluss

Das Produktionsunternehmen A schließt das Geschäftsjahr mit der unten abgebildeten Bilanz ab:

SCHLUSSBILANZ Produktionsunternehmen A

Gebäude	100.000	Eigenkapital	250.000
BGA	100.000		
Forderungen	50.000	Verbindlichkeiten	200.000
Bank	200.000		
	450.000		450.000

Zu Beginn des neuen Geschäftsjahres kauft das Unternehmen A eine Schlosserei, die bisher Zuarbeiten für die Produktion geleistet hat und die folgende Bilanz am Ende des vergangenen Geschäftsjahres aufgestellt hatte:

SCHLUSSBILANZ Schlosserei B

BGA	25.000	Eigenkapital	50.000
Fuhrpark	25.000		
Forderungen	25.000	Verbindlichkeiten	50.000
Bank	25.000		
	100.000		100.000

Der Kaufpreis für die Schlosserei beträgt 75.000 €. Gemäß der u. a. in Abb. 2.2 erwähnten Formel zur Ermittlung des derivativen Geschäfts- und Firmenwertes kann dieser mit 25.000 € beziffert werden.

	Kaufpreis	€ 75.000
./.	Eigenkapital des übernommenen Unternehmens	€ 50.000
	Geschäfts- und Firmenwert	€ 25.000

Zwischen den Unternehmen wurde die Übernahme sämtlicher Vermögenswerte und Schulden vereinbart. Beide werden jetzt physikalisch und buchhalterisch zusammengefasst. Die Bilanzen werden zunächst wieder in Konten aufgelöst, um die Vermögens- und Schuldenzuwächse in Unternehmen A und insbesondere die Verbuchung des derivativen Firmenwerts in Höhe von 25.000 € zu verdeutlichen.

2.3 Bewertungsgrundsätze

Konten Produktionsunternehmen A

Gebäude

AB	100.000	VII	100.000
	100.000		100.000

BGA

AB	100.000	VIII	125.000
I	25.000		
	125.000		125.000

Forderungen

AB	50.000	VIII	75.000
III	25.000		
	75.000		75.000

Bank

AB	200.000	VI	75.000
IV	25.000	IX	150.000
	225.000		225.000

Verbindlichkeiten

X	250.000	AB	200.000
		V	50.000
	250.000		250.000

GFW

VI	25.000	XI	25.000

Eigenkapital

XII	250.000	AB	250.000

Konten Schlosserei B

BGA

AB	25.000	I	25.000
	25.000		25.000

Fuhrpark

AB	25.000	II	25.000
	25.000		25.000

Forderungen

AB	25.000	III	25.000
	25.000		25.000

Bank

AB	25.000	IV	25.000
	25.000		25.000

Verbindlichkeiten

V	50.000	AB	50.000
	50.000		50.000

Eigenkapital

VI	50.000	AB	50.000
	50.000		50.000

Die Buchungssätze betreffen lediglich die **Bestände** der Unternehmen, sind sämtlich erfolgsneutral und lauten wie folgt:

I	BGA A	25.000 €	an	BGA B	25.000 €
II	Schlussbilanzkonto A	25.000 €	an	Fuhrpark B	25.000 €
III	Forderungen A	25.000 €	an	Forderungen B	25.000 €
IV	Bank A	25.000 €	an	Bank B	25.000 €
V	Verbindlichkeiten B	50.000 €	an	Verbindlichkeiten A	50.000 €
VI	GFW	25.000 €			
	Eigenkapital B	50.000 €	an	Bank A	75.000 €

Die Konten des Produktionsunternehmens A werden hiernach wie folgt abgeschlossen:

VII	Schlussbilanzkonto	100.000 €	an	Gebäude	100.000 €
VIII	Schlussbilanzkonto	125.000 €	an	BGA	125.000 €
IX	Schlussbilanzkonto	150.000 €	an	Bank	150.000 €
X	Verbindlichkeiten	50.000 €	an	Schlussbilanzkonto	50.000 €
XI	Schlussbilanzkonto	25.000 €	an	GFW	25.000 €
XII	Eigenkapital	250.000 €	an	Schlussbilanzkonto	250.000 €

ERÖFFNUNGSBILANZ Produktionsunternehmen A
im neuen Geschäftsjahr

GFW	25.000	Eigenkapital	250.000
Gebäude	100.000		
BGA	125.000		
Fuhrpark	25.000		
Forderungen	75.000	Verbindlichkeiten	250.000
Bank	150.000		
	500.000		500.000

Der *Geschäfts- und Firmenwert*, buchhalterisch aus dem Saldo des Eigenkapitals der Schlosserei B und dem per Banküberweisung beglichenen Kaufpreis gebildet, wird nicht mehr über ein **Aufwandskonto** ausgebucht, sondern auf der Aktivseite der Bilanz oberhalb des **Anlagevermögens** des Unternehmens B **aktiviert**. Die ideellen, bzw. monetär nicht direkt messbaren Werte, wie die eingangs bereits erwähnte Kundendatei oder die beiden in besonderem Maß qualifizierten Mitarbeiter, werden auf diese Weise zu Vermögensgegenständen und wirken sich steigernd auf das Eigenkapital aus.

2.3.2 Bewertung von Vermögensgegenständen des Anlagevermögens

Gemäß § 266 HGB ist das Anlagevermögen auf der Aktivseite der Bilanz auszuweisen und gemäß § 253 Abs. 3 ist der Wert von Vermögensgegenständen des Anlagevermögens durch **planmäßige Abschreibungen** über die gesamte Nutzungsdauer zu reduzieren. Der in der Buchhaltung gängige Begriff der **Aktivierung** von Vermögensgegenständen bezieht sich auf die Buchung von Gegenständen mit begrenzter Nutzungsdauer sowie deren Abschreibung auf einem Konto des Anlagevermögens. Wie bereits in Kap. 1 erwähnt, sind die Begriffe der **Bewertung** und **Bilanzierung untrennbar** miteinander **verbunden**. Die regelmäßige Wertminderung insbesondere von Vermögensgegenständen des Anlagevermögens, deren Wert häufig den des Umlaufvermögens übersteigt, ist für die realistische Beurteilung der wirtschaftlichen Situation eines Unternehmens von Relevanz.

2.3.2.1 Lineare Abschreibung gemäß § 7 EStG

§ 266 des HGB beinhaltet eine **ausführliche** und übersichtliche **Darstellung** der **bilanziellen Positionen/Kontenbezeichnungen,** die sich auch dann als hilfreich erweisen kann, wenn nach einer solchen gesucht wird und kein Kontenrahmen zur Hand ist. Gleich im Anschluss an den in Kap. 2.2.1 stellvertretend für immaterielle Vermögenswerte behandelten Geschäfts- und Firmenwert findet sich das Anlagevermögen, zu dem Gebäude, technische Anlagen und Maschinen, der Fuhrpark, die Betriebs- und Geschäftsausstattung, etc. gehören. Die diesbezügliche, handelsrechtliche Bewertungsgrundlage findet sich in § 253 Abs. 3, die auch als das **gemilderte Niederstwertprinzip** bezeichnet wird (Wöhe und Döring 2013, S. 687).

Hierin heißt es, dass die **Herstellungskosten** bzw. der Anschaffungswert von Vermögensgegenständen des Anlagevermögens mit einer zeitlich nur begrenzten Nutzungsdauer regelmäßig durch Abschreibungen zu verringern sind/ist. Die Dauer der Abschreibung leitet sich aus der planmäßigen oder betriebsgewöhnlichen Nutzungsdauer der Vermögensgegenstände ab, die für viele Vermögensgegenstände seitens der Finanzbehörden in Form der sogenannten AfA-Tabellen festgelegt wird.[3] Da das Einkommensteuergesetz in § 7 Abs. 1 Satz 1 die **gleichmäßige Wertminderung** über die gesamte Nutzungsdauer vorschreibt, werden zur rechnerischen Ermittlung des jährlichen Abschreibungsbetrages lediglich die Anschaffungs- oder Herstellungskosten durch die Nutzungsdauer gemäß Vorgabe des Bundesfinanzministeriums dividiert.

---

[3] AfA-Tabellen sind auf der Website des Bundesfinanzministeriums zum Download verfügbar.

Beispiel: AfA Betriebs- und Geschäftsausstattung Zur Veranschaulichung des Zusammenhangs der Rechtsquellen und der Vorgehensweise bei der Wertminderung/Abschreibung soll ein handelsüblicher Server für das hausinterne Netzwerk dienen, dessen Anschaffungspreis 1.200 € beträgt.

§ 253 Abs. 3 HGB:
- Der Vermögensgegenstand ist über seine Nutzungsdauer abzuschreiben.

§ 7 Abs. 1, Satz 1 EStG:
- Die Abschreibung ist linear, also in gleichen Jahresbeträgen vorzunehmen.

AfA Tabelle für die allgemein verwendbaren Wirtschaftsgüter:
- Nutzungsdauer eines Servers (Workstations, etc. gemäß Ziffer 6 „Betriebs- und Geschäftsausstattung"; Unterpunkt 6.14.3.2 AfA-Tabelle): 3 Jahre

$$€1.200 \div 3 \text{ Jahre} = €\,400 \text{ Abschreibung pro Jahr}$$

Die Abschreibung wird **erfolgswirksam** über ein **Aufwandskonto** vorgenommen. Aufwandskonten werden über die Gewinn- und Verlustrechnung abgeschlossen, sodass sich die Buchung der Abschreibung auf das Eigenkapital auswirkt. Wird der o. g. Server zu Beginn des Geschäftsjahres angeschafft und lautet der Bestand des Kontos nach Anschaffung des Servers 1.200 €, erfolgt die *Buchung* der Abschreibung wie folgt:

AfA Betriebs- und Geschäftsausstattung	400
an Betriebs- und Geschäftsausstattung	400

In diesem Zusammenhang sei auch auf das in Kap. 1.7 erläuterte Beispiel der Abschreibung eines PKW verwiesen. Die Wertminderungen des Servers reduziert somit das Eigenkapital des Unternehmens jährlich um 400 €. Die Intention des gemilderten Niederstwertprinzips ist darin zu sehen, dass sich aufgrund der begrenzten Nutzbarkeit von Vermögensgegenständen der Gesamtwert des Unternehmens, welcher sich im Eigenkapital widerspiegelt, gleichermaßen reduziert. Auf diese Weise soll verhindert werden, dass Unternehmen sich besser – bzw. monetär besser ausgestattet – darstellen, als es tatsächlich der Fall ist. Vor der Aufnahme von Geschäftsbeziehungen sollen sich potenzielle Partner durch die im Bundesanzeiger veröffentlichten Jahresabschlüsse von Kapitalgesellschaften[4] ein realistisches Bild von deren wirtschaftlicher Situation verschaffen können.

---

[4] Vgl. § 325 HGB: Offenlegungspflicht des Jahresabschlusses von Kapitalgesellschaften.

2.3 Bewertungsgrundsätze

Nicht in den AfA-Tabellen des Bundesfinanzministeriums aufgeführt und abweichend von o. g. Regelung zu behandeln sind **Gebäude**, die ebenfalls gemäß § 266 HGB zum **Anlagevermögen** eines Unternehmens gehören, deren Abschreibung jedoch u. a. aufgrund ihrer vergleichsweise langen steuerrechtlichen Nutzungsdauer separat in § 7 Abs. 4 & 5 geregelt ist. Auf deutschem Grund befindliche Gebäude, die nach dem 31.03.1985 fertiggestellt wurden, sind gemäß Absatz 4 jährlich mit 3 % ihrer Anschaffungs- oder Herstellungskosten abzuschreiben. Die vollständige Abschreibung eines zum Betriebsvermögen gehörenden Gebäudes, das nicht Wohnzwecken dient, erfolgt insofern nach 33,33 Jahren.

Die degressive AfA von Vermögensgegenständen (in fallenden Jahresbeträgen) war gemäß § 7 Abs. 2 Satz 1 lediglich bis zum Ende des Jahres 2010 möglich. Selbst die diesbezügliche Wertminderungmit bis zu 7 % des Anschaffungs- oder Kaufpreises in den ersten 3 Jahren nach der Fertigstellung oder Anschaffung von Gebäuden, die sich in einem Mitgliedsstaat der Europäischen Union befinden, war gemäß § 7 Abs. 5 letztmalig im Dezember 2005 statthaft. Zur Vervollständigung der Thematik und zum Verständnis der Abgrenzung beider Abschreibungsmethoden soll die degressive Variante anhand eines Beispiels erläutert werden.

> **Beispiel: Gegenüberstellung der Wertminderung bei Anwendung der linearen und der degressiven Abschreibung**
>
> Ein Fahrzeug mit einem Anschaffungspreis i. H. v. 60.000 € ist gemäß AfA-Tabelle über 6 Jahre abzuschreiben. Bei Anwendung der linearen AfA gemäß § 7 Abs. 1 Satz 1 EStG bedeutet dies eine kontinuierliche, jährliche Wertminderung von 10.000 € bzw. einem jährlichen Anteil i. H. v. 16,67 %.
>
> Gemäß § 7 Abs. 2 Satz 2 EStG darf bei Anwendung der degressiven Methode der Abschreibungsbetrag der linearen AfA um das **2,5-fache** erhöht werden, jedoch **25 %** der Anschaffungskosten nicht übersteigen. Der Anschaffungswert bzw. der Buchwert in den Folgejahren wurde um eben diesen Prozentsatz verringert (von Eitzen und Zimmermann 2013, S. 73 f.). Nach der Hälfte der Nutzungsdauer erfolgte i. d. R die Umstellung auf die lineare Methode, um den Vermögensgegenstand innerhalb der Laufzeit vollständig abschreiben zu können. Tabelle 2.1 zeigt ein diesbezügliches Beispiel (Tab. 2.2).
>
> Das o. g. Beispiel verdeutlicht, dass die Abschreibungsbeträge bei Anwendung der degressiven Methode in den ersten beiden Jahren deutlich über denen der linearen liegen. Diese Verfahrensweise bewirkte eine Steigerung des Aufwands und eine dementsprechende Senkung der steuerlichen Belastung in derselben Höhe. Die buchhalterische Erfassung der AfA im ersten Jahr erfolgt, bezogen auf o. g. Beispiel, mittels des *Buchungssatzes*

AfA Fahrzeug/Fuhrpark	15.000	
an Fuhrpark		15.000

was einen gesteigerten Aufwand i. H. v. 5.000 € im Vergleich zur linearen Variante der Abschreibung bedeutet.

Tab. 2.1 Degressive AfA; Zeitpunkt des Wechsels auf linear AfA erfolgt im 4. Jahr.

Jahr	Buchwert	Abschreibungsbetrag am Ende des Jahres
1	60.000,00	15.000,00
2	45.000,00	11.250,00
3	33.750,00	8.437,50
4	25.312,50	8.437,50
5	16.875,00	8.437,50
6	8.437,50	8.437,50

Tab. 2.2 lineare AfA

Jahr	Buchwert	Abschreibungsbetrag am Ende des Jahres
1	60.000	10.000
2	50.000	10.000
3	40.000	10.000
4	30.000	10.000
5	20.000	10.000
6	10.000	10.000

2.3.2.2 Abschreibung nach Maßgabe der Leistung des Vermögensgegenstandes

Auch wenn die AfA-Tabellen des Bundesfinanzministeriums die steuerliche Nutzungsdauer von Vermögensgegenständen vorschreiben, besteht die Möglichkeit, dass diese schneller verschleißen bzw. eher die Grenze ihrer Standzeit erreichen, als es gemäß der o. g. Vorschrift der Fall sein dürfte. Insbesondere bei technischen Maschinen und Anlagen oder Fahrzeugen, die im Dauerbetrieb eingesetzt werden, ist die Nutzungsdauer nicht immer mit den Vorgaben des Steuerrechts konform. Sofern Unternehmen das Ziel einer **möglichst geringen steuerlichen Belastung** verfolgen und ggf. auf Erfahrungswerte aus der Vergangenheit zurückgreifen können, ist der Wechsel der Abschreibungsmethode von der linearen zur **Abschreibung nach Maßgabe der Leistung** von beweglichen Vermögensgegenständen des Anlagevermögens gemäß § 7 Abs. 1, Satz 6 EStG sinnvoll, da diese Methode der Verfahrensweise der technischen Abschreibung am nächsten kommt (Rinker et al. 2012, S. 187). Der **Nachweis** der erbrachten Leistung erfolgt bei **Fahrzeugen** z. B. durch das Führen eines **Fahrtenbuches** und bei **Maschinen** oder **Flurförderfahrzeugen** durch einen installierten **Betriebsstundenzähler** (Abb. 2.5).

Der Nachteil liegt in der Tatsache, dass diese Methode die wirtschaftliche Abnutzung – das „Veralten" – zwar außer Acht lässt (Wedell und Dilling 2013, S. 169), aber ungeachtet dieser Tatsache die Wertminderung beschleunigt und den steuerreduzierenden Aufwand erhöht. Insbesondere nach dem **Wegfall** der **degressiven Abschreibung** wird diese Methode von Unternehmen, die einerseits das Ziel einer möglichst geringen steuerlichen Belastung verfolgen und deren Betrieb darüber hinaus anlagenintensiv ist, favorisiert.

2.3 Bewertungsgrundsätze

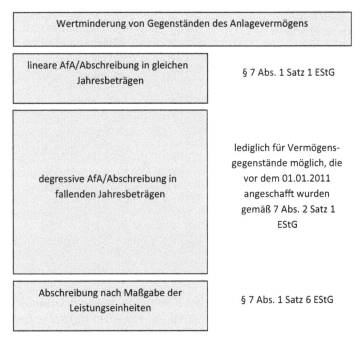

Abb. 2.5 Abschreibungsvarianten für Vermögensgegenstände des Anlagevermögens

Fallstudie: Leistungs-AfA

Ein Dienstleistungsunternehmen, das Montage- und Instandsetzungsarbeiten an Werkzeugmaschinen bei Kunden in ganz Deutschland vor Ort durchführt, verfügt über eine Flotte von Fahrzeugen, um seine Techniker im Außendienst zu mobilisieren. In Anlehnung an die Entfernungen, die zwischen den einzelnen Kunden liegen und welche die Techniker zurücklegen müssen, liegt die Laufleistung der Fahrzeuge bei **bis zu 60.000 Kilometern pro Jahr**. In den vergangenen Jahren hat sich gezeigt, dass die Fahrzeuge nach einer Betriebsdauer von **drei Jahren** aufgrund der Laufleistung über keine ausreichende technische Zuverlässigkeit mehr verfügen; daher werden sie nach Ablauf dieser Zeit ausgetauscht. Der **Kaufpreis/Anschaffungswert** der Neufahrzeuge liegt bei 34.200 € netto.

In dieser Situation liegen Erfahrungswerte vor, die belegen, dass die tatsächliche Standzeit der Vermögensgegenstände/Fahrzeuge nicht mit der seitens des Gesetzgebers vorgegebenen Nutzungsdauer übereinstimmt, sondern deutlich darunter liegt. Aufgrund dieser Tatsache hat das Unternehmen die Möglichkeit, abweichend von der linearen Abschreibung die in § 7 Abs. 1 Satz 6 genannte Leistungs-AfA anzuwenden, im Rahmen derer die Anschaffungskosten in Relation zur Leistung – in diesem Fall die Kilometerleistung – gesetzt wird. Der Abschreibungsbetrag bemisst sich bei der leistungsbezogenen AfA nach Leistungseinheiten – in diesem Fall nach Fahrkilometern. In diesem Zusammenhang ist zunächst der **Abschreibungsbetrag pro Kilometer** zu

Tab. 2.3 AfA nach Leistungseinheiten bei konstanter Laufleistung

Jahr	Kilometer	AfA/Km	Jahres-AfA
1	60.000	0,19	11.400
2	60.000	0,19	11.400
3	60.000	0,19	11.400

Tab. 2.4 lineare AfA

Jahr	Buchwert	Jahres-AfA
1	34.200	5.700
2	28.500	5.700
3	22.800	5.700
4	17.100	5.700
5	11.400	5.700
6	5.700	5.700

berechnen, der sich aus der Division des Kaufpreises durch die Gesamtleistung ergibt. Die zur Berechnung erforderlichen Daten in der Übersicht (Rinker et al. 2012, S. 187):

- Neupreis/Anschaffungswert der Fahrzeuge: 34.200 €
- Nutzungsdauer gemäß AfA-Tabelle: 6 Jahre
- Kilometerleistung gesamt: 180.000

Abschreibungsbetrag

$$€\ 34.200 \div 180.000 = €\ 0,19/km$$

Sofern die **Kilometerleistung** über die seitens des Unternehmens erwartete Nutzungsdauer von 3 Jahren **konstant** bei 60.000 km liegt, ergibt sich ein **konstanter Abschreibungsbetrag,** der deutlich **oberhalb** des Betrages der **linearen Abschreibung** liegt (Tab. 2.3).

Im Vergleich dazu gestaltet sich die Auflistung der linearen Abschreibung in Anlehnung an § 7 Abs. 1 Satz 1 EStG wie folgt (Tab. 2.4):

Ist die Laufleistung der Fahrzeuge nicht konstant bzw. wird die Gesamt-Laufleistung nicht nach den vorab festgelegten drei Jahren erreicht, verlängert sich die Nutzungsdauer der Fahrzeuge bzw. deren Abschreibungsdauer. Da die AfA-Beträge anhand der Fahrkilometer berechnet werden, ist die Ermittlung des gesamten Abschreibungsbetrages flexibel. Tabelle 2.5 zeigt ein Beispiel, wie sich die Abschreibungsbeträge entwickeln können, wenn

- die Laufleistung nicht konstant ist und
- die Gesamtlaufleistung außerdem nicht nach drei Jahren erreicht wird.

2.3 Bewertungsgrundsätze

Tab. 2.5 AfA nach Leistungseinheiten bei nicht-konstanter Laufleistung

Jahr	Kilometer	AfA/Km	Jahres-AfA
1	60.000	0,19	11.400
2	40.000	0,19	7.600
3	70.000	0,19	13.300
4	10.000	0,19	1.900

Der Vergleich der in den Tabellen genannten Abschreibungsbeträge verdeutlicht den Unterschied des Aufwands, der durch die Inanspruchnahme der verschiedenen Methoden in der Gewinn- und Verlustrechnung entsteht. Sofern Unternehmen bestrebt sind, ihre **steuerliche Belastung** so **gering** wie möglich zu halten, werden sie für Vermögensgegenstände wie Fahrzeuge, Maschinen, etc. stets die leistungsbezogene AfA auswählen, da hierdurch der **größtmögliche**, gewinnmindernde **Aufwand** erreicht wird. Ein weiterer Vorteil liegt in der **Flexibilität** der Vorgehensweise: wie in Tab. 2.5 erkennbar ist, bindet die leistungsbezogene AfA Unternehmen nicht an Termine oder Fristen. Werden die Vermögensgegenstände stärker oder weniger stark beansprucht und erreichen sie die Grenzen ihrer Standzeit entsprechend früher oder später, wird der Termin der vollständigen Abschreibung entsprechend angepasst, da diesbezüglich die Leistung des Objekts maßgeblich ist und nicht das Kalenderjahr. Aus diesem Grund wird diese Abschreibungsmethode als diejenige bezeichnet, die weitestgehend mit der technischen Abschreibung übereinstimmt.

Sonderfall: außerplanmäßige Abschreibung

Wie beschrieben, eröffnet die Abschreibung von Vermögensgegenständen nach Maßgabe der Leistung Unternehmen die Möglichkeit, den Wert ihrer Gebrauchsgegenstände genau dann aus dem Jahresabschluss bzw. der Bilanz zu entfernen, wenn dieser tatsächlich nicht mehr existent ist, bzw. die Güter verbraucht sind. Wenn jedoch eine Maschine oder ein Fahrzeug bereits nach zwei und nicht erst nach drei Jahren, wie in o. g. Fallstudie beschrieben, technisch als vollständig defekt anzusehen ist oder es durch Unfall, Naturkatastrophe o. ä. zerstört wird, sodass in wirtschaftlicher Hinsicht lediglich der Schrottwert anzusetzen ist, muss eine Möglichkeit existieren, die Vermögensgegenstände losgelöst von Fristen oder zu erwartender Leistung abzuschreiben. Diese Möglichkeit eröffnet § 7 Abs. 1 Satz 7 EStG: Absetzungen für außergewöhnliche technische oder wirtschaftliche Abnutzung sind grundsätzlich zulässig, sofern der Grund für die Abschreibung nicht in späteren Wirtschaftsjahren entfällt. Wird also eines der in obiger Fallstudie erwähnten Fahrzeuge beispielsweise im Januar beschafft und im **Februar des Folgejahres** mit einer Laufleistung von 60.000 km durch einen Unfalls so schwer beschädigt, dass es nicht mehr nutzbar ist, erfolgt die Sonderabschreibung auf 0 € bzw. auf den Erinnerungswert. In den Konten der Finanzbuchhaltung gestaltet sich die Entwicklung des Vermögensgegenstandes wie folgt:

Fuhrpark Anschaffungsjahr

AB	34.200	AfA	11.400
		Saldo	22.800
	34.200		34.200

Fuhrpark Februar Folgejahr

AB 2013	22.800	Sonder-AfA	22.799
		Restwert Bilanz	1
	22.800		22.800

Der Abschreibungsaufwand fließt in voller Höhe gewinn- und steuermindernd in die Gewinn- und Verlustrechnung ein. Bietet jetzt ein Gebrauchtwagen- oder Schrotthändler an, das Fahrzeug, bzw. das, was davon übrig ist, zum aktuellen Schrottpreis anzukaufen, kann ein Unternehmen das tun, was bereits in Abschn. 2.2 als die Auflösung einer **stillen Reserve** behandelt wurde. Ein Vermögensgegenstand, der zu einem höheren Wert als dem in den Geschäftsbüchern aufgeführten veräußert wird. Bezogen auf das o. g. Beispiel ist festzustellen, dass das Fahrzeug nach außerordentlicher Abschreibung gemäß § 7 Abs. 1 Satz 7 EStG lediglich mit dem **Erinnerungswert** von 1 € erfasst ist. Bietet jetzt ein Gebrauchtwagenhändler den Ankauf der Überreste des Fahrzeugs zu einem Preis von 500 € an, entsteht für das Unternehmen ein gewinnwirksamer Erlös i. H. v. 499 €, der entsprechend über ein Erlöskonto zu verbuchen ist. Mit dem Verkauf des Fahrzeugs wird der Vermögensgegenstand aus den Geschäftsbüchern entfernt. Die Differenz zwischen dem Buchwert und dem Verkaufspreis bildet den außerordentlichen Ertrag/Erlös für das Unternehmen. Als Buchungssätze sind z. B. im Falle der Banküberweisung des Kaufpreises durch den Gebrauchtwagenhändler zu erfassen:

Bank	500	
Erlöse aus Anlageabgängen		500

Erlöse aus Anlageabgängen	500	
an Fuhrpark		1
an sonstige betriebliche Erträge		499

Somit ist das Fahrzeug nicht mehr länger Bestandteil des Anlagevermögens, die Buchung der Zahlung des Kaufpreises erfolgt über ein Geldkonto oder die Kasse und die gebuchten

2.3 Bewertungsgrundsätze

sonstigen Erträge fließen in die Gewinn- und Verlustrechnung des Jahresabschlusses ein. Nachstehend zusätzlich die Darstellung des Geschäftsvorfalls in Kontenform.

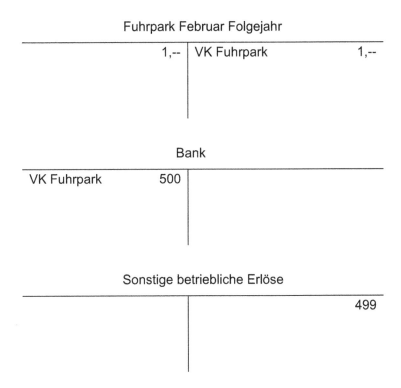

2.3.2.3 Bewertung geringwertiger Wirtschaftsgüter (GWG) gemäß § 6 Abs. 2 und § 6 Abs. 2 a EStG

Die Steuerbilanz dient im Gegensatz zur Handelsbilanz der Ermittlung eines möglichst genauen **Periodengewinns** und nicht der Darstellung des größtmöglichen Potenzials eines Unternehmens. Anlagegüter wie Fahrzeuge, technische Anlagen und Maschinen sind daher über seitens der Finanzbehörde in **Abschreibungstabellen** definierte Fristen hinsichtlich ihres Wertes zu reduzieren und dürfen nicht bereits im Jahr ihrer Anschaffung vollständig gewinnmindernd abgeschrieben werden. Eine diesbezügliche Ausnahme bilden

- geringwertige Wirtschaftsgüter (GWG) mit einem Nettoanschaffungswert von bis zu 410 € gemäß § 6 Abs. 2 EStG sowie
- GWG mit einem Nettoanschaffungswert von mehr als 150 € und bis zu 1.000 € gem. § 6 Abs. 2 a EStG.

Die Möglichkeit für Unternehmen, GWG bereits im Jahr der Anschaffung abzuschreiben und den Gewinn auf diese Weise **in voller Höhe** zu reduzieren, resultiert aus **wirtschaftspolitischen Zielen**, die der **Bundesfinanzhof** damit **begründet** hat, dass „…richtige **Erfolgsabgrenzungen** im Rahmen der Vereinfachung des Rechnungswesens nicht überspannt werden…" dürfen (Meyer 2011, S. 96). Voraussetzung für diese Verfahrensweise ist die **selbstständige Nutzbarkeit** der Vermögensgegenstände.

- Computerarbeitsplätze,
- Mobiltelefone/Smartphones,
- Kameras,
- etc.

die hinsichtlich ihres Wertes zu o. g. passen sind **selbstständig nutzbar** und unterliegen nicht der Pflicht zur Aktivierung über die in den AfA-Tabellen der Finanzbehörde genannten Fristen.

- Maschinensteuerungen,
- Fundamente von Produktionsanlagen,
- Tablare automatischer Warenregallager (Vgl. Abschn. 2.2),
- Bestandteile von Telefonanlagen,
- etc.

sind **nicht selbstständig** nutzbar und daher ggf. als nachträgliche Anschaffungskosten gemeinsam mit den Vermögensgegenständen des Anlagevermögens, in die sie integriert werden, zu bewerten und fristgerecht abzuschreiben.

In Abhängigkeit des Wertes kann die Bewertung der Güter auf zwei unterschiedliche Arten erfolgen.

- Der Anschaffungswert beträgt nicht mehr als 410 €;
    - das GWG kann im Anschaffungsjahr vollständig abgeschrieben werden.
    - juristische Grundlage: § 6 Abs. 2 EStG
- Der Anschaffungswert beträgt bis zu 1.000 €;
    - das GWG wird in einen Sammelposten/„Pool" von GWG aufgenommen, deren Wert zwischen 150 und 1.000 € liegt, der über einen Zeitraum von 5 Jahren mit 20 % p. a. abzuschreiben ist.
    - juristische Grundlage: § 6 Abs. 2 a EStG

Erläuterung zur buchhalterischen Vorgehensweise:

- Es wird ein neues Konto „GWG-Sammelposten" eröffnet,
- die Anschaffungswerte der entsprechenden GWG werden nach Steuerkorrektur auf diesem Konto erfasst,

2.3 Bewertungsgrundsätze

- im Anschaffungsjahr und in den weiter folgenden fünf Jahren werden jeweils 20 % des Gesamtwertes abgeschrieben und mindern auf diese Weise den UN-Gewinn.
- Für jedes Jahr ist ein neues Sammelkonto zu bilden, welches lediglich durch Zugänge oder die Abschreibung verändert werden darf.
- **Voraussetzung:** selbstständige Nutzbarkeit der Güter

Zu beachten sind bei der Bewertung von GWG neben der Zielsetzung des Unternehmens entweder die steuerliche Belastung so gering wie möglich zu halten oder das größtmöglichen Eigenkapital auszuweisen

- der **Anschaffungswert** der GWG sowie
- die **Abschreibungsdauer** der Güter gemäß der AfA-Tabellen der Finanzbehörde.

Falls ein Vermögensgegenstand zu einem geringen Wert zwischen 410 und 1.000 € beschafft wurde und die Abschreibungsdauer gemäß AfA-Tabelle geringer ist als fünf Jahre, kann es für ein Unternehmen vorteilhafter sein, die lineare AfA gemäß § 7 Abs. 1 Satz 1 EStG anzuwenden, als die AfA über GWG-Sammelposten gemäß § 6 Abs. 2 a EStG. Dies jedenfalls, sofern die **geringstmögliche steuerliche Belastung** beabsichtigt ist. Die Problematik tritt nicht bei einem Anschaffungspreis von bis zu 410 € auf, da in diesem Fall gemäß § 6 Abs. 2 EStG die sofortige Abschreibung lediglich unter der Einschränkung möglich ist, dass der Gegenstand selbstständig nutzbar ist.

> **Fallstudie: Abschreibung von GWG mit einem Anschaffungswert von bis zu 410 € gemäß § 6 Abs. 2 EStG**
>
> Ein Unternehmen kauft für seine Außendienstmitarbeiter fünf Laptop-Computer zu einem Bruttopreis von je 399 €. Die Bezahlung erfolgt in bar; das Ziel liegt in einer möglichst geringen, steuerlichen Belastung. Zu welcher Abschreibungsmethode ist der Geschäftsführung zu raten?
>
> Der Netto-Anschaffungspreis liegt mit 335,29 € unter der in § 6 Abs. 2 EStG genannten Obergrenze von 410 €. Ferner handelt es sich bei einem Laptop-Computer um einen selbstständig nutzbaren Vermögensgegenstand. Die Abschreibung in voller Höhe des Anschaffungspreises noch im Jahr der Anschaffung ist daher uneingeschränkt möglich. *Pro Computer* lautet daher zunächst für die Aktivierung der *Buchungssatz*:
>
> | | | |
> |---|---|---|
> | Betriebs- und Geschäftsausstattung | 335,29 | |
> | Vorsteuer | 63,71 | |
> | an Kasse | | 399 |

Betriebs- und Geschäftsausstattung			Vorsteuer	
Laptop 1	335,29		Laptops	318,55
Laptop 2	335,29			
Laptop 3	335,29			
Laptop 4	335,29			
Laptop 5	335,29			

Kasse	
5 Laptop-Computer	1.995

Die Abschreibung aller fünf Computer erfolgt vor der Erstellung des Jahresabschlusses über den *Buchungssatz*:

AfA auf Betriebs- und Geschäftsausstattung	**1.676,45**	
an Betriebs- und Geschäftsausstattung		**1.676,45**

AfA auf Betriebs- und Geschäftsausstattung			Betriebs- und Geschäftsausstattung	
Laptop 1	335,29		Laptop 1	335,29
Laptop 2	335,29		Laptop 2	335,29
Laptop 3	335,29		Laptop 3	335,29
Laptop 4	335,29		Laptop 4	335,29
Laptop 5	335,29		Laptop 5	335,29
	1.676,45			1.676,45

Somit sind **alle** Notebooks am **Ende** des **Geschäftsjahres** der Anschaffung **ausgebucht**. Die Buchung über das Aufwandskonto AfA auf Betriebs- und Geschäftsausstattung reduziert den zu versteuernden Gewinn in voller Höhe.

Fallstudie: Abschreibung von GWG mit einem Anschaffungswert von mehr als 410 € gemäß § 6 Abs. 2 a EStG

Angenommen sei eine ähnliche Situation: das o. g. Unternehmen kauft wiederum fünf Laptop-Computer für den Außendienst – diesmal jedoch soll der Brutto-Anschaffungspreis pro Stück 599 €, für Geräte mit hoher Prozessorleistung und Arbeitsspeicherkapazität, betragen. Die Bezahlung erfolgt wiederum in bar. Die Abschreibung gemäß § 6 Abs. 2 a EStG ist nicht mehr möglich, da der Netto-Anschaffungspreis mit 503,36 € den zulässigen Höchstbetrag von 410 € überschreitet. Alternativ ist die Abschreibung

2.3 Bewertungsgrundsätze

über einen Sammelposten gemäß § 6 Abs. 2 a EStG möglich; der Preis liegt deutlich unter dem hierin genannten Höchstbetrag von 1.000 €. Buchhalterisch ist zunächst ein Sammelposten für die Geräte anzulegen; die Erfassung erfolgt **pro Computer** über den *Buchungssatz:*

GWG Sammelposten	503,36	
Vorsteuer	95,64	
an Kasse		599

GWG Sammelposten			Vorsteuer	
Laptop 1	503,36		Laptops	478,20
Laptop 2	503,36			
Laptop 3	503,36			
Laptop 4	503,36			
Laptop 5	503,36			
	2.516,80			

Kasse		
	5 Laptop-Computer	2.995

Die Abschreibung des Sammelpostens ist über einen Zeitraum von fünf Jahren zu *20 % p. a.* vorzunehmen, was einem jährlichen Abschreibungsaufwand i. H. v. *503,36 €(100,67 € pro Gerät)* entspricht. Die Buchung erfolgt über den *Buchungssatz:*

AfA auf GWG-Sammelposten	503,36	
an GWG Sammelposten		503,36

AfA auf Betriebs- und Geschäftsausstattung			GWG Sammelposten	
Laptop 1	100,67		Laptop 1	100,67
Laptop 2	100,67		Laptop 2	100,67
Laptop 3	100,67		Laptop 3	100,67
Laptop 4	100,67		Laptop 4	100,67
Laptop 5	100,67		Laptop 5	100,67
	503,36			503,36

↑
jährlicher AfA-Betrag bei Abschreibung gemäß
§ 6 Abs. 2 a EStG

Mit Blick auf die unternehmerische Zielsetzung einer möglichst **niedrigen Steuerbelastung** muss neben der Behandlung o. g. Laptop-Computer als GWG die Aktivierung und **lineare Abschreibung** gemäß § 7 Abs. 1 Satz 1 EStG berücksichtigt werden, die in diesem Fall als die **geeignetere** erscheint, was ein Blick in die AfA-Tabelle sowie ein konkretes Zahlenbeispiel verdeutlicht.

- Gemäß **AfA-Tabelle** für die „allgemein verwendbaren Anlagegüter" beträgt die betriebsgewöhnliche **Nutzungsdauer** für die **Notebooks** unter Punkt 6.14.3.2 **drei Jahre,**
- die Abschreibung des **GWG-Sammelpostens** ist erst nach **fünf Jahren** abgeschlossen,
- die **jährlichen Abschreibungsbeträge** sowie der gewinnmindernde Aufwand sind demnach bei Behandlung der Notebooks nach **§ 7 Abs. 1 S. 1 EStG höher**.

Der Nettoanschaffungspreis i. H. v. 503,36 € pro Computer – in Summe 2.516,80 € wird in diesem Fall lediglich durch drei anstelle von frünf dividiert, was zu einer jährlichen AfA von 838,93 € führt. Der gewinnmindernde Aufwand des Unternehmens für die Vermögensgegenstände liegt bei linearer Abschreibung somit um 335,37 € über dem Betrag, der sich aus der Behandlung der Notebooks als geringwertige Wirtschaftsgüter ergibt.

AfA auf Betriebs- und Geschäftsausstattung		Betriebs- und Geschäftsausstattung	
Laptop 1	167,79	Laptop 1	167,79
Laptop 2	167,79	Laptop 2	167,79
Laptop 3	167,79	Laptop 3	167,79
Laptop 4	167,79	Laptop 4	167,79
Laptop 5	167,79	Laptop 5	167,79
	838,93		838,93

↑
jährlicher AfA-Betrag bei Abschreibung gemäß
§ 7 Abs. 1 Satz 1 EStG (lineare AfA in Anlehnung an
Nutzungsdauer gemäß AfA-Tabelle
für die allgemein verwendbaren Anlagegüter
("AV")

Das Beispiel verdeutlicht, dass es seitens eines Unternehmens erforderlich ist, die **Bewertungsoptionen** von Vermögensgegenständen des Anlagevermögens genau zu **prüfen**. Steuerrechtlich bestehen drei Optionen der Bewertung: die **lineare Abschreibung**, die Behandlung als *GWG* im Falle eines Netto-Anschaffungspreises von **maximal 410 €** sowie die Bewertung innerhalb eines *GWG-Sammelpostens* im Falle eines Netto-Anschaffungspreises **zwischen 150 und 1.000 €**. Selbst wenn die Zielsetzung des Unternehmens in einer geringstmöglichen Steuerbelastung liegt, muss die GWG-AfA nicht stets die vorteilhafteste Variante darstellen. Sofern die betriebsgewöhnliche Nutzungsdauer von Vermö-

2.3 Bewertungsgrundsätze

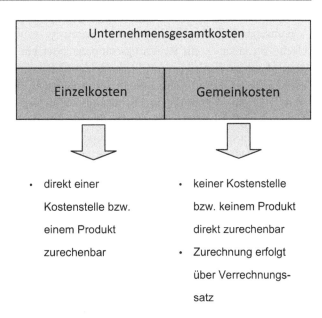

Abb. 2.6 Unterscheidung von Einzel- und Gemeinkosten

gensgegenständen unterhalb von fünf Jahren liegt, können Unternehmen einen höheren gewinn- und steuermindernden Aufwand bei der Anwendung der linearen AfA erreichen.

2.3.2.4 Selbstgeschaffene Vermögensgegenstände des Anlagevermögens; der Begriff der Herstellungskosten

Vermögensgegenstände, die ein Unternehmen in der Bilanz als Anlagevermögen ausweist, müssen nicht immer von Fremdfirmen beschafft, sondern sie können auch selbst erstellt sein. Für Maschinenbauunternehmen, die Metallbearbeitungszentren herstellen, kann die Möglichkeit bestehen, dass sie ein Produkt, das sie selbst fertigen, auch für die eigene Produktion benötigen. In diesem Fall wird kein Unternehmen ein Fremdprodukt bei einem Lieferanten beschaffen, sondern vielmehr selbst eine Maschine für den Einsatz in der eigenen Fertigung erstellen und diese in der Betriebs- und Geschäftsausstattung unter der Position technische Anlagen und Maschinen aktivieren. Das Handelsgesetzbuch legt in § 255 fest, welche Bestandteile des selbst erstellten Vermögensgegenstands in der Bilanz zu erfassen sind, bzw. wie die Herstellungskosten zu berechnen sind. In o. g. Quelle sind sie definiert als „Aufwendungen, die durch den Verbrauch von Gütern und die Inanspruchnahme von Diensten für die Herstellung eines Vermögensgegenstandes, seine Erweiterung oder für eine über seinen ursprünglichen Zustand hinausgehende, wesentliche Verbesserung entstehen." Zu diesen Kosten gehören **Material- und Fertigungseinzel-** sowie seit Verabschiedung des Bilanzrechtsmodernisierungsgesetzes auch **Material- und Fertigungsgemeinkosten** (Abb. 2.6).

Vor dem Einstieg in ein konkretes Buchungs- und Fallbeispiel ist zunächst ein Verständnis für den Unterschied zwischen Einzel- und Gemeinkosten erforderlich. Als **Einzelkosten** werden alle diejenigen bezeichnet, die einem Gegenstand oder einem Produkt

– in unserem Fall dem Metallbearbeitungszentrum – zuordenbar sind. Dies können Stahlbleche, Stromkabel, ein Steuerungscomputer oder ein Montagegestell sein, das nur für diese Maschine speziell hergestellt wurde, nur dafür verwendbar ist und entsprechend zugeordnet werden kann. **Gemeinkosten** sind all jene Kosten, die nicht direkt einem Gegenstand oder einem Produkt zurechenbar sind. Hierzu gehören Miete für Geschäftsräume, Aufwendungen für elektrischen Strom, für Heizgas etc., die z. B. in einer Produktionshalle entstehen, in der gleichzeitig mehrere Endprodukte gefertigt werden. Die Kosten lassen sich nicht jedem einzelnen Endprodukt zurechnen und müssen mittels eines Verrechnungssatzes verteilt werden. In der Praxis erfolgt die Verteilung der Gemeinkosten auf die jeweiligen Produkte oder Kostenstellen z. B. unter Verwendung eines Betriebsabrechnungsbogens in der Kostenstellenrechnung (Deitermann et al. 2010, S. 187 ff.).

Bezogen auf den Inhalt des § 255 HGB bedeutet dies, dass sowohl die nicht direkt zurechenbaren Materialaufwendungen für Rohstoffe, Energie und anteilige Raumkosten als auch die nicht direkt zurechenbaren Personalaufwendungen in die Herstellungskosten für selbst erstellte Vermögensgegenstände eines Unternehmens einfließen.

Die bilanzielle Erfassung selbst erstellter Vermögensgegenstände des Anlagevermögens erfolgt auf dem Konto *andere aktivierte Eigenleistungen* (Bornhofen M. und Bornhofen M. C. 2008, S. 348), einem über die Gewinn- und Verlustrechnung abzuschließenden Erfolgs-/Erlöskonto. Wenn ein Unternehmen eine Werkzeugmaschine für die eigene Produktion erstellt, wird diese demnach bilanziell auf die gleiche Weise behandelt, wie ein erwirtschafteter Erlös. Dieser wiederum fließt im Jahresabschluss in voller Höhe in das Eigenkapital ein. Die *Buchungssätze* in diesem Zusammenhang lauten…

für die Aktivierung der Maschine im Anlagevermögen
Sachanlagen
an andere aktivierte Eigenleistungen
  sowie

für den Abschluss des Erfolgskontos über die Gewinn- und Verlustrechnung
andere aktivierte Eigenleistungen
an Gewinn- und Verlustrechnung

Je **höher** also die **Herstellungskosten** für einen selbst erstellten Vermögensgegenstand ausfallen, desto **höher** ist der **Erlös** für das Unternehmen und umso höher ist auch der Betrag, der im Jahresabschluss bzw. in der Schlussbilanz dem **Eigenkapitalkonto** zugeschrieben werden kann. Gemäß § 255 Abs. 2 HGB besteht die Möglichkeit, durch die Berücksichtigung der Material- sowie Fertigungsgemeinkosten im Rahmen der Kalkulation von Herstellungskosten eines selbst erstellten Vermögensgegenstandes die Summe auf der Erlösseite der Gewinn- und Verlustrechnung zu steigern. Durch das Inkrafttreten des Bilanzrechtsmodernisierungsgesetzes 2009 wurde diese Option nicht aufgehoben [Vgl. Beschlussempfehlung und Bericht des Rechtsausschusses (6. Ausschuss) zu dem Gesetzesentwurf der Bundesregierung – Drucksache 16/10067– Entwurf eines Gesetzes zur

2.3 Bewertungsgrundsätze

Abb. 2.7 Kalkulationsschema der Herstellungskosten

	Fräsmaschine
Produzierte Anzahl	10
Materialeinzelkosten	250.000
+ Materialgemeinkosten	
= Materialkosten	250.000
Fertigungseinzelkosten	150.000
+ Fertigungsgemeinkosten	
= Fertigungskosten	150.000
= Herstellkosten der Fertigung	400.000

Modernisierung des Bilanzrechts]. Die unterschiedlichen Auswirkungen der Berücksichtigung bzw. der nicht-Berücksichtigung von Gemeinkosten im Rahmen der Bewertung von Vermögensgegenständen auf das Eigenkapital lassen sich im direkten Vergleich anhand eines konkreten Fallbeispiels darstellen.

> **Fallstudie: Eigenkapitalzuwachs im Falle der Berücksichtigung von Gemeinkosten bei der Kalkulation von Herstellungskosten selbst erstellter Vermögensgegenstände**
>
> Als Beispiel sei die Existenz eines fiktiven Produktionsunternehmens in der Rechtsform einer e. K. aus dem Bereich der KMU angenommen, das pro Jahr zehn Fräsbearbeitungszentren fertigt. Das Unternehmen beabsichtigt, eine Fräsmaschine für die eigene Produktion zu erstellen und möchte die Herstellungskosten bestimmen, um sie in der Bilanz unter den technischen Anlagen und Maschinen zu aktivieren. Es existieren vollständige Konstruktionszeichnungen und Stücklisten bezüglich der gefertigten Produkte, sodass die Ermittlung der Einzelkosten kein Problem darstellt. Anhand der Fertigungsunterlagen lassen sich Materialeinzelkosten i. H. v. 250.000 € und Fertigungseinzelkosten i. H. v. 150.000 € identifizieren, sodass sich die Herstellkosten, wie in Abb. 2.7 dargestellt, auf 400.000 € belaufen.
>
> Die Aktivierung der selbst erstellten Anlage erfolgt über den *Buchungssatz*
>
> | Technische Anlagen und Maschinen | 400.000 | |
> |---|---|---|
> | an andere aktivierte Eigenleistungen | | 400.000 |

Da es sich bei den aktivierten Eigenleistungen um ein Erfolgskonto handelt, erfolgt der Abschluss über die Gewinn- und Verlustrechnung, was eine Eigenkapitalsteigerung in derselben Höhe bewirkt.

technische Anlagen und Maschinen		andere aktivierte Eigenleistungen	
400.000		Abschluss über G&V	400.000

GEWINN- UND VERLUSTRECHNUNG		Eigenkapital	
Abschluss/ Saldierung erfolgt über EK	400.000 ...aus andere aktivierte Eigenleistungen		400.000 ...zusätzliches EK durch selbst erstellten Vermögensgegenstand

Um die Herstellkosten der Fertigung gemäß des in Abb. 2.7 dargestellten Schemas um die Material- und Fertigungsgemeinkosten zu ergänzen, ist ein Blick in das Gemeinkostencontrolling bzw. die in Kap. 1 bereits erwähnte und als das interne Rechnungswesen bezeichnete *Kostenrechnung* erforderlich. In Anlehnung an die Legitimation in § 255 Abs. 2 HGB sollen die Einzelkosten um alle anteiligen Raum, Personal- und Sachkosten ergänzt werden, die den zehn Endprodukten nicht direkt zurechenbar sind. Zur Identifikation dieser Summe kann ein **Betriebsabrechnungsbogen** verwendet werden, der alle im Unternehmen befindlichen Kostenarten und Kostenstellen darstellt. Im für dieses Beispiel zu betrachtende Unternehmen sollen die Abteilungen (Kostenstellen)

- Administration,
- Marketing und Vertrieb,
- mechanische Fertigung,
- elektrische Fertigung sowie
- Konstruktion und Entwicklung

vorhanden sein.
Als Kostenarten lassen sich

- Materialkosten,
- Personalkosten,
- Raumkosten,

2.3 Bewertungsgrundsätze

Abb. 2.8 Kostenartenrechnung

Kostenarten	Summen
Materialkosten	3.500.000
Personalkosten	4.000.000
Raumkosten	800.000
Kfz-Kosten	500.000
Fremddienstleister	850.000
Kosten des Warenversands	200.000
Rechts-/Beratungskosten	150.000
Summe	10.000.000

- KFZ-Kosten,
- Fremddienstleister,
- Warenversand sowie
- Rechts- und Beratungskosten

identifizieren.

Fremddienstleistungen werden durch das Unternehmen in Form von Arbeitnehmerüberlassungen/Personaldienstleistern in Anspruch genommen. Darüber hinaus bearbeiten Zerspanungsunternehmen halbfertige Bauteile für die Produkte, die aufgrund der Fertigungstiefe nicht selbst gegossen oder geschmiedet werden können. Insgesamt belaufen sich die **Gemeinkosten** des Unternehmens bei zehn hergestellten Bearbeitungszentren (Fräsanlagen) auf 10.000.000 €. Aus Abb. 2.8 ist ersichtlich, wie sich die Summe auf die o. g. Kostenarten verteilt.

Zur Bestimmung der in § 255 Abs. 2 erwähnten, angemessenen Material- und Fertigungsgemeinkosten ist die Kostenartenrechnung jedoch nicht ausreichend. Es fehlt die Konkretisierung, welche **Abteilungen** des Unternehmens Material- und Fertigungsgemeinkosten **verursachen**. In diesem Fall sind insbesondere die mechanische und die elektrische Fertigung relevant. Die nachstehende Tabelle in Abb. 2.9 zeigt die Kostenstellenrechnung, in der die Summen der Kostenarten auf die Abteilungen Administration, Vertrieb, mechanische Fertigung, elektrische Fertigung sowie Entwicklung verteilt sind.

Kostenarten \ Kostenstellen	Administration	Vertrieb	Mechanische Fertigung	Elektrische Fertigung	Entwicklung
	A	B	C	D	E
Materialkosten	175.000	175.000	1.050.000	1.400.000	700.000
Personalkosten	800.000	400.000	1.200.000	1.200.000	400.000
Raumkosten	80.000	40.000	320.000	240.000	120.000
Kfz-Kosten	100.000	250.000	100.000	50.000	0
Fremddienstleister	0	0	170.000	255.000	425.000
Kosten des Warenversands	20.000	100.000	40.000	20.000	20.000
Rechts-/Beratungskosten	105.000	15.000	0	0	30.000
Summe	1.280.000	980.000	2.880.000	3.165.000	1.695.000

Abb. 2.9 Kostenstellenrechnung

In der Praxis erfolgt die Verteilung der Kostenarten auf die jeweiligen Kostenstellen (Abteilungen) nach unterschiedlichen Kriterien, die auch von der jeweiligen Kostenart abhängen. Denkbar ist z. B., die gesamten **Raumkosten** in Abhängigkeit der von der jeweiligen Abteilung genutzten **Fläche** bzw. Zahl der **genutzten Quadratmeter** aufzuteilen. Bezüglich der **Personalkosten** bietet sich die Ermittlung eines **Durchschnittswerts** aller **Löhne** und **Gehälter** an, der mit der Anzahl der in den entsprechenden Abteilungen tätigen Personen multipliziert wird. **Fahrzeugkosten** lassen sich anhand der Eintragungen in **Fahrtenbüchern**, aus denen hervorgeht, welche Personen die Fahrzeuge genutzt haben, die wiederum Abteilungen zurechenbar sind, verteilen. In Abb. 2.10 sind die prozentualen Anteile der Kostenarten auf den Kostenstellen des dem Beispiel zugrunde liegenden Produktionsunternehmens dargestellt.

Das in Abb. 2.7 dargestellte Berechnungsschema unterscheidet bei der Kalkulation der Herstellungskosten zwischen Material- und Fertigungsgemeinkosten. Um die Kalkulation der Herstellungskosten in Anlehnung an das in Abb. 2.7 dargestellte Schema vornehmen zu können, sind noch

- die auf die **Fertigungsbereiche** entfallenden Kostenarten zunächst nach **Fertigungs-** und Materialgemeinkosten zu unterscheiden und darüber hinaus
- die Kosten der **Administration** (Verwaltung), die für alle Abteilungen des Unternehmens Dienstleistungen von der Materialbeschaffung bis zur Überweisung der Löhne und Gehälter erbringt, noch auf die übrigen vier Kostenstellen zu verteilen.

2.3 Bewertungsgrundsätze

Kostenarten \ Kostenstellen	Administration	Vertrieb	Mechanische Fertigung	Elektrische Fertigung	Entwicklung
	A	B	C	D	E
Materialkosten	5%	5%	30%	40%	20%
Personalkosten	20%	10%	30%	30%	10%
Raumkosten	10%	5%	40%	30%	15%
Kfz-Kosten	20%	50%	20%	10%	0%
Fremddienstleister	0%	0%	20%	30%	50%
Kosten des Warenversands	10%	50%	20%	10%	10%
Rechts-/Beratungskosten	70%	10%	0%	0%	20%

Abb. 2.10 Kostenstellenrechnung; Verteilungssätze in %

Die **Identifikation** der Materialgemeinkosten in der mechanischen und elektrischen Fertigung ist unproblematisch, sofern für alle Materialbestellungen Aufträge angelegt werden und sich solche über Rohstoffe – wie Stahl – von anderen über z. B. Tonerpatronen für Drucker oder Kopierer abgrenzen lassen. Alle Materialien die entweder für die elektrische- oder mechanische Fertigung beschafft werden, verursachen Gemeinkosten, solange sie nicht explizit für ein Produkt bzw. einen Kundenauftrag bestellt wurden. Neben den auf diese Weise abgrenzbaren Gütern können außerdem die **Kosten des Warenversands**, die für **Rücksendungen** aufgrund **fehlerhafter Bestellungen**, Nachsendungen aufgrund konstruktiver Änderungen etc. entstehen, als Materialgemeinkosten klassifiziert werden.

Alle anderen Kostenarten beziehen sich eindeutig auf die Fertigung. Personalkosten lassen sich in Anlehnung an die **Zuordnung** der **Beschäftigten** auf die jeweilige Abteilung des Unternehmens anhand der Löhne und Gehälter ermitteln. Die Zuordnung der für die **Fertigung** erforderlichen Produktionshalle rechtfertigt sich bereits aus der Bezeichnung, **Kfz-Kosten** beziehen sich auf **Nutz-** sowie **Flurförderfahrzeuge**, die für den inner- und außerbetrieblichen Transport von Fertig- und Halbfertigerzeugnissen der Produktion entstehen. Externe Dienstleister fertigen Bauteile aus ggf. zur Verfügung gestellten Rohstoffen, die aufgrund fehlender Bearbeitungsmaschinen oder Fachkenntnisse nicht selbst hergestellt werden können. Die an dieser Stelle anfallenden Kosten sollen daher ebenfalls zu den Fertigungsgemeinkosten gezählt werden. Rechts- und Beratungskosten, die durch die Inanspruchnahme anwaltlicher Hilfe entstehen, wenn das Unternehmen fehlerhafte Roh- oder Betriebsstoffe erhält, werden zu den Materialgemeinkosten gerechnet.

Kostenarten \ Kostenstellen	Administration	Verteilungsschlüssel	Summe Mechanische Fertigung	Summe Elektrische Fertigung	Zuordnung
	A	B	C	D	E
Materialkosten	175.000	25,00%	1.093.750	1.443.750	MGK
Personalkosten	800.000	25,00%	1.400.000	1.400.000	FGK
Raumkosten	80.000	25,00%	340.000	260.000	FGK
Kfz-Kosten	100.000	25,00%	125.000	75.000	FGK
Fremddienstleister	0	25,00%	170.000	255.000	FGK
Kosten des Warenversands	20.000	25,00%	45.000	25.000	MGK
Rechts-/Beratungskosten	105.000	25,00%	26.250	26.250	MGK
Summe	1.280.000		3.200.000	3.485.000	

Abb. 2.11 Verteilung der administrativen Kosten auf die Fertigung

Die Gemeinkosten der Fertigung lassen sich um die Kosten der Verwaltung ergänzen, die administrative Aufgaben für alle Abteilungen durchführt. Die **Verteilung** erfolgt daher zu jeweils 1/4 auf die vier verbleibenden Kostenstellen. Da für das Beispielunternehmen lediglich die Kostenstellen mechanische und elektrische Fertigung relevant sind, beschränkt sich die Darstellung in Abb. 2.11 auf diese beiden Abteilungen. Die Zuordnung zu den Materialgemeinkosten (MGK) sowie den Fertigungsgemeinkosten (FGK) ist dort ebenfalls dargestellt.

Einschließlich der anteiligen Kosten aus der Verwaltung (Administration) belaufen sich

- die Materialgemeinkosten auf 2.660.000 € sowie
- die Fertigungsgemeinkosten auf 4.025.000 €.

Dividiert durch insgesamt zehn gefertigte Endprodukte, die innerhalb eines Geschäftsjahres erstellt wurden, lässt sich das aus Abb. 2.7 bereits bekannte Kalkulationsschema wie folgt um die Gemeinkosten ergänzen (Abb. 2.12).

In der betrieblichen Praxis führen viele Unternehmen eine **Kostenrechnung** zur Erlös-, Budget- und Liquiditätsplanung, was die Ermittlung der Herstellungskosten mittels bereits existenter Daten vereinfacht und beschleunigt. Zur Verteilung von Gemeinkosten ist zunächst eine „hierarchische" Gliederung der Kostenstellen erforderlich, die berücksichtigt, welche Abteilung von welcher Leistungen bezieht, bzw. welche Abteilung für andere in-

2.3 Bewertungsgrundsätze

Abb. 2.12 Kalkulationsschema der Herstellungskosten; Gemeinkosten berücksichtigt

	Fräsmaschine
Produzierte Anzahl	10
Materialeinzelkosten	250.000
+ Materialgemeinkosten	266.000
= Materialkosten	516.000
Fertigungseinzelkosten	150.000
+ Fertigungsgemeinkosten	402.500
= Fertigungskosten	552.500
= Herstellkosten der Fertigung	1.068.500

nerhalb eines Unternehmens Leistungen erbringt. In Anlehnung an o. g. Beispiel erbringt die **Administration** Dienstleistungen für **alle anderen** Kostenstellen des Unternehmens in Form der Lohnbuchhaltung und der Materialbeschaffung. Letztere kann sich neben Roh-, Hilfs- und Betriebsstoffen für die Fertigung auch auf Büroartikel für den Vertrieb und die Abteilung Entwicklung beziehen.

Derartige Bereiche von Unternehmen werden als **Hilfskostenstellen** bezeichnet. Die Abteilungen, auf welche sich die Kosten der Hilfskostenstellen verteilen lassen hingegen heißen **Hauptkostenstellen**. Die Kostenverteilung kann **stufenweise**, basierend auf der bereits in Abb. 2.9 dargestellten Kostenstellenrechnung erfolgen. Diese Vorgehensweise wird als **Treppenverfahren** (Olfert 2010, S. 149) bezeichnet und ist in Abb. 2.13 grafisch erläutert. Die Kosten der Hilfskostenstelle Administration werden zu gleichen Teilen (25 % bzw. 1/4) auf die restlichen vier Hauptkostenstellen Vertrieb, mechanische Fertigung, elektrische Fertigung sowie Entwicklung verteilt. Der Wegfall der Kostensumme für die Administration sowie die hierdurch entstandene Stufe mit neuen, die anteiligen Administrationskosten beinhaltenden Summen unterhalb der übrigen Kostenstellen, ist die Ursache für die Bezeichnung des **Stufen-** oder **Treppenverfahrens** bei dieser Vorgehensweise der Kostenverteilung.

Definitorisch stellen **Hauptkostenstellen**, die auch als **Primärkostenstellen** bezeichnet werden, **Endkostenstellen** dar, die nicht auf andere weiterverrechnet werden. Im Gegensatz dazu sind **Hilfs-** oder **Sekundärkostenstellen** diejenigen, die auf Hauptkostenstellen verteilt werden. Hilfskostenstellen existieren jedoch nicht ausschließlich im Fertigungs- oder Materialbereich(Olfert 2010, S. 134); zur Betrachtung der Kostensituation eines ganzen Unternehmens lassen sich, wie in Abb. 2.13 dargestellt, auch die Kosten allgemein

Kostenarten \ Kostenstellen	Administration	Vertrieb	Mechanische Fertigung	Elektrische Fertigung	Entwicklung
	A	B	C	D	E
Materialkosten	175.000	175.000	1.050.000	1.400.000	700.000
Personalkosten	800.000	400.000	1.200.000	1.200.000	400.000
Raumkosten	80.000	40.000	320.000	240.000	120.000
Kfz-Kosten	100.000	250.000	100.000	50.000	0
Fremddienstleister	0	0	170.000	255.000	425.000
Kosten des Warenversands	20.000	100.000	40.000	20.000	20.000
Rechts-/Beratungskosten	105.000	15.000	0	0	30.000
Summe	1.280.000	980.000	2.880.000	3.165.000	1.695.000
↳		1.300.000	3.200.000	3.485.000	2.015.000

Abb. 2.13 Anwendung des Treppenverfahrens auf die Kostenstellenrechnung; erste Stufe

administrativer Bereiche wie der Vertrieb in Anlehnung an die Systematik des Treppenverfahrens auf die übrigen Abteilungen des Unternehmens verteilen.

Da Kostenrechnungen im Gegensatz zu finanz- und bilanzbuchhalterischer Datenerfassung nicht den Vorschriften des Gesetzgebers unterliegen, lässt sich die Aufstellung in Abb. 2.14 mit dem Ziel, weitere, die Herstellungskosten beeinflussende Kosten zu generieren, um noch eine weitere Stufe untergliedern. Der Vertrieb verkauft die in der Konstruktion entwickelten und in der Fertigung erstellten Produkte; erbringt insofern eine Leistung für diese drei Abteilungen. Die Betrachtung der Abteilung Vertrieb als Hilfskostenstelle, deren Kosten auf die jetzt nur noch drei übrigen Hauptkostenstellen verteilt werden, ist insofern nicht abwegig.

Sofern eine ausreichende Anzahl von Abteilungen/Kostenstellen innerhalb eines Unternehmens existiert, ist die Anzahl der Stufen bei der Anwendung des **Stufen-** oder **Treppenverfahrens** frei wählbar. Vorab ist lediglich festzulegen, welche Abteilungen des Unternehmens als Haupt- und welche als Hilfskostenstellen anzusehen sind, bzw. wie sich die „hierarchische Struktur" der Abteilungen/Kostenstellen darstellt. Sobald eindeutig festzulegen ist, welche Abteilungen von welchen anderen Leistungen in Anspruch nehmen, kann die Verteilung der Kosten mittels des Treppenverfahrens vorgenommen werden. Abbildung 2.14 zeigt die Verteilung der Vertriebsgemeinkosten auf die Kostenstellen mechanische/elektrische Fertigung und Entwicklung zu jeweils 1/3.

2.3 Bewertungsgrundsätze

Kostenarten \ Kostenstellen	Administration	Vertrieb	Mechanische Fertigung	Elektrische Fertigung	Entwicklung
	A	B	C	D	E
Materialkosten	175.000	175.000	1.050.000	1.400.000	700.000
Personalkosten	800.000	400.000	1.200.000	1.200.000	400.000
Raumkosten	80.000	40.000	320.000	240.000	120.000
Kfz-Kosten	100.000	250.000	100.000	50.000	0
Fremddienstleister	0	0	170.000	255.000	425.000
Kosten des Warenversands	20.000	100.000	40.000	20.000	20.000
Rechts-/Beratungskosten	105.000	15.000	0	0	30.000
Summe	1.280.000	980.000	2.880.000	3.165.000	1.695.000
		1.300.000	3.200.000	3.485.000	2.015.000
			3.633.333,33	3.918.333,33	2.448.333,33

Abb. 2.14 Anwendung des Treppenverfahrens auf die Kostenstellenrechnung; zweite Stufe

Die Summe in den Zeilen der jeweiligen „Stufen" beträgt stets 10.000.000 € – die Gesamtsumme, welche bereits der Kostenartenrechnung zugrunde liegt. Auf diese Weise lässt sich im Rahmen der praktischen Anwendung dieses Verfahrens stets prüfen, ob der Rechenweg eingehalten wurde.

Die o. a. zweite Stufe dient im Zusammenhang mit der Fallstudie der Veranschaulichung, welche Möglichkeiten zur Ermittlung der Herstellungskosten selbst erstellter Vermögensgegenstände bestehen. Bezogen auf das Beispielunternehmen ist es ausreichend, sich auf die Daten der ersten Stufe des Treppenverfahrens zu beschränken, da gemäß § 255 Abs. 2 Satz 4 Vertriebs- und Entwicklungskosten bei der Ermittlung der Herstellungskosten nicht zu berücksichtigen sind. Die Kosten der beiden in den Spalten B und E genannten Abteilungen sind für die Berechnung insofern irrelevant. Ungeachtet dieser Tatsache besteht für die Finanzbuchhaltung oder das Controlling eines Unternehmens die Möglichkeit, Daten der Kosten- und Leistungsrechnung als Basis für Kalkulationen zu verwenden, ohne eine separate Recherche und Berechnung, wie in Abb. 2.11 dargestellt, vorzunehmen.

Der kurze Exkurs in das Gemeinkostencontrolling verdeutlicht die unterschiedliche Höhe der aktivierbaren Beträge für selbst erstellte Vermögensgegenstände, der auftritt, wenn Gemeinkosten der Fertigung bzw. Materialgemeinkosten berücksichtigt bzw. nicht berücksichtigt werden. Bewertet auf Basis der reinen Einzelkosten betragen die Herstellungskosten der Fräsmaschine des Maschinenbauunternehmens 400.000 € (Vgl. Abb. 2.7) und 1.068.500 € (Vgl. Abb 2.12) wenn die Gemeinkosten der Fertigung sowie Materialgemeinkosten zusätzlich berücksichtigt werden (Vgl. Abb. 2.12). Der Unterschiedsbetrag i. H. v. 668.500 € fließt zunächst als Erlös in die Gewinn- und Verlustrechnung ein und wird hiernach über das Eigenkapitalkonto abgeschlossen. Der Betrag steigert demnach in voller Höhe das Eigenkapital des Unternehmens. Ausgehend von einer unten abgebildeten, hypothetischen Zwischenbilanz wird der Unterschied in konkreten Zahlen deutlich.

ZWISCHENBILANZ

technische Anlagen/Maschinen	1.500.000	Eigenkapital	1.750.000
Fuhrpark	250.000		
Warenbestand	1.000.000	langfristige Verbindlichkeiten	1.500.000
Forderungen	750.000	kurzfristige Verbindlichkeiten	750.000
Bank	500.000		
Summe	4.000.000	Summe	4.000.000

Die Buchungssätze zur Aktivierung der selbst gefertigten Fräsmaschine wurden bereits im Zusammenhang mit der Darstellung von Abb. 2.6 erläutert; das Eigenkapital erhöht sich bei Berücksichtigung lediglich der Einzelkosten um 400.000 €.

ZWISCHENBILANZ - NUR EINZELKOSTEN BERÜCKSICHTIGT

technische Anlagen/Maschinen	**1.900.000**	Eigenkapital	**2.150.000**
Fuhrpark	250.000		
Warenbestand	1.000.000	langfristige Verbindlichkeiten	1.500.000
Forderungen	750.000	kurzfristige Verbindlichkeiten	750.000
Bank	500.000		
	4.400.000		4.400.000

Durch die Erweiterung der Fertigungskosten um die Gemeinkosten erhöht sich das Eigenkapital um weitere 668.500 € auf insgesamt 2.818.500 €.

2.3 Bewertungsgrundsätze

ZWISCHENBILANZ - GEMEINKOSTEN BERÜCKSICHTIGT

technische Anlagen/Maschinen	**2.568.500**	Eigenkapital	**2.818.500**
Fuhrpark	250.000		
Warenbestand	1.000.000	langfristige Verbindlichkeiten	1.500.000
Forderungen	750.000	kurzfristige Verbindlichkeiten	750.000
Bank	500.000		
	5.068.500		5.068.500

Gemäß § 253 Abs. 3 HGB sowie § 7 Abs. 1 Satz 1 EStG ist die selbst gefertigte Werkzeugmaschine über ihre betriebsgewöhnliche Nutzungsdauer abzuschreiben, was wiederum Aufwendungen verursacht. Wurde sie jedoch erst zum Ende des Geschäftsjahres (Dezember) fertig gestellt, verbleibt lediglich ein Monat zur Wertminderung, der in diesem Zusammenhang unberücksichtigt bleiben soll. Abgesehen von der Steigerung der Anlagenintensität des Unternehmens verlängert sich die Bilanzsumme und – was von entscheidender Bedeutung ist – es liegt eine positivere Entwicklung des Eigenkapitals vor. Eine Steigerung von 1.750.000 € auf insgesamt 2.818.500 € kann bei Beträgen dieser Größenordnung als erheblich bezeichnet werden und sich in der Praxis sehr positiv auf die Kreditwürdigkeit eines Unternehmens auswirken.

Das handelsrechtliche Wahlrecht zur Berücksichtigung der Gemeinkosten bei der Kalkulation von Herstellungskosten deckt sich mit den Anforderungen der internationalen Rechnungslegungsvorschriften IFRS und IAS, denen die Absicht zugrunde liegt, das gesamte Unternehmenspotenzial innerhalb des Jahresabschlusses, insbesondere der Bilanz, zu demonstrieren. Abschreibungen sollen so gering wie möglich ausfallen, stille Reserven in Form von Vermögensgegenständen, denen ein höherer Zeit- als Buchwert zugrunde liegt, sollen überhaupt nicht mehr gebildet und selbst erstellte Vermögensgegenstände wie in o. g. Beispiel mit den höchst möglichen Kosten bewertet werden, um auf diese Weise die Leistungsfähigkeit des Unternehmens zu demonstrieren (Heuser et al. 2007, S. 4). Die Thematik der IFRS sowie deren Bewertungsgrundsätze werden in Kap. 5 ausführlich behandelt. In Anlehnung an die inzwischen an verschiedenen Stellen des HGB auffindbaren Verweise auf die IFRS (Vgl. § 315 a HGB: kapitalmarktorientierte Konzerne sind verpflichtet, neben der Bilanz nach deutschem Recht auch eine gemäß IFRS zu erstellen) ist die Vorschrift zur Berücksichtigung der Gemeinkosten nachvollziehbar. Aus steuerlicher Sicht betrachtet, ist die hieraus folgende Steigerung der Erlöse nur zu begrüßen, da sie eine Steigerung der steuerlichen Belastung für das Unternehmen nach sich zieht (Abb. 2.15).

Bereits in Kap. 1 wurde der Zusammenhang zwischen dem Gewinn eines Unternehmens, der hieraus resultierenden Steuerbelastung sowie der Eigenkapitalentwicklung erwähnt. Sofern Unternehmen einen für ihre Verhältnisse hohen Gewinn ausweisen, ist dieser entsprechend zu versteuern. Der Vorteil bei hohen Gewinnen liegt in der Möglichkeit, die Beträge dem Eigenkapital zuzuschreiben. Im Umkehrschluss bedeutet diese Tatsache,

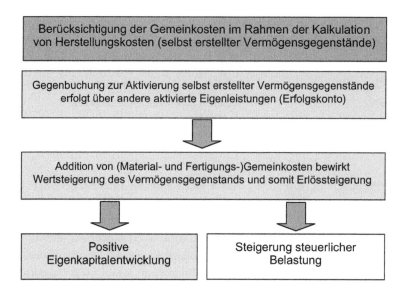

Abb. 2.15 Auswirkungen der Berücksichtigung von Gemeinkosten im Rahmen der Kalkulation von Herstellungskosten

dass, wenn Unternehmen über mehrere Jahre mittels der Inanspruchnahme von Bewertungswahlrichtlinien ihre Gewinne aus laufender Geschäftstätigkeit reduzieren, dies nur zulasten der Eigenkapitalentwicklung möglich ist.

Losgelöst hiervon ist außerdem festzustellen, dass ein handelsrechtliches Aktivierungswahlrecht wie die Berücksichtigung der Gemeinkosten in o. g. Beispiel durch die Existenz des Prinzips der materiellen Maßgeblichkeit in steuerlicher Hinsicht zu einem Aktivierungsgebot führt. Die diesbezügliche Vorschrift findet sich in § 5 Abs. 2 EStG, der besagt, dass die handelsrechtlichen Vorschriften in einer Art und Weise zu beachten sind, die sicherstellt, dass die Steuerbilanz aus diesen erstellbar ist.

2.3.3 Vermögensgegenstände des Umlaufvermögens

Konträr zum Anlagevermögen, welches aus i. d. R zeitlich begrenzt nutzbaren Gegenständen besteht, existiert gemäß §§ 253 und 266 HGB auch das Umlaufvermögen, das sich aus

- Waren/Vorräten,
- Forderungen,
- Wertpapieren des UV sowie
- Bank- und Kassenbeständen
  auf der Aktivseite der Bilanz, aber auch aus
- kurz- und langfristigen Verbindlichkeiten

auf der Passivseite der Bilanz zusammensetzt.

2.3 Bewertungsgrundsätze

Das bereits angesprochene, nach deutschem Recht geltende **Niederstwertprinzip** in Anlehnung an § 253 Abs. 2 und 3 HGB verpflichtet Unternehmen dazu, sich im Jahresabschluss „ärmer" darzustellen, als sie tatsächlich sind. Unterschieden wird das **strenge Niederstwertprinzip** gemäß § 253 Abs. 4, das sich auf das Umlaufvermögen bezieht sowie das **gemilderte Niederstwertprinzip** gemäß § 253 Abs. 3 HGB, das sich auf das Anlagevermögen bezieht. Beide Prinzipien dienen dem **Schutz** potenzieller, zukünftiger **Geschäftspartner**, die in die Lage versetzt werden sollen, sich eine realistische Vorstellung von der wirtschaftlichen Situation eines Unternehmens zu verschaffen. Bezogen auf Vermögensgegenstände des Umlaufvermögens ist diese Vorschrift handels- und auch steuerrechtlich nach wie vor unumstößlich. Hinsichtlich des Umlaufvermögens haben sich nach Inkrafttreten des Bilanzrechtsmodernisierungsgesetzes Änderungen ergeben, die aus dem Einfluss der IFRS auf das deutsche Recht resultieren und die Aussage der Handelsbilanz verändert haben. Hierzu gehört die Möglichkeit zur Vornahme von Wertzuschreibungen auf das Umlaufvermögen in Anlehnung an § 253 Abs. 4 & 5.

2.3.3.1 Warenbestände/Roh-, Hilfs- und Betriebsstoffe

Die §§ 240 und 241 HGB schreiben Kaufleuten die Durchführung einer **Inventur** zur vollständigen Erfassung aller Vermögensgegenstände sowie die Erstellung eines Inventars vor, das die Ergebnisse der Inventur widerspiegelt und das als Basis für die Erstellung des Jahresabschlusses, bzw. der Bilanz dient. Insbesondere für das sich **hinsichtlich** der **Bestände** häufig **ändernde Umlaufvermögen** ist dieser Prozess bedeutsam, um den Wert des Unternehmens so realistisch wie möglich darzustellen. Im Rahmen der Inventur zählen, erfassen und bewerten Kaufleute/Unternehmen jedes Stück des Bestands fertiger und halbfertiger Erzeugnisse, Roh-, Hilfs- und Betriebsstoffe, Forderungen, Bankbestände, etc.

So wird am Anfang des Geschäftsjahres der Bestand der Roh-, Hilfs- und Betriebsstoffe aus der Schlussbilanz in die Eröffnungsbilanz übertragen und nach der Auflösung der Bilanz in Konten mit diesem Betrag das Konto eröffnet. Am Ende des Geschäftsjahres werden die Bestände gezählt, der bewertete Jahresendbestand im Konto erfasst und ein geringerer Unterschiedsbetrag, resultierend aus Verbräuchen für Produktion, Dienstleistung etc. als Materialaufwand gebucht, der über die Gewinn- und Verlustrechnung abzuschließen ist.

Ein **zusätzlicher Aufwand** kann entstehen, wenn Abschreibungen auf das Umlaufvermögen vorzunehmen sind. Gemäß § 253 Abs. 4 HGB sind Wertminderungen auf das Umlaufvermögen vorzunehmen, wenn der Markt- oder Zeitwert den Buchwert **unterschreitet**. Liegt diese Situation vor, erfolgt die Wertminderung über das Aufwandskonto AfA (Absetzung für Abnutzung) für Vorräte, das ebenfalls über die Gewinn- und Verlustrechnung abzuschließen ist.

> **Fallstudie: Buchung der Inventurergebnisse eines Produktionsunternehmens**
>
> Ein Produktionsunternehmen weist zu Beginn des Geschäftsjahres einen Bestand von 900 t Stahlblech im Wert von 639.000 € aus. Der Preis für eine Tonne Blech lag zum Zeitpunkt des Einkaufs am Ende Vorjahres bei 710 €. Im Laufe des Geschäftsjahres verbraucht das Unternehmen einen Teil des Lagerbestands für die Produktion seiner

Güter und kauft kein Material nach. Bei der Inventur am Ende des Jahres erfassen die Lageristen einen Bestand von 600 t. Der Verbrauch beträgt also

$$300 \text{ Tonnen Stahlblech} \times €\,710 = €\,213.000$$

Zur Erfassung des gewinnmindernden (Material-)Aufwands erfolgt zum Jahresabschluss die *Buchung*

Materialaufwand	213.000	
an Roh-, Hilfs- und Betriebsstoffe		213.000

Roh-, Hilfs- und Betriebsstoffe/Stahlblech				Materialaufwand			
AB	639.000	Materialaufwand	213.000	RHB	213.000	Saldo an G&V	213.000
		Saldo an Bilanz	426.000				

Der Abschluss des Bestandskontos Roh-, Hilfs- und Betriebsstoffe erfolgt über die Schlussbilanz; der Abschluss des Erfolgskontos Materialaufwand erfolgt über die Gewinn- und Verlustrechnung.

SCHLUSSBILANZKONTO			GEWINN- UND VERLUSTRECHNUNG	
RHB	426.000		Materialaufwand	213.000

Ein zusätzlicher Aufwand entsteht jetzt aufgrund der Tatsache, dass der Marktwert für Stahlbleche nicht mehr bei 710 € sondern nur noch bei 600 € liegt. In Anlehnung an § 253 Abs. 4 ist demnach eine Neubewertung des Lagerbestands zum aktuellen Marktpreis erforderlich.

$$600 \text{ Tonnen Stahlblech} \times €\,600 = €\,360.000$$

2.3 Bewertungsgrundsätze

Der Buchwert des Rohstoffs liegt nach der o. g. Buchung bei 426.000 €; die Differenz i. H. v. 66.000 € ist unter Verwendung des Kontos Abschreibung auf Umlaufvermögen zu erfassen.

Abschreibung auf Umlaufvermögen	66.000	
an Roh-, Hilfs- und Betriebsstoffe		66.000

Roh-, Hilfs- und Betriebsstoffe/Stahlblech				Abschreibung auf Umlaufvermögen			
AB	639.000	Materialaufwand	213.000	RHB	66.000	Saldo an G&V	66.000
		Abschr. auf UV	66.000				
		Saldo an Bilanz	360.000				

Materialaufwand		
RHB	213.000	

SCHLUSSBILANZKONTO				GEWINN- UND VERLUSTRECHNUNG		
				Materialaufwand	213.000	
RHB	360.000			AfA auf UV	66.000	

Die Inhalte des § 253 Abs. 4 HGB bringen das zum Ausdruck, was als das strenge Niederstwertprinzip bezeichnet ist. Bilanzen sollen keine Positionen beinhalten, denen kein Wert entgegensteht, bzw. die wertmäßig zu hoch angesetzt sind (Baetge et al. 2011, S. 21). Aus diesem Grund ist neben dem bewerteten **Güterverzehr** auch eine **Anpassung** der **Bestandswerte** vorzunehmen, wenn der **Buchwert** auf einem freien Markt **nicht mehr zu erzielen** ist. Anhand der o. g. Bewertungs- und Bilanzierungsbeispiele wird deutlich, dass Verringerungen der Bestandswerte das Eigenkapital reduzieren. Auf diese Weise sollen Unternehmen geschützt werden, die sich vor der Aufnahme von Geschäftsbeziehungen zu anderen anhand der Jahresabschlüsse über deren Finanzstärke informieren möchten. Zur **Vermeidung** von falschen oder **zu optimistisch** dargestellten **Werten** darf daher ein auf freien Märkten **nicht mehr erzielbarer Preis** von Wirtschaftsgütern in einer nach deutschem Recht erstellten Bilanz **nicht aufgeführt** werden.

Die **IFRS** verfolgen eine völlig andere Absicht, nämlich das **Potenzial** eines Unternehmens im Jahresabschluss **bestmöglich darzustellen**, was z. B. unter Anwendung von Wertzuschreibungen auf Vermögensgegenstände realisierbar ist. Sofern ein Vermögensgegenstand in den Geschäftsbüchern mit einem niedrigeren als dem Zeitwert – dem auf dem freien Markt bei Veräußerung für diesen Gegenstand erzielbaren Wert – aufgeführt ist, darf der **Buchwert** auf den **Zeitwert erhöht** werden. Obwohl diese Vorgehensweise nicht dem Niederstwertprinzip entspricht, haben die Prämissen der IFRS mit dem Bilanzrechtsmodernisierungsgesetz Einzug in das Handelsgesetzbuch gehalten. Eine dieser Prämissen betrifft die Bewertung von Gegenständen des Umlaufvermögens, wie z. B. die Roh- Hilfs- und Betriebsstoffe und findet sich in § 253 HGB in den Absätzen 4 und 5.

In der Fassung ab Mai 2009 ist Absatz 5 dergestalt formuliert, dass ein **niedrigerer Wertansatz** eines Vermögensgegenstands **nicht beibehalten** werden darf, wenn die Gründe hierfür **nicht mehr bestehen**. In dieser Formulierung findet sich die Legitimation zur o. g. Vorgehensweise, Wertzuschreibungen auf das Umlaufvermögen vorzunehmen, wenn Buch- und Zeitwert voneinander abweichen (Meyer 2011, S. 86 f.). Ausgenommen von Wertzuschreibungen im Sinne von § 253 Abs. 5 HGB ist lediglich der derivative Geschäfts- und Firmenwert, dessen niedriger Wertansatz – nach bereits erfolgten Abschreibungen – beizubehalten ist.

Die Vornahme von Wertzuschreibungen auf Bestände ist buchhalterisch nur durch eine Gegenbuchung realisierbar und eine Wertsteigerung lässt sich lediglich über ein Erlöskonto darstellen. Der formale *Buchungssatz* kann demnach nur

Bestandskonto
an Erlöskonto

lauten, was bedeutet, dass sich jede Wertzuschreibung in Anlehnung an o. g. Rechtsquelle direkt auf das Eigenkapital auswirkt, weil Erlöskonten über die Gewinn- und Verlustrechnung und diese wiederum über das Eigenkapitalkonto abgeschlossen werden. Die Höhe der möglichen Eigenkapitalsteigerung ist stark von der Art der Vermögensgegenstände und von den Preisschwankungen abhängig, denen diese unterliegen. Die Preisdifferenzen der vergangenen Jahre insbesondere bei Rohstoffen wie Stahl, Buntmetallen etc. (vgl. Abb. 2.16) waren so gravierend, dass sie Spekulationsgeschäfte rechtfertigt hätten, was sicherlich auch der weltweit schwierigen, wirtschaftlichen Situation i. d. Z. zwischen 2009 und 2010 zuzuschreiben war. Ungeachtet dieser Tatsache jedoch, können sich die Preisdifferenzen auf die Bestandswerte von Unternehmen und somit auch auf die Aussage der Bilanz auswirken. Da Wirtschaftskrisen jederzeit wieder eintreten können, sollen die aus dem Bilanzrechtsmodernisierungsgesetz resultierenden Auswirkungen anhand eines konkreten Beispiels dargestellt werden.

> **Fallstudie: Wertzuschreibung auf das Umlaufvermögen eines Produktionsunternehmens**
>
> Unterstellt sei, dass das bereits zu Beginn des Kapitels genannte Produktionsunternehmen die erwähnten 900 t Stahlblech Ende 2008 zum Preis von 710 €/t eingekauft hat.

2.3 Bewertungsgrundsätze

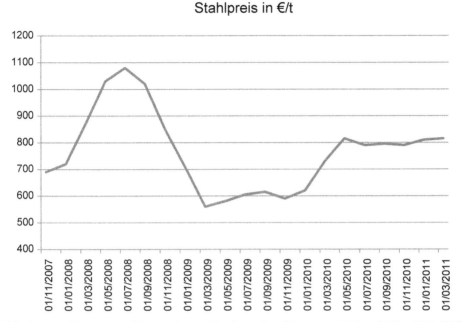

Abb. 2.16 Stahlpreisentwicklung in Deutschland zwischen November 2007 und März 2011. (Vgl. www.stahlbroker.de; der aktuelle Stahlpreis sowie seine Entwicklung lässt sich online jederzeit abfragen. Darstellung mit freundlicher Genehmigung der Website-Administration)

Die bereits dargestellten Buchungen des Materialverbrauchs sowie der Abschreibung aufgrund der Wertminderung stellen die Geschäftsvorfälle in 2009 dar.

In 2010 erwirtschaftet das Unternehmen seine Überschüsse lediglich durch die Erbringung von Reparaturdienstleistungen und Warenhandel; der Bestand an Stahlblechen von 600 t verändert sich daher nicht. Am Ende des Jahres stellt die Geschäftsführung fest, dass der Preis für eine Tonne Stahlblech inzwischen auf 800 € gestiegen ist – die Stahlpreisentwicklung ist in Abb. 2.16 dargestellt (Abb. 2.16).

In Anlehnung an § 253 Abs. 5 kann jetzt eine Neubewertung des Bestands bzw. des Verbrauchs mit dem Zeitwert vorgenommen werden, denn ein niedriger Wertansatz „… darf nicht beibehalten werden, wenn die Gründe hierfür nicht mehr bestehen." Da ein höherer Marktpreis festzustellen ist, erfolgt die Neubewertung des Restbestands an Stahlblechen jetzt mit 710 € anstelle von 600 €. Eine Wertzuschreibung **bis zur Höhe der Anschaffungskosten** ist jetzt gemäß § 253 Abs. 4 und 5 HGB ist jetzt möglich.

$$600 \text{ Tonnen Stahlblech} \times \text{€} 710 = \text{€} 426.000$$

Der Jahresendbestand 2009 war mit 360.000 € bewertet, sodass zwischen dem feststellbaren Marktwert und dem Buchwert eine Differenz von 66.000 € besteht, da eine Wertzuschreibung bis zur Höhe des Anschaffungspreises handelsrechtlich statthaft ist. Die gemäß § 253 Abs. 5 mögliche Wertzuschreibung wird über ein Erlöskonto vorgenommen; der *Buchungssatz* in diesem Zusammenhang lautet:

Roh-, Hilfs- und Betriebsstoffe	66.000
betriebliche Erlöse	66.000

Roh-, Hilfs- und Betriebsstoffe/Stahlblech

AB 2010	639.000	Materialaufwand	213.000
		AfA. auf UV	66.000
Wertzuschreibung	66.000	Saldo an Bilanz	426.000
	705.000		705.000

betriebliche Erlöse

Saldo G&V	66.000	Zuschreibung RHB	66.000

SCHLUSSBILANZKONTO

RHB	426.000		

GEWINN-UND VERLUSTRECHNUNG

Materialaufwand	213.000	betriebliche Erlöse	66.000
AfA auf UV	66.000		

Auch wenn der Transaktion kein Kapitalfluss zugrunde liegt, wirkt sich der aus Neubewertung des Umlaufvermögens resultierende Betrag i. H. v. 66.000 € in voller Höhe auf den Gewinn des Unternehmens aus und kann dem Eigenkapital zugeschrieben werden. Auf diese Weise lassen sich z. B. Eigenkapitalquote oder Anlagendeckung kurzfristig erhöhen; die in § 253 Abs. 1 genannten Anschaffungs- oder Herstellungskosten dürfen jedoch *in keinem Fall überschritten werden*. Aus diesem Grund ist der Bestand mit einem Preis von 710 € und nicht mit dem vollen Marktpreis i. H. v. 800 € zu bewerten.

Variante: Wertzuschreibung im Falle einer Bestandsverminderung

Die Situation in o. g. Beispiel bedingt die Behandlung der Wertzuschreibung als Erlös, da keine Aufwendungen für Materialverbräuche entstanden sind. Da eine Reduktion von Aufwendungen sich jedoch in der gleichen Weise auf den Gewinn und somit das Eigenkapital auswirkt, soll als Variante die Situation unterstellt werden, dass dem Unternehmen im Jahr 2010 durch Produktionstätigkeit ein Verbrauch von 200 t Stahlblech entstanden ist. Zugrunde liegt nach wie vor der Jahresanfangsbestand von 360.000 €; der Materialverbrauch zum letzten berücksichtigten Preis (600 €) würde wie folgt berechnet:

$$200 \text{ Tonnen Stahlblech} \times €600 = €120.000$$

bzw. die Bewertung des Restbestands von 400 t würde wie folgt vorgenommen:

$$400 \text{ Tonnen Stahlblech} \times €710 = €284.000$$

2.3 Bewertungsgrundsätze

Der Restbestand weist demnach einen Wert von 284.000 € auf und nicht nur 240.000 €, was das Resultat der Bewertung mit dem zuletzt berücksichtigten Preis von 600 € der Fall gewesen wäre. Der Aufwand reduziert sich von 120.000 € auf nur noch 76.000 €, was einem Wertzuwachs von 44.000 € entspricht.

Roh-, Hilfs- und Betriebsstoffe/Stahlblech				Materialaufwand			
AB 2010	360.000	Materialaufwand	76.000	RHB	76.000	Saldo an G&V	76.000
		Saldo an Bilanz	284.000				

SCHLUSSBILANZKONTO				GEWINN- UND VERLUSTRECHNUNG			
				Material-aufwand	76.000		
RHB	320.000						

Der Effekt auf den Jahresabschluss ist **identisch** mit dem einer **Wertzuschreibung**, die im ursprünglichen Beispiel vorgenommen wurde. In der Variante wurde der Materialaufwand von ursprünglich 120.000 € durch Neubewertung des Lagerbestands mit dem aktuellen, höheren Marktpreis i. H. v. 710 € um 44.000 € reduziert, was eine **Gewinnsteigerung** in der G&V in der gleichen Höhe bewirkt. Dieser Betrag kann wiederum in voller Höhe dem Eigenkapital zugeschrieben werden. Auch in diesem Zusammenhang gilt jedoch das Prinzip aus § 253 Abs. 1 HGB, dass eine **Wertzuschreibung** die **Anschaffungs- oder Herstellungskosten** von Vermögensgegenständen **nicht überschreiten** darf.

In steuerlicher Hinsicht existiert keine gleichlautende Vorschrift. § 6 Abs. 1 Ziff. 1–2 besagt, dass Vermögensgegenstände des Anlagevermögens (Ziff. 1) und des Umlaufvermögens (Ziff. 2) mit den Anschaffungs- oder Herstellungskosten anzusetzen und abzuschreiben sind. Eine Berechtigung zur Wertaufholung findet sich jedoch nicht. Ganz im Gegenteil ist in den o. g. Ziffern stets die Rede davon, dass, wenn ein Teilwert niedriger ist als die um bereits vorgenommene Abschreibungen verminderten Anschaffungs- oder Herstellungskosten, dieser Wert anzusetzen ist.

Hinsichtlich der steuerlichen Belastung für das Unternehmen erscheint das Fehlen einer Berechtigung zur Vornahme von Wertaufholungen zunächst unplausibel, bedeutet dies doch, dass jede Steigerung der Werte von Vermögensgegenständen den Gewinn und somit die Steuerlast erhöht. Im Umkehrschluss wird auf diese Weise jedoch vermieden, dass Werte in die Bilanz gelangen, denen keine Zahlungsflüsse zugrunde liegen. Bereits in Kap. 1 wurde herausgestellt, dass die steuerlichen Vorschriften sich restriktiver darstellen als die handelsrechtlichen. Das durch den Einfluss der internationalen Rechnungslegung abgeschwächte strenge Niederstwertprinzip des Handelsgesetzbuches behält im Steuerrecht nach wie vor seine uneingeschränkte Gültigkeit.

2.3.3.2 Forderungen

Zu den Vermögensgegenständen des Umlaufvermögens zählt nicht nur alles, was als greifbar bezeichnet werden kann; auch **Forderungen** sind im Rahmen der Inventur gemäß §§ 240 und 241 HGB zu erfassen und zu bewerten. Der Begriff der Forderungen ist in den Bewertungsvorschriften des HGB zwar nicht explizit genannt. Die Vorschrift zur Bewertung ergibt sich jedoch aus § 253 Abs. 1 HGB, der sich **allgemein** auf **Vermögensgegenstände** bezieht sowie aus § 252 Abs. 1 Ziff. 3 und 4 HGB, welche die Einzelbewertung der Vermögensgegenstände vorschreiben. Die Nennung von Forderungen als Bestandteil des Umlaufvermögens in § 266 HGB i. V. m. der Aussage in § 253 Abs. 4 HGB, dass, wenn die Anschaffungskosten den Wert übersteigen, der Vermögensgegenständen am Abschlussstichtag beizulegen ist, auf diesen Wert abgeschrieben werden muss, konkretisiert die Vorschrift.

Das Kriterium, nach dem Forderungen zu beurteilen sind, ist ihre **Einbringbarkeit** – anders ausgedrückt: Wie groß ist die **Wahrscheinlichkeit**, dass der für den Verkauf eines Gutes oder die Erbringung einer Leistung an Kunden **fakturierte Betrag** von deren Seite **in voller Höhe** beglichen wird. Forderungen können annähernd wie bares Geld angesehen werden, das Unternehmen ihren Kunden in Form von Zahlungszielen zur Verfügung stellen. Aus dieser Tatsache resultiert u. a. der Begriff des **Kreditors**. Forderungen lassen sich zwar nur bedingt als Bestandteil des Eigenkapitals bezeichnen, doch ist in diesem Zusammenhang folgendes zu bedenken: die wirtschaftliche Situation des Unternehmens soll im Jahresabschluss so realistisch wie möglich dargestellt werden. Sofern Forderungen aufgrund **fehlender Einbringbarkeit nicht abgeschrieben** werden, **fehlt** ein gewinnmindernder **Aufwand**, der den **Gewinn** und somit auch das Eigenkapital **reduziert**. Ein Ausbleiben der Bewertung und ggf. Abschreibung von Forderungen führt dazu, dass ein zu hoher Gewinn und ein als zu optimistisch zu beurteilendes Eigenkapital in der Bilanz ausgewiesen wird, was der Intention des strengen sowie des gemilderten Niederstwertprinzips widerspricht: dem **Schutz von Dritten**, die beabsichtigen, sich vor der Aufnahme von Geschäftsbeziehungen anhand des Jahresabschlusses ein Bild über die wirtschaftliche Situation eines Unternehmens zu verschaffen (von Eitzen und Zimmermann 2013, S. 113) (Abb. 2.17).

Die **Abschreibung einer Forderung** und der hiermit verbundene unschöne Verzicht auf eine Gegenleistung für verkaufte Güter oder erbrachte Dienstleistungen **muss** also nach den Worten des Gesetzes **in Kauf genommen werden**, um eine **Verzerrung** der Aussage von Bilanzen zu **vermeiden**.

Im Einkommensteuergesetz fehlt der Begriff der Forderungen vollständig. In § 6 Abs. 1 Ziff. 1 EStG sind Wirtschaftsgüter des Anlagevermögens genannt; in Ziff. 2 dann „andere als die in Nummer 1 bezeichneten Wirtschaftsgüter des Betriebs"; der Begriff des Umlaufvermögens ist lediglich in Klammern genannt. Die Vorschrift zur Bewertung der Vermögensgegenstände weicht nicht von der handelsrechtlichen ab. Auch im EStG sind als

2.3 Bewertungsgrundsätze

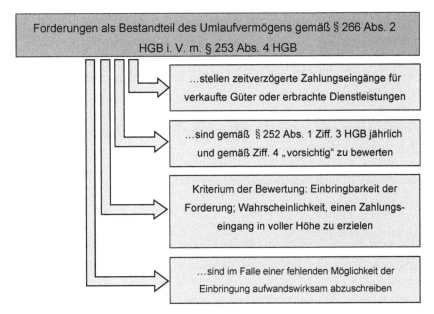

Abb. 2.17 Bewertung von Forderungen

erstes Ansatzkriterium die Anschaffungs- oder Herstellungskosten genannt, die um Abzüge vermindert werden können – was auf die Abschreibung im Fall der Uneinbringbarkeit hinweist. Zusätzlich zur handelsrechtlichen Vorschrift lässt das EStG für Unternehmen die Option offen, auf den Teilwert abzuschreiben. Dieser ist gemäß § 6 Abs. Ziff. 1 als derjenige definiert, „den ein Erwerber des ganzen Betriebs im Rahmen des Gesamtkaufpreises für das einzelne Wirtschaftsgut ansetzen würde"; wobei von der Fortführung des Betriebs auszugehen ist. Die Schätzung des Teilwertes einer Forderung in Relation zum Wert eines gesamten Betriebes dürfte insofern problematisch sein, da ohne Kenntnis der Entstehung möglicherweise bereits erfolgter Mahnungen etc., nichts außer dem reinen Betrag zur Beurteilung zur Verfügung steht. Bei der **Bewertung** berufen sich Unternehmen in der Praxis daher primär auf das handelsrechtlich fixierte **Prinzip der Vorsicht** und führen **Wertberichtigungen** und ggf. **Abschreibungen auf Forderungen** durch, wenn bspw. **Mahnverfahren erfolglos** verlaufen sind oder kundenseitige **Insolvenzmeldungen** vorliegen. Die Vorlage entsprechender Belege im Rahmen einer Steuerprüfung lassen keinen Zweifel an der Korrektheit der Bewertung aufkommen und bestätigen die Vorgehensweise von Unternehmern als vorsichtige Kaufleute im Sinne des Gesetzgebers.

Bevor jedoch die **vollständige Abschreibung** auf eine Forderung vorgenommen werden kann, ist vorab eine **Wertberichtigung** hierauf vorzunehmen. Die Durchführung einer (Einzel-)Wertberichtigung (EWB) leitet sich aus dem **Grundsatz der Vorsicht** in § 252 Abs. 1 Ziff. 4 ab. Bevor eine Forderung über das Konto Abschreibung auf Forderungen ausgebucht werden kann, ist zuvor die Klassifikation als „zweifelhafte Forderung" erforderlich. Erst zum Ende des auf die Wertberichtigung folgenden Geschäftsjahres kann die Abschreibung erfolgen (Deitermann et al. 2010, S. 47).

Gründe für die Durchführung von Wertberichtigungen sind bspw.

- Zweifelhaftigkeit
  - Trotz mehrfacher Mahnung ist bei Kunden keine Zahlung ihrer Verbindlichkeiten zu bewirken.
- Kursrückgang
  - Sofern Forderungen in fremder Währung vorliegen, sind diese mit dem niedrigeren Tageskurs zu bewerten.

Zu unterscheiden ist in diesem Zusammenhang zwischen

- Einzelwertberichtigungen und
- Pauschalwertberichtigungen.

Buchhalterisch erfolgt die Erfassung entsprechend

im Jahr der Feststellung einer Zweifelhaftigkeit über den *Buchungssatz*
zweifelhafte Forderungen/Einstellung in Einzelwertberichtigung
an Forderungen
sowie im Folgejahr über den *Buchungssatz*
Abschreibung auf Forderungen
Umsatzsteuer
an zweifelhafte Forderungen/Einstellung in Einzelwertberichtigung

Sofern im **Folgejahr** nach Vornahme der **Einzelwertberichtigung kein Zahlungseingang** verzeichnet werden konnte besteht die Möglichkeit, die jeweilige(n) Forderung(en) vollständig **abzuschreiben**.

Vielfach wird – aufgrund des deutlich höheren Aufwands – in der Praxis eine Pauschalwertberichtigung auf Forderungen vorgenommen. Obwohl die Einzelprüfung und -bewertung gemäß § 252 Abs. 1 Ziff. 3 HGB explizit vorgeschrieben ist, werden die Ergebnisse einer pauschalen Berichtigung auch im Rahmen von Betriebsprüfungen akzeptiert. Basierend auf z. B. Forderungsausfällen vergangener Geschäftsjahre wird ein prozentualer Anteil von Forderungen, deren Fälligkeit überschritten ist, als zweifelhaft eingestuft. Insbesondere in Großunternehmen stellt die **Einzelbewertung** aller Forderungen einen **Aufwand** dar, der in **keiner Relation zur Genauigkeit** des Ergebnisses steht. Eine Abschreibung auf Forderungen kann jedoch nicht pauschal erfolgen, sondern erst bei Vorlage einer Insolvenzmeldung, eines Mahnbescheids o. ä. Diese Vorschrift basiert auf § 257 Abs. 1 HGB und allgemein den Grundsätzen ordnungsmäßiger Buchführung, die eine Buchung ohne Beleg grundsätzlich ablehnen. Die Ausnahme von dieser Vorschrift bezieht sich lediglich auf die Vornahme der Wertberichtigungen.

Die Berichtigung einer Forderung ist jedoch nicht nur wegen der Notwendigkeit, die Vermögenslage eines Unternehmens in der Bilanz korrekt darzustellen, relevant. Unternehmer haben aufgrund der Möglichkeit zur Vornahme einer Umsatzsteuerkorrektur

2.3 Bewertungsgrundsätze

ggf. ein „persönliches" Interesse daran, zweifelhafte und/oder uneinbringliche Forderungen entsprechend zu bewerten. Zwar wird die berechnete Umsatzsteuer weitläufig als „durchlaufender Posten" bezeichnet, dem die gezahlte Vorsteuer entgegensteht – eine Umsatzsteuerzahllast an die Finanzbehörde ist jedoch stets zeitnah auszugleichen. Es sei unterstellt, dass ein Großteil der deutschen Unternehmen mit der Absicht wirtschaftet, Gewinne zu erzielen. Ideelle Ziele wie die langfristige Fortführung des Unternehmens, der Umweltschutz, sollen in diesem Zusammenhang selbstverständlich nicht geschmälert werden, doch die Erzielung von Überschüssen, letztendlich auch um das wirtschaftliche Überleben eines Unternehmens zu sichern, sei als ein Primärziel angenommen. Unternehmern, denen sich die Möglichkeit zur Reduktion von Aufwendungen bietet, werden diese nutzen. Eine ebensolche Möglichkeit bietet sich bei der Wertberichtigung von Forderungen in Form der Reduktion der Umsatzsteuerzahllast.

Die Buchung einer Forderung für den Verkauf von Waren oder die Erbringung von Dienstleistungen kann bspw. über den *Buchungssatz*

Forderungen
an Umsatzerlöse aus Lieferungen und Leistungen
an Umsatzsteuer

erfolgen. Die mit einem Warenverkauf häufig einhergehende Bebuchung eines Bestandskontos mit anschließendem Abschluss über ein Erlöskonto wurde hier ausgespart. Zur besseren Veranschaulichung wird hier eine Forderung direkt an das Erlöskonto „Umsätze aus Lieferungen und Leistungen" gebucht. Forderungen beinhalten stets Bruttobeträge; der Ausweis der Umsatzsteuer erfolgt im Rahmen der Haben-Buchung, um einen Nettobetrag bei den Erlösen zu erreichen.

Eine umgekehrte Situation liegt vor, wenn Waren oder Dienstleistungen auf Ziel beschafft werden und das verkaufende Unternehmen Vorsteuer berechnet. Der *Buchungssatz* lautet in diesem Fall

Wareneingangs-/Dienstleistungskonto
Vorsteuer
an Verbindlichkeiten

Anhand der Buchungssätze wird deutlich:

- Bei der **Vorsteuer** handelt es sich um ein **Aktivkonto.**
- Bei der **Umsatzsteuer** handelt es sich um ein **Passivkonto**.

Der Abschluss des Vorsteuerkontos erfolgt über das Umsatzsteuerkonto. Die Saldierung auf der Soll-Seite des Kontos bedingt eine Gegenbuchung auf der Habenseite des Schlussbilanzkontos;

- es besteht eine Zahllast gegenüber der Finanzbehörde.

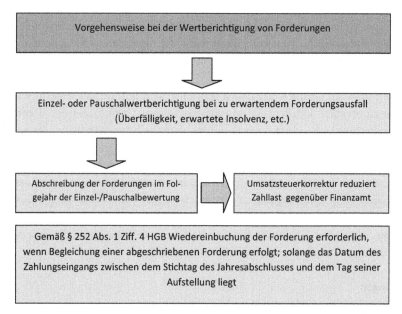

Abb. 2.18 Verfahrensweise bei der Wertberichtigung von Forderungen

Wird das Umsatzsteuerkonto abgeschlossen und das Vorsteuerkonto auf der Habenseite saldiert, erscheint der Vorsteuerüberhang auf der Aktivseite der Bilanz;

- es besteht eine Forderung gegenüber der Finanzbehörde.

Die **Umsatzsteuerkorrektur** bei der Wertberichtigung von Forderungen wirkt wie eine **Erhöhung** gezahlter Vorsteuer. Jede **Korrektur** des **Umsatzsteuerkontos** bewirkt somit eine **Reduktion** der **Zahllast** bzw. eine **Steigerung** der **Rückforderung** gegenüber der Finanzbehörde.

Sofern eine wertberichtigte bzw. vollständig abgeschriebene Forderung vor der Erstellung des Jahresabschlusses beglichen wird, ist diese in voller Höhe – einschließlich der Umsatzsteuer – zu reaktivieren. Die Vorschrift zu dieser Verfahrensweise findet sich in § 252 Abs. 1 Ziff. 4 HGB. Demnach sind alle Risiken zu berücksichtigen, die bis zum Abschlussstichtag entstanden sind, auch wenn diese erst zwischen dem Abschlussstichtag und dem Tag der Aufstellung bekanntgeworden sind. Derartige Aspekte werden als **wertaufhellende Maßnahmen** bezeichnet (Abb. 2.18).

Fallstudie: Bewertung von Forderungen; Korrektur der Umsatzsteuer

Einem Kunden wurde im Oktober eine Rechnung über einen Betrag von 10.000 € netto für die Inanspruchnahme von Lieferungen und Leistungen übermittelt.

Im Laufe des Jahres wurden dem Kunden aufgrund des Ausbleibens der Zahlung drei Mahnungen übermittelt; eine Zahlung erfolgte dennoch nicht. Ein Besuch beim

2.3 Bewertungsgrundsätze

Kunden endete vor verschlossener Tür, was die Vermutung nahelegt, dass hier eine Insolvenz ansteht. Aus diesem Grund soll eine Einzelwertberichtigung in voller Höhe vorgenommen werden.

- Buchungssätze
  - für die Ausgangsrechnung

Forderungen	11.900	
an Umsatzerlöse aus Lieferungen und Leistungen		10.000
an Umsatzsteuer		1.900

  - für die Wertberichtigung der Forderung

Zweifelhafte Forderungen/Einst. in EWB	11.900	
an Forderungen aus Lieferungen und Leistungen		11.900

Im Laufe des folgenden Geschäftsjahres bestätigt sich die Vermutung der Insolvenz des Kunden.

Da die EWB bereits im vorangegangenen Jahr vorgenommen wurde, soll im Jahresabschluss die Forderung ausgebucht bzw. abgeschrieben werden.

Buchungssatz

Abschreibung auf Forderungen	10.000	
Umsatzsteuer	1.900	
an zweifelhafte Forderungen/Einst. in EWB		11.900

Vor der Aufstellung des Jahresabschlusses, der für den Februar geplant ist, erfolgt unerwartet im Januar eine Zahlung i. H. des vollen Betrages von 11.900 €.

Die Forderung ist wieder einzubuchen und wirkt sich im Jahresabschluss in voller Höhe auf die Bestände und die Umsatzsteuer aus.

Forderungen	11.900	
an Abschreibung auf Forderungen		10.000
an Umsatzsteuer		1.900

Die Forderung lebt vollständig wieder auf, die Umsatzsteuerzahllast an das Finanzamt muss wieder berücksichtigt werden und der Vorgang findet in Anlehnung an § 252 Abs. 1 Ziff. 4 volle Berücksichtigung im Jahresabschluss, da der ungeplante Zahlungseingang eine **wertaufhellende Maßnahme** darstellt.

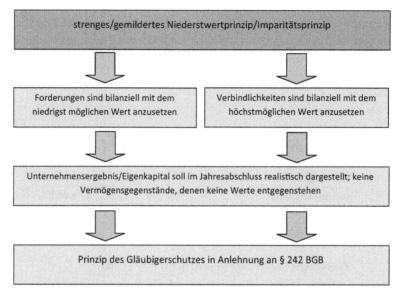

Abb. 2.19 Niederstwertprinzip und Imparitätsprinzip

2.3.4 Verbindlichkeiten

Im **Gegensatz** zu den Positionen der **Aktivseite** der Bilanz sind **Verbindlichkeiten nicht mit dem niedrigsten**, sondern mit dem Höchstwert anzusetzen. Diese konträren Vorschriften werden als das *Imparitätsprinzip* bezeichnet, was auf § 242 BGB zurückzuführen ist. In Jahresabschlüssen sollen keinerlei Vermögensgegenstände aufgeführt sein, denen keine tatsächlichen Werte entgegenstehen. Der Jahresabschluss eines Unternehmens soll die wirtschaftliche Situation realistisch darstellen. In Anlehnung an das strenge und gemilderte Niederstwertprinzip sind daher Forderungen und auch Verbindlichkeiten möglichst „pessimistisch" zu bewerten, um die Ausweisung eines unrealistischen Eigenkapitalbetrags zu unterbinden (Abb. 2.19).

Eine Bewertung von Verbindlichkeiten kann z. B. im Falle

- des Vorliegens von Rechnungen in ausländischer Währung und auftretenden Kursdifferenzen oder
- bei Vorliegen eines Disagios im Falle einer Kreditaufnahme

erforderlich sein.

Fallstudie: Aufnahme eines Darlehens

Ein Unternehmen nimmt einen Kredit i. H. v. 100.000 € mit einer Laufzeit von 5 Jahren auf, im Rahmen dessen ein Disagio i. H. v. 3 % vereinbart wird.

In Anlehnung an § 250 Abs. 3 HGB ist der Unterschiedsbetrag als aktiver Rechnungsabgrenzungsposten zu behandeln und über die Laufzeit des Kredits abzuschreiben.

Die Berücksichtigung des Disagios erfolgt über den *Buchungssatz*

Bank	97.000	
Disagio	3.000	
an Bankverbindlichkeit		100.000

Die jährliche Erfassung des Disagios als gewinnmindernder Aufwand erfolgt mittels des *Buchungssatzes*

Zinsaufwand	600	
an Disagio		600

Fallstudie: Bewertung von Verbindlichkeiten im Falle des Auftretens von Kursdifferenzen

Ein Produktionsunternehmen kauft Material in den USA zum Preis von 14.000 $; der Wechselkurs von Euro zu amerikanischen Dollar liegt am Tag des Imports/der Buchung der Verbindlichkeit bei $ 1,40 (1 € ≅ 1,40 $).

Am Stichtag des Jahresabschlusses stellt man einen Kurs von 1,30 $ fest – in Anlehnung an § 253 Abs. 1 S. 2 HGB sind die Verbindlichkeiten auf den zu erwartenden, höheren Betrag anzupassen.

Buchungssatz bei Einkauf der Ware

Rohstoffe	10.000	
an Verbindlichkeiten aus Lieferungen und Leistungen		10.000

Buchungssatz bei Wertanpassung
Kursdifferenz 1,40 $/1,30 $

$$14.000 / 1,40 = €10.000$$

$$14.000 / 1,30 = €10.769,23$$

Rohstoffe	769,23	
an Verbindlichkeiten aus Lieferungen und Leistungen		769,23

2.4 Inhalte und Aussage der Kapitalflussrechnung/Cashflow

Die bisher behandelten Aspekte der Bilanzierung und Bewertung von Vermögensgegenständen haben insbesondere mit Blick auf die durch das **Bilanzrechtsmodernisierungsgesetz** in Kraft getretenen Paragrafen des Handelsgesetzbuches gezeigt, dass sich verschiene Bewertungsgrundsätze deutlich verändert haben. Immaterielle Werte wie der **derivative Geschäfts- und Firmenwert** sind zu bilanzierungsfähigen Vermögensgegenständen geworden, **Wertzuschreibungen** auf das **Umlaufvermögen**, wie Roh-, Hilfs- und Betriebsstoffe sind **möglich**, Vermögensgegenstände des Anlagevermögens können bei ihrem **Besitzer bilanziert** werden, obwohl der **Kaufpreis** noch **nicht vollständig entrichtet** wurde. All diese Aspekte basieren auf den Internationalen Rechnungslegungsvorschriften IFRS und IAS (International Financial Reporting Standards und International Accounting Standards), die auch aus deutschen Abschlüssen nicht mehr wegzudenken sind und die mit dem Bilanzrechtsmodernisierungsgesetz Einzug in deutsche Jahresabschlüsse gehalten haben. Schließen sich Unternehmen zu einem Konzern zusammen und handelt dieser beispielsweise seine Aktien an der Börse, was als **Kapitalmarktorientierung** bezeichnet wird, so besteht gemäß § 315 a HGB die Vorschrift, neben dem handels- und steuerrechtlich reglementierten Jahresabschluss zusätzlich eine Bilanz gemäß der Vorschriften der IFRS zu erstellen. Die vom deutschen Recht abweichende Zielsetzung der internationalen Rechnungslegung führt dazu, dass das strenge **Niederstwertprinzip** nicht mehr in der bis 2009 praktizierten Strenge existiert. Die **vor der Modifikation des Bilanzrechts** erstellten Jahresabschlüsse sind **nicht** mehr mit denen **vergleichbar**, die danach erstellt wurden. Bei der Vornahme von Wertzuschreibungen oder der Aktivierung immaterieller Vermögensgegenstände werden Werte in den Jahresabschluss aufgenommen, denen keine Zahlungsströme entgegenstehen. Der über das Eigenkapital hinausgehende und für die Übernahme eines Unternehmens gezahlte Kaufpreis ist in der Regel nicht gutachterlich bestätigt. Der in der Bilanz des kaufenden Unternehmens ausgewiesene Betrag ist einer, der sich ggf. nach der Unternehmensübernahme nicht mehr erzielen lässt. Der Wert ist abstrakt und lässt sich nicht kurzfristig liquidieren. Ein anderes Beispiel für abstrakte Werte in Jahresabschlüssen sind **Wertzuschreibungen** auf Gegenstände des **Umlaufvermögens**, die auf einem über den Buchwert hinausgehenden, augenblicklich höheren Marktwert basieren. Dieser Marktwert kann ebenso schnell eine Minderung erfahren, wie eine Erhöhung eingetreten ist. Das **Resultat** für das Unternehmen, das den Wert seines Umlaufvermögens basierend auf dem hohen Marktwert angepasst hat ist, dass in der **Bilanz** ein **Potenzial** dargestellt wird, welches – ausgehend vom inzwischen reduzierten Marktwert – gar **nicht** mehr **existiert**. Zur Identifikation des tatsächlich – physikalisch existenten und greifbaren – Potenzials eines Unternehmens ist daher ein Instrument erforderlich, dass die auf realen Zahlungsströmen basierenden **Werte identifiziert** und von den aus Wertzuschreibung etc. resultierenden Werten abgrenzt.

Ein derartiges Instrument wurde über viele Jahre in der Unternehmensplanung und Kontrolle eingesetzt und hat in dem Unternehmensbereich, der heute als **Controlling** bezeichnet ist, seinen Ursprung. Es handelt sich um den **Cashflow**; bzw. auf Deutsch: den **Kapitalfluss**.

In der Gewinn- und Verlustrechnung sind Aufwendungen und Erträge eines Unternehmens gegenübergestellt und der Leser erhält einen Eindruck darüber, welche Bereiche

2.4 Inhalte und Aussage der Kapitalflussrechnung/Cashflow

	Unternehmensergebnis nach Steuern
+	Abschreibungen
-	Zuschreibungen
+	Gebildete Rückstellungen
-	Aufgelöste Rückstellungen
+	Desinvestitionen des Anlagevermögens
-	Investitionen in das Anlagevermögen
+	Abschreibungen des Umlaufvermögens
-	Wertzuschreibungen auf das Anlagevermögen
=	**Cash-Flow**

Abb. 2.20 Berechnungsschema zur Cashflow-Ermittlung (Wöhe und Döring 2013, S. 524)

hohe Aufwendungen verursacht haben und welche im Gegensatz hierzu besonders ertragreich waren. Insbesondere die Reduktion von Aufwendungen durch o. g. Wertzuschreibungen und immaterielle Aspekte der Vermögensstruktur verfälschen jedoch das Bild, und was dargestellt wird, ist nicht die Kraft des Unternehmens zur Selbstfinanzierung, die jedoch das einzig relevante Beurteilungskriterium in diesem Zusammenhang, insbesondere für Kreditgeber, Anteilseigner und Investoren darstellt (Heesen und Gruber 2008, S. 40). Die Anwendung der **Kapitalflussrechnung** bzw. des Cashflows **entfernt** alle **Positionen** aus dem Jahresabschluss, denen **kein monetärer Wert entgegensteht** und zeigt im Ergebnis das **Selbstfinanzierungspotenzial** eines Unternehmens, oder anders ausgedrückt: das Ergebnis aller Wirtschaftsprozesse, die aus **tatsächlich** erfolgten **Zahlungsströmen** resultieren. Abbildung 2.20 zeigt ein Schema zur Berechnung des Cashflows.

Ein Blick auf das Schema zeigt die Vorgehensweise, mit der ein Unternehmensgewinn um nicht auf Zahlungsströmen basierende Positionen bereinigt wird und lässt erahnen, dass sich der reale Kapitalfluss, sofern er zu einem erheblichen Teil auf Positionen wie

- Wertzuschreibungen,
- Investitionen oder
- aufgelösten Rückstellungen

basiert, reduziert.

Die Art und Weise der Cashflow-Berechnung wird noch in eine direkte sowie eine indirekte Methode unterteilt. Bei der Anwendung der indirekten Methode wird das Unternehmensergebnis um alle nicht zahlungswirksamen Aufwendungen wie

- Einstellungen in Rücklagen,
- Abschreibungen,

- Erhöhungen von Rückstellungen oder
- Bestandsminderungen fertiger und unfertiger Erzeugnisse

sowie alle nicht zahlungswirksamen Erträge wie

- Wertzuschreibungen,
- Auflösungen von Rückstellungen
- aktivierte Eigenleistungen oder
- Bestandserhöhungen fertiger und unfertiger Erzeugnisse

korrigiert.

Die direkte Cashflow-Ermittlung bereinigt das Unternehmensergebnis im Gegensatz zur indirekten um die tatsächlich zahlungswirksamen Aufwendungen wie

- Löhne und Gehälter (Personalaufwendungen),
- Auszahlungen für die Beschaffung von Materialien,
- Kredittilgungen oder
- Eigenkapitalentnahmen (z. B. aus Rücklagen).

Zu den zahlungswirksamen Erträgen, die im Rahmen der direkten Methode berücksichtigt warden, gehören

- Kreditaufnahmen,
- Eigenkapitaleinlagen (z. B. resultierend aus der Aufnahme von Gesellschaftern),
- Einzahlungen aus Umsätzen.

Insbesondere mit Blick auf die eingangs erwähnte Problematik, dass sich das Unternehmensergebnis als „zu gut" darstellt, weil es auf marktpreisbasierten **Wertzuschreibungen**, der Berücksichtigung **immaterieller Vermögensgegenstände** oder der **Veränderung** des Prinzips der wirtschaftlichen Zurechnung von Vermögensgegenständen des Anlagevermögens resultiert, erscheint die Methode der **indirekten Ermittlung** des Cashflows als die geeignetere. Durch ihre Anwendung werden die nicht aus Zahlungsströmen resultierenden Werte aus dem Jahresabschluss entfernt, die im Fokus der Betrachtung liegen.

Die Vorgehensweise zur Ermittlung der aus Zahlungsströmen und Selbstfinanzierungspotenzial resultierenden Unternehmenswerte ist insofern keine neue Erfindung, da das Controlling sowohl in praktischer als auch in wissenschaftlicher Hinsicht bereits seit vielen Jahren Jahresergebnisse auf diese Weise bereinigt (Horváth 2011, S. 385). Da sich die Methode offenbar im Laufe der Zeit bewährt hat und vor der Verabschiedung des Bilanzrechtsmodernisierungsgesetzes erstellte Jahresabschlüsse mit den nach 2009 erstellten, aufgrund der abweichenden Aussagen nicht mehr vergleichbar sind, hat die Bundesre-

2.4 Inhalte und Aussage der Kapitalflussrechnung/Cashflow

		Bei Anwendung der indirekten Methode zur Darstellung des Cashflows aus der laufenden Geschäftstätigkeit ist mindestens gemäß dem folgenden Schema zu gliedern:
1.		Periodenergebnis (Konzernjahresüberschuss/-fehlbetrag)
2.	+/–	Abschreibungen/Zuschreibungen auf Gegenstände des Anlagevermögens
3.	+/–	Zunahme/Abnahme der Rückstellungen
4.	+/–	Sonstige zahlungsunwirksame Aufwendungen/Erträge
5.	–/+	Zunahme/Abnahme der Vorräte, der Forderungen aus Lieferungen und Leistungen sowie anderer Aktiva, die nicht der Investitions- oder der Finanzierungstätigkeit zuzuordnen sind
6.	+/–	Zunahme/Abnahme der Verbindlichkeiten aus Lieferungen und Leistungen sowie anderer Passiva, die nicht der Investitions- oder der Finanzierungstätigkeit zuzuordnen sind
7	–/+	Gewinn/Verlust aus dem Abgang von Gegenständen des Anlagevermögens
8.	+/–	Zinsaufwendungen/Zinserträge
9.	-	Sonstige Beteiligungserträge
10.	+/–	Aufwendungen/Erträge aus außerordentlichen Posten
11.	+/–	Ertragsteueraufwand/-ertrag
12.	+	Einzahlungen aus außerordentlichen Posten
13.	–	Auszahlungen aus außerordentlichen Posten
14.	–/+	Ertragsteuerzahlungen
15.	=	Cashflow aus der laufenden Geschäftstätigkeit

Abb. 2.21 Schema der indirekten Berechnung des Cashflow aus der laufenden Geschäftstätigkeit gemäß des deutschen Rechnungslegungsstandards 28 (E-DRS 28.)

gierung in § 242 Abs. 3 in Verbindung mit § 264 Abs. 1 HGB verfügt, dass kapitalmarktorientierte Körperschaften ihrem Jahresabschluss verpflichtend eine ebensolche Kapitalflussrechnung beizufügen haben. Da die Intention kapitalmarktorientierter Unternehmen aufgrund der immer weiter fortschreitenden **Globalisierung** der mögliche **Vergleich mit anderen**, international tätigen **Unternehmen** sein muss, werden sich diese hinsichtlich ihrer **Bilanzierungs- und Bewertungswahlrechte** am internationalen Standard orientieren. Da die eingangs erwähnte Darstellung des Unternehmenspotenzials nicht mehr dem Niederstwertprinzip entspricht und eine Beurteilung der Selbstfinanzierungskraft anhand eines an IFRS ausgerichteten Jahresabschlusses mit handels- und steuerrechtlichem Verständnis für Kapitalgeber oder Investoren nicht möglich ist, besteht seit 2009 die Verpflichtung für kapitalmarktorientierte Körperschaften, ihr Selbstfinanzierungspotenzial mittels einer Kapitalflussrechnung als Bestandteil des Jahresabschlusses zu dokumentieren. Auf diese Weise soll eine einheitliche und rasche Beurteilung der finanziellen Situation des Unternehmens sichergestellt werden (Abb. 2.21).

Das seitens des deutschen Rechnungslegungsstandards-Komitees erstellte Schema weicht kaum von den in der Literatur zum Thema Controlling verwendeten Schemata ab (z. B. Ziegenbein 2012, S. 151). Auch besteht die Möglichkeit, sowohl eine direkte als auch indirekte Berechnung vorzunehmen. Die aus dem Bilanzrechtsmodernisierungsgesetz resultierenden Änderungen des Handels- und des Einkommensteuergesetzes bewirken eine Steigerung des Eigenkapitals durch zahlungsunwirksame Geschäftsvorfälle, die durch die Kapitalflussrechnung wieder korrigiert werden. Eine Kombination der in den Abschn. 2.3.1, 2.3.2.4 und 2.3.3.1 behandelten Bewertung von Vermögensgegenständen verdeutlicht deren Auswirkung auf das Eigenkapital.

Fallstudie Das Produktionsunternehmen „Universal Metall" weist folgende Positionen in seiner Eröffnungsbilanz aus:

ERÖFFNUNGSBILANZ

Geschäfts- und Firmenwert	172.500	Eigenkapital	547.500
Betriebs-/Geschäftsausstattung	250.000		
Roh-, Hilfs-, Betriebsstoffe	200.000	Verbindlichkeiten	225.000
Bank	150.000		
	772.500		772.500

Der in den Aktiva ausgewiesene, derivative Geschäfts- und Firmenwert resultiert aus der Übernahme eines Kleinunternehmens, das bis zum Ende des letzten Geschäftsjahres als Zulieferer für Universal Metall tätig war.

> **Zur Erinnerung**
>
> Der derivative Geschäfts- und Firmenwert errechnet sich aus der Differenz des Kaufpreises für ein Unternehmen und dem in der Bilanz des übernommenen Unternehmens ausgewiesenen Eigenkapitals. Betrug das Eigenkapital für o. g. Beispiel 500.000 € und der Kaufpreis 672.500 €, resultiert gemäß § 246 Abs. 1 S. 4 hieraus ein derivativer Geschäfts- und Firmenwert i. H. v. 172.500 €. (Vgl. hierzu auch Abschn. 2.3.1)

Im Laufe des Geschäftsjahres

1. erwirtschaftet Universal Metall Erlöse i. H. v. 900.000 €,
2. hat Lohn- und Gehaltsaufwendungen i. H. v. 252.000 €,
3. erstellt eine Werkzeugmaschine für den eigenen Bedarf, deren Fertigungs- und Materialeinzelkosten mit 27.500 € sowie Fertigungs- und Materialgemeinkosten mit 122.500 € ermittelt wurden,

2.4 Inhalte und Aussage der Kapitalflussrechnung/Cashflow

4. kauft Rohstoffe für 400.000 € auf Ziel,
5. verbraucht im Rahmen der Produktion Rohstoffe i. W. v. 350.000 €,
6. bildet Rückstellungen für zu erwartende Garantieleistungen i. H. v. 25.000 € und
7. nimmt auf die bereits zu Beginn des Geschäftsjahres im Bestand befindlichen und teilabgeschriebenen Gegenstände der Roh- Hilfs- und Betriebsstoffe eine Wertzuschreibung i. H. v. 100.000 € vor.
8. Die AfA des derivativen Firmenwerts ist ebenso vorzunehmen wie
9. die AfA der Betriebs- und Geschäftsausstattung.

Die Nutzungsdauer aller Vermögensgegenstände, die hinsichtlich ihres Wertes zu reduzieren sind, beträgt acht Jahre; die AfA des derivativen Geschäfts- und Firmenwertes erfolgt gemäß § 7 Abs. 1 S. 3 EStG. Alle Beträge verstehen sich als Nettobeträge und berücksichtigen keine weiteren Abführungen z. B. bezüglich der Lohnsteuer oder der Sozialabgaben. Nachstehend ist die in Konten aufgelöste Bilanz und sind die zu den Geschäftsvorfällen gehörenden *Buchungssätze* aufgeführt.

1.	Bank 900.000 €	An	Umsatzerlöse aus Lieferungen und Leistungen 900.000 €
2.	Lohn-/Gehaltsaufwendungen 252.000 €	an	Bank 252.000 €
3.	Betriebs-/Geschäftsausstattung 150.000 €	an	and. aktivierte Eigenleist. 150.000 €
4.	Roh-, Hilfs- und Betriebsstoffe 400.000 €	an	Verbindlichkeiten 400.000 €
5.	Materialaufwand 350.000 €	an	RHB 350.000 €
6.	Gewährleistungsaufwand 25.000 €	an	Gewährleistungsrückstellung 25.000 €
7.	Roh-, Hilfs- und Betriebsstoffe 100.000 €	an	Materialaufwand 100.000 €
8.	Abschreibung auf GFW 11.500 €	an	Geschäfts- und Firmenwert 11.500 €
9.	Abschreibung auf Betriebs- und Geschäftsausstattung 50.000 €	an	AfA auf BGA 50.000 €

Geschäfts- und Firmenwert

AB	172.500	8.	11.500
		Saldo an SBK	161.000

Betriebs-/Geschäftsausstattung

AB	250.000	9.	50.000
3.	150.000	Saldo an SBK	350.000

Roh-, Hilfs- und Betriebsstoffe

AB	200.000	5.	350.000
4.	400.000	Saldo an SBK	350.000
7.	100.000		

Bank

AB	150.000	2.	252.000
1.	900.000	Saldo an SBK	798.000

Lohn- und Gehaltsaufwand

2	252.000	Saldo an G & V	252.000

Materialaufwand

5.	350.000	7.	100.000
		Saldo an G & V	250.000

Gewährleistungsaufwendungen

6.	25.000	Saldo an G & V	25.000

Eigenkapital

Saldo an SBK	1.009.000	AB	547.500
		aus G&V	461.500

Verbindlichkeiten

Saldo an SBK	625.000	AB	225.000
		4.	400.000

Umsatzerlöse aus L. & L.

Saldo an G & V	900.000	1.	900.000

andere aktivierte Eigenleistungen

Saldo an G & V	150.000	3.	150.000

Rückstellungen für Gewährleistungen

Saldo an SBK	25.000	6.	25.000

AfA auf BGA

9.	50.000	Saldo an G & V	50.000

AfA auf Geschäfts- und Firmenwert

8.	11.500	Saldo an G & V	11.500

2.4 Inhalte und Aussage der Kapitalflussrechnung/Cashflow

SCHLUSSBILANZ

Geschäfts- und Firmenwert	161.000	Eigenkapital	1.009.000
Betriebs-/Geschäftsausstattung	350.000	Rückstellungen	25.000
Roh-, Hilfs-, Betriebsstoffe	350.000	Verbindlichkeiten	625.000
Bank	798.000		
	1.659.000		1.659.500

GEWINN- & VERLUSTRECHNUNG

Lohn- und Gehaltsaufwand	252.000	Umsatzerlöse	900.000
Materialaufwand	250.000	andere aktivierte Eigenleistungen	150.000
AfA auf BGA	50.000		
AfA auf GFW	11.500		
Gewährleistungsaufwand	25.000		
Saldo an Eigenkapital	461.500		
	1.050.000		1.050.000

Durch die Buchungen der Ziffern

- 3; selbst erstellte Werkzeugmaschine,
- 6; Bildung von Rückstellungen für zu erwartende Gewährleistungen,
- 7; Wertzuschreibung auf das Vorratsvermögen basierend auf Marktpreis

entstehen im Jahresabschluss Werte, denen kein Zahlungsstrom zugrunde liegt.

Die Möglichkeit zur Berücksichtigung der Fertigungs- und Materialgemeinkosten, die gemäß Beschreibung der Fallstudie 131.250 € (150.000 €/AfA des ersten Jahres i. H. v. 18.750 €) betragen sowie die Wertzuschreibung auf das Vorratsvermögen i. H. v. 100.000 € bewirken, dass das Eigenkapital von „Universal Metall" höher ausfällt, als es vor der Änderung der Bewertungsrichtlinien der Fall gewesen wäre. In der Kapitalflussrechnung erfolgt die Korrektur eben dieser Positionen sowie die Ermittlung des auf Zahlungsströmen basierenden Betrags, der dem Eigenkapital zurechenbar ist.

	461.500	Unternehmensergebnis
+	61.500	Abschreibungen
-	100.000	Zuschreibungen
+	25.000	Gebildete Rückstellungen
-	131.250	Investitionen in das Anlagevermögen
-		Wertzuschreibungen auf das Anlagevermögen
=	**316.750**	**Cash-Flow**

Der in Anlehnung an das eingangs bereits erwähnte Kalkulationsschema von Wöhe und Döring ermittelte Kapitalfluss (vgl. Wöhe und Döring; Einführung in die Allgemeine Betriebswirtschaftslehre, S. 524) zeigt einen Unterschied von 144.750 € zum G & V-Gewinn (Cashflow 316.750 €; G&V 461.500 €). Das **Selbstfinanzierungspotenzial** des Unternehmens liegt im **Vergleich** zum bilanziellen Jahresergebnis **deutlich hierunter**.

2.5 Nachträgliche Anschaffungskosten

Vermögensgegenstände des Anlagevermögens werden auf der Aktivseite der Bilanz „aktiviert" und über den Zeitraum ihrer Nutzungsdauer im Wert reduziert bzw. abgeschrieben. Bereits in Kap. 2.3.2.4 wurde im Zusammenhang mit den **Herstellungskosten** der § 255 HGB erwähnt, der Vorschriften bezüglich der Aufwendungen beinhaltet, die **erforderlich** sind, um einen **Vermögensgegenstand** in einen **betriebsbereiten Zustand** zu versetzen. Die Vorschrift bezieht sich nicht ausschließlich auf Herstellungskosten, die aus der Selbsterstellung von Vermögensgegenständen resultieren, sondern auch auf Anschaffungs- sowie Anschaffungsnebenkosten, die durch die Anschaffung/den Kauf von Vermögensgegenständen entstehen.

Gemäß § 255 Abs. 1 HGB stellen Anschaffungskosten Aufwendung dar, die geleistet werden, um einen Vermögensgegenstand zu erwerben und ihn in einen betriebsbereiten Zustand zu versetzen, sofern sie dem Vermögensgegenstand **einzeln zuordenbar** sind. Hierzu gehören auch Anschaffungsnebenkosten und nachträgliche Anschaffungskosten.

Nach dieser Definition sind einem gekauften Vermögensgegenstand neben dem Kaufpreis u. a. Transport- und Montage-/Inbetriebnahmekosten sowie Gerichts- oder Notariatskosten als Anschaffungskosten zuzurechnen. Abzusetzen hingegen sind Anschaffungspreisminderungen, die sich in Form von

- Rabatten,
- Skonti,
- Boni,
- etc.

negativ auf den Kaufpreis auswirken. Abbildung 2.22 verdeutlicht die Komponenten der Anschaffungsnebenkosten im Überblick.

Kosten zur **Herbeiführung** der **Betriebsbereitschaft** können insbesondere bei Investitionsgütern wie Produktionsanlagen/Maschinen o. ä. nicht nur bei der Anschaffung oder der ersten Inbetriebnahme, sondern auch im Nachhinein – nach ggf. mehrmonatigem Betrieb – entstehen. Sofern die Betriebssicherheit nicht gewährleistet ist, die Qualität der produzierten Güter nicht den Anforderungen des Unternehmens entspricht und ein Vermögensgegenstand aus derartigen Gründen einer Modifikation bedarf, sind die hierfür erforderlichen Aufwendungen als nachträgliche Anschaffungskosten zu erfassen und ist der Buchwert des Gegenstands ebenso wie die Abschreibungsbeträge um die entsprechenden

2.5 Nachträgliche Anschaffungskosten

	Anschaffungspreis
−	Anschaffungspreisminderungen (Rabatte, Skonti, Boni); gemäß § 255 Abs. 1 S. 3 HGB
+	Aufwendungen zur Herbeiführung der Betriebsbereitschaft (Transport-, Fundamentierungs-, Montagekosten); gem. BFH-Urteil vom 14.11.1985 & § 255 Abs. 1 HGB
+	Anschaffungsnebenkosten (Provisionen, Gerichts-Notariats-, Registrierungskosten, Abfindungen); gemäß § 255 Abs. 1 HGB
+	nachträgliche Anschaffungskosten (§ 255 Abs. 1 Satz 2 HGB)
=	Anschaffungskosten

Abb. 2.22 Berechnungsschema Anschaffungskosten (Deitermann et al. 2010, S. 78)

Summen zu korrigieren. Die Erfassung der **nachträglichen Anschaffungskosten** muss in zeitlichem Zusammenhang zur Anschaffung des Vermögensgegenstands stehen.

Bilanziell entsteht durch den Kauf der für die Herbeiführung der Betriebsbereitschaft erforderlichen Güter oder Dienstleistungen bei Barzahlung ein **Aktivtausch** bzw. bei Kauf auf Ziel eine **Aktiv-Passiv-Mehrung.** Ferner **erhöhen** sich durch diese Verfahrensweise die **Abschreibungsbeträge** sowie der **Gesamtwert** des Anlagevermögens. Relevant für Unternehmen sind die Buchwerte am Ende des Geschäftsjahres sowie die hierzu führenden, regelmäßigen Abschreibungsbeträge bzw. deren Erhöhung aufgrund nachträglicher Einbauten oder nachträglich durchgeführter Dienstleistungen.

> **Fallstudie: Ermittlung von Buchwerten und Abschreibungsbeträgen im Falle nachträglicher Anschaffungskosten**
>
> Ein Maschinenbauunternehmen kauft zum *Bruttopreis* von 178.500 € eine konventionelle Fräsmaschine mit dem Ziel, in den nächsten fünf Jahren selbst Bauteile fertigen zu können, die an den eigenen Produkten installiert werden. Ein Jahr später steigt der Output des Maschinenbauunternehmens aufgrund wachsender Nachfrage deutlich an, sodass die konventionelle Fertigung der Frästeile zu aufwendig wird und zu viel Zeit in Anspruch nimmt. Der Maschinenbauer beschließt, seine Fräsanlage für einen Bruttopreis von 29.750 € mit einer numerischen Steuerung aufzurüsten, um die benötigten Teile „mannlos" und automatisiert fertigen zu können. Die Steuerung und die mechanischen Aggregate, die zusätzlich an der Fräsmaschine montiert werden, sind *selbstständig nicht nutzbar*, sondern nur in Verbindung mit der Grundmaschine verwendbar. Aus diesem Grund kann das Maschinenbauunternehmen die für die zusätzliche Funktion entstehenden Anschaffungskosten in Höhe der Bauteile sowie der Montage aktivieren.

Zur Bestimmung der regelmäßigen AfA-Beträge sowie der Buchwerte ist die Berechnung der Anschaffungskosten sowie der Abschreibung ab Kaufdatum der Fräsmaschine erforderlich. Die Daten im Überblick:

Kaufdatum der Maschine	17. April
Bruttopreis der Maschine	178.500 €
Herstellerrabatt	5 %
Transportkosten der Spedition (netto)	1.500 €
Transportversicherung (netto)	250 €
Kosten der Inbetriebnahme (netto)	2.500 €
Nutzungsdauer der Anlage	5 Jahre

Zu ermitteln ist

- der Anschaffungspreis,
- der AfA-Betrag sowie
- der Buchwert am Ende des Geschäftsjahres.

1. *Ermittlung des Nettopreises der Maschine*

$$€178.500 \div 1{,}19 = €150.000$$

2. *Subtraktion der Anschaffungspreisminderungen*

$$€150.000 \times 5\ \% = €7.500$$

$$€150.000\ ./.\ €7.500 = €142.500$$

3. *Addition der Aufwendungen zur Herbeiführung der Betriebsbereitschaft*
   142.500 €
   + 1.500 € Transportkosten
   + 250 € Transportversicherung
   + 2.500 € Kosten der Inbetriebnahme
   = Anschaffungskosten 146.750 €

4. *Berechnung der jährlichen AfA*

$$€146.750\ 5\ \text{Jahre} = €29.350$$

2.5 Nachträgliche Anschaffungskosten

5. *Berechnung der unterjährigen AfA*
   Die Maschine wurde am 17. April gekauft
   Gemäß § 5 Abs. 1 EStG darf der April voll
   in die Berechnung der AfA einbezogen
   werden; April bis Dezember ⇒ 9 Monate

$$€ 29.350 / 12 \text{ Monate} \times 9 \text{ Monate} = € 22.012,50$$

6. *Berechnung des Buchwerts am Ende des Geschäftsjahres*

$$€ 146.750 ./. € 22.012,5 = € 124.737,50$$

Nachdem der Buchwert für das Ende des Geschäftsjahrs der Anschaffung der Maschine bestimmt ist, können die nachträglichen Anschaffungskosten bestimmt werden. Auch hier zunächst die erforderlichen Werte zur Berechnung der (nachträglichen) Anschaffungskosten sowie des Buchwerts der Gesamtmaschine im Überblick:

Einbau der numerischen Steuerung	1. Januar des Folgejahres der Anschaffung der Grundmaschine
Bruttopreis der Steuerung	29.750 €
Herstellerrabatt	2,5 %
Transportkosten der Spedition (netto)	500 €
Transportversicherung (netto)	125 €
Kosten der Inbetriebnahme (netto)	4.500 €
Nutzungsdauer der Anlage	Parallel mit der Grundmaschine; keine eigenständige Nutzbarkeit

Buchwert der Maschine
   im Januar des Folgejahres 124.737,50 €
1. *Ermittlung des Nettopreises der numerischen Steuerung*

$$€ 29.750 \div 1,19 = € 25.000$$

2. *Subtraktion der Anschaffungspreisminderungen*

$$€ 25.000 ./. 2,5 \% = € 625$$

$$€ 25.000 ./. € 625 = € 24.375$$

3. *Addition der Aufwendungen zur Herbeiführung der Betriebsbereitschaft*

$$€ 24.375 + € 5.125 = € 29.500$$

4. *Berechnung der jährlichen AfA*
29.500 € ÷ 4 Jahre & 3 Monate (51 Monate) = 578,43 € pro Monat ⇨ 6.941,18 € p. a.
Buchwert Steuerung am Jahresende 22.558,82 € (29.500,00 € ./. 6.941,18 € volle Jahres-AfA)
Buchwert Maschine am Jahresende 95.387,50 € (124.737,50 € ./. 29.350,00 € volle Jahres-AfA)

Gesamtwert der Anlage	**117.946,32 €**

2.6 Bewertungsvereinfachungsverfahren

Obwohl das **HGB** im Rahmen der Vorbereitung auf den Jahresabschluss die Prüfung und **Einzelbewertung aller Vermögensgegenstände** und Schulden vorschreibt, existieren in Anlehnung an § 240 Abs. 4 HGB **Ausnahmen**, im Rahmen derer gleichartige Vermögensgegenstände des Vorratsvermögens jeweils zu einer Gruppe zusammengefasst und mit dem gewogenen **Durchschnittswert** angesetzt werden dürfen. Aus dem Wert des **Anfangsbestands** sowie dem Wert der **Zugänge** innerhalb eines Geschäftsjahres wird ein **Durchschnittspreis** gebildet. Lagerabgänge sowie die Endbestände werden mit diesem intern gebildeten Durchschnittspreis bewertet. Das folgende Schema verdeutlicht die Vorgehensweise der permanenten Durchschnittsbewertung (Rinker et al. 2012, S. 192) (Abb. 2.23).

Am Ende des Betrachtungszeitraums ergibt sich ein Durchschnittspreis von 5,04 € für den Endbestand, obwohl die periodischen Einzelwerte z. T. deutlich höher liegen.

Das Beispiel zeigt, dass bei Gütern, die Preisschwankungen unterliegen, eine Durchschnittsbewertung durchaus sinnvoll sein kann. **Ein** im Vergleich zum Beginn des Betrachtungszeitraums **niedrigerer Wertansatz** der Güter **erhöht** den **Materialaufwand**, woraus wiederum ein niedrigeres zu versteuerndes Einkommen resultiert.

Gemäß § 256 Satz 1 HGB kann zur Ermittlung der Anschaffungs-/Herstellungskosten gleichartiger Gegenstände des Vorratsvermögens unterstellt werden, dass die zuerst/zuletzt angeschafften oder hergestellten Vermögensgegenstände zuerst verbraucht wurden. Die Anwendung bestimmter Verbrauchsfiktionen bewirkt die Vereinfachung des Verfahrens. Insbesondere im Falle bzw. in Zeiten schwankender Preise kommt diesen für die Substanzerhaltung des Unternehmens eine verstärkte Bedeutung zu. Bedingung: die Vorgehensweise muss den Vorschriften der GoB entsprechen. Betrachtet werden keine Zugänge, sondern die Bestandsabgänge.

Weitere Bewertungsvereinfachungsverfahren verbergen sich hinter den Abkürzungen „**Lifo**" (last-in, first-out) und „**Fifo**" (first-in, first-out). Last-in, first-out unterstellt, dass die zuletzt beschafften Güter zuerst verbraucht oder veräußert wurden, first-in, first-out

2.6 Bewertungsvereinfachungsverfahren

	Stück (Menge)	Preis pro Einheit in €	Wert in €	Ø-Wert pro Einheit
Anfangsbestand 01.06.	200	5	1.000	
+ Zugang 30.06.	100	6	600	
Bestand	300		1.600	5,33
- Abgang 01.07.	100	5,33	533	
Bestand	200		1.067	5,33
+ Zugang 15.07.	50	5	250	
Bestand	250		1.317	5,27
+ Zugang 31.07.	50	6	300	
Bestand	300		1.617	5,39
- Abgang 01.08.	150	5,39	809	
+ Zugang	50	4	200	
Endbestand	200		1.008	5,04

Abb. 2.23 Permanente Durchschnittsbewertung

besagt das Gegenteil: nämlich dass die zuerst beschafften Güter auch am Schnellsten verbraucht wurden (Deitermann und Schmolke 2010, S. 266).

Zunächst jedoch zur in Abb. 2.24 erläuterten **Lifo**-Methode. Alle Warenabgänge werden mit dem Wert der zuletzt beschafften Güter bewertet, ungeachtet der Tatsache, ob die Menge der Abgänge mit der der Zugänge übereinstimmt.

Im Beispiel sinkt durch die Anwendung des Lifo-Verfahrens der Durchschnittswert des Vermögens mit glatt 5 € noch unterhalb des Wertes der permanenten Durchschnittsbewertung. Obwohl dies der Fall ist, sind Steuerpflichtige, die ihren Gewinn in Anlehnung an § 5 EStG ermitteln, seit 1990 berechtigt, das Lifo-Verfahren auf gleichwertige Wirtschaftsgüter des Vorratsvermögens anzuwenden, sofern die Einhaltung der handelsrechtlichen Buchungsvorschriften erfolgt und die für die Steuerbilanz festgelegte Verbrauchsfolge gleichermaßen in der Handelsbilanz berücksichtigt wird. Die **Anwendung** des Verfahrens ist somit gemäß **handels- und steuerrechtlicher** Vorschriften **möglich**.

Das Fifo-Verfahren eignet sich insbesondere zur retrospektiven Betrachtung von Güterbewegungen bei der Bewertung des Endbestands. Im Gegensatz zur Lifo-Methode wird für den Endbestand unterstellt, dass dieser primär aus Gütern der letzten Warenlieferung besteht und die der ersten Warenlieferung bereits verbraucht wurden. Unterjährig werden keine Lagerabgänge berücksichtigt, sondern lediglich der (Jahres-)Endbestand hinsichtlich der Warenzugänge und ungeachtet des Anfangsbestands bewertet (Abb. 2.25).

	Stück (Menge)	Preis pro Einheit in €	Wert in €
Anfangsbestand 01.06.	200	5	1.000
+ Zugang 30.06.	100	6	600
Bestand	300		1.600
- Abgang 01.07.	100	6	600
Bestand	200		1.000
+ Zugang 31.07.	50	5	250
Bestand	250		1.250
- Abgang	100	5	500
Bestand (lt. mengenmäßiger Inventur)	150		750

Abb. 2.24 Lifo-Methode. (Vgl. Rinker et al. 2012; Bilanzen, S. 192)

	Stück (Menge)	Preis pro Einheit in €	Wert in €
Anfangsbestand 01.06.	200	5	1.000
+ Zugang 30.06.	100	6	600
+ Zugang 31.07.	100	7	700
Bestand	400		2.300
Endbestand	120	100 x 7 20 x 6	820
Verbrauch	280	5,29	1.480

Abb. 2.25 Fifo-Methode

2.6 Bewertungsvereinfachungsverfahren

Die Fifo-Methode führt zu einem Durchschnittswert, der mit 5,29 € oberhalb der bisher betrachteten Bewertungsverfahren liegt. Die handelsrechtliche Zulässigkeit resultiert aus § 256 Satz 1 HGB; § 6 Abs. 1 Ziff. 2 a EstG lässt hinsichtlich der Vereinfachungsverfahren jedoch lediglich die Variante der Bewertung gemäß zuletzt beschaffter Güter zu (Lifo). Es existiert keine entsprechende Vorschrift für die Fifo-Methode. Insofern ist sie zwar handels-, aber nicht steuerrechtlich zulässig.

Mit Blick auf die **Intention einer Handelsbilanz**, das Potenzial eines Unternehmens anhand des **Eigenkapitals** möglichst **positiv darzustellen,** macht die Anwendung der Fifo-Methode jedoch **keinen Sinn.** Der niedrigste Durchschnittswert der Bestände, so viel wurde bereits festgestellt, resultiert aus diesem Verfahren. Da jedoch ein niedriger Durchschnittswert mit einem hohen Materialverbrauch einhergeht, der wiederum den Gewinn und daraus resultierend auch das Eigenkapital reduziert, erscheint das Fifo-Verfahren für die Praxis als wenig relevant. Die bilanziellen Auswirkungen werden anhand der u. g. Buchungssätze und der Kontendarstellung erneut verdeutlicht.

Warenbestand				Materialaufwand			
AB	1.000	1. Endbestand	820	2. aus Waren-		3. Saldo an	
Zugang	600	2. Saldo	1.480	Bestand	1.480	G & V	1.480
Zugang	700						

1. Die Inventur ergibt bei einem nach der Fifo-Methode ermitteltem Durchschnittswert einen Endbestand von 820 €; *Buchungssatz*:

Schlussbilanz	820	
an Warenbestand		820

2. Der Saldo wird über das Konto Materialaufwand abgeschlossen; *Buchungssatz*:

Materialaufwand	1.480	
an Warenbestand		1.480

3. Der Saldo des Kontos Materialaufwand wird über die G & V abgeschlossen; *Buchungssatz*:

Gewinn- und Verlustrechnung	1.480	
an Materialaufwand		1.480

Je **höher** der Saldo des **Warenbestandskontos** ist, der aus einer **geringen Bewertung** der im Rahmen einer Inventur festgestellten **Bestände** resultiert, desto **höher** ist auch der Betrag, der über das Konto **Materialaufwand** über die Sollseite der **Gewinn- und Verlustrechnung** abgeschlossen wird, der wiederum in voller Höhe den **Gewinn** und somit den dem **Eigenkapital** zurechenbaren Betrag **reduziert**.

2.7 Zusammenfassung

Die **Bewertung** von **Vermögensgegenständen** vor der Aufnahme in den Jahresabschluss bzw. die Bilanz stellt eine der **aufwendigsten** Handlungen im Rahmen der Erstellung eines Jahresabschlusses dar. Die Unterscheidung in Vermögensgegenstände des Anlage- sowie des Umlaufvermögens ist anhand der in **§ 266 HGB** aufgeführten **Mindestgliederung** einer Bilanz leicht möglich, die Bewertung hingegen gestaltet sich bisweilen aufwendig, da die Vermögensgegenstände einer „Gruppe" (Anlage- oder Umlaufvermögen) nicht immer den gleichen Bewertungsvorschriften unterliegen.

Der zu den *immateriellen Vermögensgegenständen* gehörende, derivative (entgeltlich erworbene) Geschäfts- und Firmenwert wird nicht wie technische Anlagen, Maschinen oder Fahrzeuge in Anlehnung an die in den AfA-Tabellen der Finanzbehörde abgeschrieben; man findet seine „Nutzungsdauer" gleich in **§ 7 Abs. 1 Satz 3 EStG**: sie beträgt 15 Jahre. Die Abschreibungsdauern von Gebäuden sind ebenfalls in § 7 EStG geregelt; deren Nutzungsdauern sind in den Absätzen 2 ff. festgelegt.

Eine *degressive Abschreibung* von Vermögensgegenständen ist seit Ende 2010 *nicht mehr möglich*. § 7 Abs. 1 Satz 1 besagt, dass die Wertminderung von Vermögensgegenständen stets in gleichen Jahresbeträgen vorzunehmen ist. Neben der *außergewöhnlichen Abschreibung*, im Falle z. B. der Zerstörung von Vermögensgegenständen durch Naturkatastrophen o. ä. sowie der *leistungsbezogenen Abschreibung* z. B. von Fahrzeugen oder technischen Anlagen und Maschinen gemäß § 7 Abs. 1 Satz 6 EStG, ist die *lineare Abschreibung* (in gleichen Jahresbeträgen) die einzig verbliebene Variante.

Eine **Sonderform** der Abschreibung, die Unternehmen die Wertminderung von Vermögensgegenständen noch im Jahr der Anschaffung ermöglicht, ist von der Höhe der Anschaffungskosten abhängig und in den §§ 6 Abs. 2 sowie 6 Abs. 2 a EStG geregelt. Liegen diese nicht oberhalb von 410 €, so kann der Vermögensgegenstand als „geringwertiges **Wirtschaftsgut**" noch im Anschaffungsjahr gewinnmindernd abgeschrieben werden. Voraussetzung für diese Vorgehensweise ist die **selbstständige Nutzbarkeit**. Diese Voraussetzung erfüllen bspw. Fotokameras, Laptop-Computer, Bildschirme; aber auch Musikinstrumente, MP3-Spieler wie „IPods" sowie Mobiltelefone und Smartphones. Liegen die Anschaffungskosten der Vermögensgegenstände in einem Bereich **zwischen 150 € und 1.000 €**, so können sie zu einer Gruppe zusammengefasst und über einen Zeitraum von fünf Jahren abgeschrieben werden. In diesem Zusammenhang ist vorab genau zu prüfen, ob die Nutzungsdauergemäß AfA-Tabellen der Finanzbehörde eine kürzere (oder längere) Nutzungsdauer ausweist. Sofern das Ziel eines Unternehmens in einer möglichst gerin-

2.7 Zusammenfassung

gen Steuerbelastung besteht, kann die Auswahl der linearen AfA gemäß § 7 Abs. 1 Satz 1 EStG sich als vorteilhafter herausstellen, als die Behandlung des Vermögensgegenstands als „**GWG**" gemäß § 6 Abs. 2 EStG.

Seit Inkrafttreten des Bilanzrechtsmodernisierungsgesetzes (BilMoG) 2009 hat sich der Begriff der *Herstellungskosten* verändert und dürfen neben Fertigungs- und Materialeinzelkosten auch *Fertigungs- sowie Materialgemeinkosten* bei der Kalkulation berücksichtigt werden. Für **selbst erstellte Vermögensgegenstände des Anlagevermögens** bedeutet das: Je höher die Herstellungskosten (aufgrund der zusätzlichen Berücksichtigung der Gemeinkosten), desto höher der Wert des Vermögensgegenstands in der Bilanz. Eine derartige Vorgehensweise **erhöht** zwangsläufig das **Eigenkapital** in der Bilanz. Insbesondere im Fall von Unternehmensübergängen sollte auf diese Position geachtet werden, da die (zusätzlich) berücksichtigten *Gemeinkosten* bei der Kapitalflussrechnung nicht isoliert werden,

Vermögensgegenstände des Umlaufvermögens sind ebenso wie diejenigen des Anlagevermögens vor der Erstellung des Jahresabschlusses einzeln zu prüfen und zu bewerten. **Forderungen**, die trotz mehrmaliger Mahnung nicht beglichen wurden, sind im Entstehungsjahr zunächst auf das Zwischenkonto „**zweifelhafte Forderungen**" zu buchen und erst im darauffolgenden Jahr abzuschreiben. Neben dem Gläubigerschutz bzw. im Sinne einer realistischen Bewertung des Unternehmens resultiert die Vorschrift aus dem strengen und gemilderten Niederstwertprinzip gemäß § 253 Abs. 3 und Abs. 4 HGB. Interessant für das die Wertberichtigung vornehmende Unternehmen ist die Tatsache, dass eine Korrektur der Umsatzsteuer erfolgt und ggf. eine **Umsatzsteuerrückzahlung** erfolgt.

Eine weitere, aus dem BilMoG resultierende Neuerung ist die Möglichkeit, gemäß § 253 Abs. 4 und Abs. 5 HGB eine *Wertzuschreibung* auf Vermögensgegenstände des *Umlaufvermögens* vorzunehmen, wenn diese bereits wertgemindert wurden und der Grund für die Beibehaltung des niedrigeren Wertansatzes nicht mehr besteht. Lässt sich für Rohstoffe, wie Stahl, der z. B. aufgrund von Oxidation oder deutlich gefallenem Marktwert bereits eine Wertminderung im Rahmen der Vorbereitung auf den Jahresabschluss erfahren hat, ein über dem Buchwert liegender Marktpreis ermitteln, so ist der Grund für die Beibehaltung des niedrigeren Wertansatzes nicht mehr gegeben und es kann eine Wertzuschreibung bis zur Höhe der Anschaffungskosten vorgenommen werden.

Die seit Inkrafttreten des Bilanzrechtsmodernisierungsgesetzes für kapitalmarktorientierte Körperschaften vorgeschriebene *Kapitalflussrechnung* (Cashflow) identifiziert derartige, nicht zahlungswirksame Positionen. Der Cashflow ist seit 2009 nicht mehr ein reines Controlling-Tool, sondern hat offiziell Einzug in das externe Rechnungswesen gehalten. Die deutschen Rechnungslegungsstandards (E-DRS 28) beinhalten Anwendungsvorschriften zur Erstellung einer Kapitalflussrechnung nach direkter und indirekter Methode, wodurch das Selbstfinanzierungspotenzial, dargestellt in Form eines Ergebnisses, das lediglich auf zahlungswirksamen Geschäftsvorgängen beruht.

Trotz der handelsrechtlichen Vorschrift, alle Bewertungsvorgänge **einzeln** vorzunehmen, gibt es **Ausnahmen**, die als „**Bewertungsvereinfachungsverfahren**" in § 240 Abs. 4 sowie § 256 Abs. 1 HGB erläutert sind. In der betrieblichen Praxis werden die Verfahren *last-in, first-out* (Lifo), sowie das Verfahren *first-in, first-out* (Fifo) praktiziert. Dem Lifo-Verfahren liegt die Annahme zugrunde, dass die Güter zuerst in der Produktion verbraucht oder veräußert werden, die als letzte beschafft wurden. Im Gegensatz hierzu liegt dem Fifo-Verfahren die Annahme zugrunde, dass diejenigen Güter zuerst verbraucht werden, die auch als erstes beschafft wurden. Handelsrechtlich ist die Anwendung beider Verfahren möglich; § 6 Abs. 1 Ziff. 2 a EStG gestattet jedoch lediglich die Anwendung des Lifo-Verfahrens.

Neben dem um Preisnachlässe reduzierten reinen Kaufpreis eines Vermögensgegenstandes sind außerdem Kosten für die Herbeiführung eines betriebsbereiten Zustands zu berücksichtigen. Hierzu gehören Transportversicherungen und -kosten wie das sogenannte „Rollgeld". Wird der Vermögensgegenstand nach seiner Anschaffung und Implementierung innerhalb des Unternehmens um zusätzliche Bauteile erweitert, die der Aufrechterhaltung seiner Betriebsbereitschaft erforderlich sind, können diese als nachträgliche Anschaffungskosten zum Wert des Gegenstands addiert und über seine Nutzungsdauer abgeschrieben werden.

2.8 Wiederholungs- und Kontrollfragen

1. Bewertung immaterieller Vermögensgegenstände – Bezug Kap. 2.3.1
   Das Unternehmen „West-Stahl GmbH" kauft die Schlosserei „Industrie-Service Peter Schmitz e. K." auf, von der sie bisher Instandhaltungsdienstleistungen in Anspruch genommen hat. Die Übernahme geschieht einerseits zum Zweck einer größeren Flexibilität hinsichtlich der Instandhaltung sowie mit dem Ziel, über die Durchführung von Instandhaltungsdienstleistungen eine zusätzliche Einnahmequelle zu generieren. Der Kaufpreis beträgt 250.000 €; die Bilanz des Einzelunternehmers Peter Schmitz hat folgendes Aussehen:

SCHLUSSBILANZ INDUSTRIE-SERVICE PETER SCHMITZ

BGA	50.000		
Fuhrpark	5.000	Eigenkapital	92.500
Warenbestand	50.000		
Forderungen	25.000		
Bank	15.000	Verbindlichkeiten	55.000
Kasse	2.500		
Bilanzsumme	147.500	Bilanzsumme	147.500

   a. Bestimmen Sie den derivativen Firmenwert.
   b. Nennen Sie Gründe, die einen Kaufpreis für ein Unternehmen rechtfertigen können, der über das Eigenkapital hinausgeht.

2.8 Wiederholungs- und Kontrollfragen

c. Auf welchen steuerlichen und handelsrechtlichen Quellen basiert die buchhalterische Behandlung des derivativen Firmenwerts? Wie muss die West-Stahl GmbH diesen buchhalterisch behandeln?

2. Bestimmung der Abrechnungsvariante unter Berücksichtigung eines möglichst hohen jährlichen Abschreibungsaufwands – Bezug Kap. 2.3.2.2.
Die Versicherungsagentur „Fortuna-Securitas GmbH" kauft ein neues Geschäftsfahrzeug zu einem Preis von *42.000 €*. Das Unternehmen führt viele Beratungsgespräche bei Kunden vor Ort in deren privaten Räumlichkeiten durch, da sich dieser Service in den vergangenen Jahren bewährt hat. Eine Umsatzsteigerung war messbar. Die vier angestellten Sachbearbeiter wechseln sich bei den i. d. R abendlichen Besuchen ab. Die Besuche schlagen sich in der Laufleistung des Fahrzeugs deutlich nieder – jährlich wird es *60.000 km* bewegt. Nach drei Jahren und 180.000 km erwartet man die Grenze seiner Nutzbarkeit; nach dieser Zeit müsste es ausgetauscht werden.
PKW sind in Anlehnung an § 7 Abs. 1 EStG sowie die AfA-Tabellen der Bundesfinanzbehörde über *sechs Jahre abzuschreiben*. Welche alternative Abschreibungsvariante ist Ihnen bekannt und zu welcher raten Sie der „Fortuna-Securitas GmbH", wenn deren Ziel in einer **möglichst geringen steuerlichen Belastung** liegt? Begründen Sie Ihre Entscheidung anhand der konkreten AfA-Beträge. Der Kauf erfolgt nach dem Jahr 2010; eine degressive Abschreibung ist nicht möglich.

3. Bewertung von Vermögensgegenständen als geringwertige Wirtschaftsgüter – Bezug Kap. 2.3.2.3.
Ein Unternehmensberatungs-Dienstleistungsunternehmen kauft gleichzeitig
fünf PC-Workstations zu einem Bruttopreis von je 487,90 € sowie
- sieben Büro-Drehstühle zu einem Bruttopreis von 490,28 €.
  Die Workstations sind in der AfA-Tabelle für die allgemein verwendbaren Anlagegüter ("AV") mit einer betriebsgewöhnlichen Nutzungsdauer von drei Jahren, die Büro-Drehstühle mit einer betriebsgewöhnlichen Nutzungsdauer von 13 Jahren ausgewiesen. Das Unternehmen beabsichtigt, die steuerliche Belastung am Ende des Geschäftsjahres so niedrig wie möglich zu halten.
  a. Bestimmen Sie die für das Unternehmen im Hinblick auf seine Zielsetzung vorteilhafteste Bewertungs-/Abschreibungsmethode und nennen Sie die entsprechende Rechtsquelle.
  b. Ermitteln Sie die jährlichen Abschreibungsbeträge und stellen Sie sie in Kontenform dar.

4. Bewertung selbst erstellter Vermögensgegenstände des Anlagevermögens – Bezug Kap. 2.3.2.4
Ein Produktionsunternehmen für Werkzeugmaschinen fertigt jährlich 20 Anlagen des gleichen Typs; die Material- sowie die Fertigungseinzelkosten betragen pro Einheit insgesamt 100.000 €. Dieses Unternehmen erstellt im laufenden Geschäftsjahr eine Anlage

für seine eigene Produktion. Die Nutzungsdauer der Maschinen beträgt zehn Jahre. Das Unternehmen hält einer Abteilung Betriebsrechnungen vor, die zum Jahresabschluss das folgende Ergebnis präsentiert.

Kostenstellen / Kostenarten	Admini-stration	Vertrieb	Mechanische Fertigung	Elektrische Fertigung	Entwicklung
	A	B	C	D	E
Materialkosten	70.000	70.000	420.000	560.000	280.000
Personalkosten	320.000	160.000	480.000	480.000	160.000
Raumkosten	32.000	16.000	128.000	96.000	48.000
Kfz-Kosten	40.000	100.000	40.000	20.000	0
Fremddienstleister	0	0	68.000	102.000	170.000
Kosten des Warenversands	8.000	40.000	16.000	8.000	8.000
Rechts-/Beratungskosten	42.000	6.000	0	0	12.000
Summe	512.000	392.000	1.152.000	1.266.000	678.000
		520.000	1.280.000	1.394.000	806.000

a. Wie sind selbst erstellte Vermögensgegenstände des Anlagevermögens buchhalterisch zu behandeln bzw. unter welchem Konto werden sie gebucht?
b. Mit welchem Wert ist die selbst erstellte Anlage in der Bilanz des Werkzeugmaschinen-Herstellers zu aktivieren? Nennen Sie die relevante Rechtsquelle.
c. Auf welche Weise wirkt sich die buchhalterische Behandlung des selbst erstellten Vermögensgegenstands im Jahresabschluss des Maschinenherstellers aus? Nennen Sie konkrete Beträge.

5. Bewertung von Vermögensgegenständen des Umlaufvermögens – Bezug Kap. 2.3.3.1.
Die bereits in Aufgabe 2 genannte Versicherungsagentur „Fortuna-Securitas GmbH" hat vor drei Jahren Wertpapiere gekauft, die sie im Umlaufvermögen der Bilanz ausweist. Aufgrund starker Kursschwankungen wurde in den Jahren seit der Anschaffung regelmäßig eine Wertminderung auf die Wertpapiere vorgenommen. Gekauft wurden 100 Aktien eines deutschen Handelsunternehmens; der Kaufpreis lag seinerzeit bei 45 €

2.8 Wiederholungs- und Kontrollfragen

pro Aktie. Die Wertpapiere wurden im letzten Jahresabschluss mit einer Gesamtsumme von 2.250 € ausgewiesen. Der Wert der Aktien wird jetzt, vor der Erstellung des Jahresabschlusses, nachweislich mit einem Betrag von 37 € beziffert.

Wie kann die „Fortuna-Securitas GmbH" die Wertpapiere buchhalterisch behandeln bzw. im bevorstehenden Jahresabschluss ausweisen? Erläutern Sie die Vorgehensweise und nennen Sie die relevanten handels- und steuerrechtlichen Quellen.

6. Bewertung von Forderungen – Bezug: Kap. 2.3.3.2
   Ein Dienstleistungsunternehmen weist am Ende des Geschäftsjahres u. a. folgende Kontenstände aus:

Forderungen

Kd.-Nr 10010	2.380
Kd.-Nr 10013	19.635
Kd.-Nr 10027	5.950

zweifelhafte Forderungen

Kd.-Nr 10009	3.570
Kd.-Nr 10004	1.785
Kd.-Nr 10021	20.825

Umsatzsteuer

| | 8.645 |

Vorsteuer

| 1.140 | |

Es soll eine Pauschalwertberichtigung i. H. v. 15 % auf die Forderungen vorgenommen und die bereits als zweifelhaft einzelwertberichtigten Forderungen sollen abgeschrieben werden.

a. Bilden Sie die zur Bewertung der Forderungen erforderlichen Buchungssätze.
b. Wie hoch ist der gesamte Forderungsbestand am Ende des Jahres?
c. Besteht eine Umsatzsteuerzahllast oder eine Forderung? Bilden Sie die Buchungssätze zum Abschluss der Konten Vor- und Umsatzsteuer und zum Ausweis in der Bilanz.
d. Nehmen Sie an, die Erstellung des Jahresabschlusses ist für Februar geplant; die o. g. Buchungen wurden im Dezember des Vorjahres durchgeführt. Im Januar erfolgt unerwartet eine Zahlung des Kunden 10021 in Höhe des vollen Betrages von 17.500 €. Wie ist mit der Forderung zu verfahren?

7. Bewertung von Verbindlichkeiten – Bezug Kap. 2.3.4
Ein Unternehmen nimmt einen Kredit i. H. v. 250.000 € auf. Es wird eine Laufzeit von fünf Jahren sowie ein Disagio von 2,5 % vereinbart. Erläutern Sie unter Nennung der entsprechenden Rechtsquellen und Buchungssätze, wie buchhalterisch zu verfahren ist.

8. Ermittlung von zahlungswirksamen Geschäftsvorfällen eines Unternehmens und Berechnung des Cashflows; Erstellung einer Kapitalflussrechnung – Bezug: Kap. 2.4
Die „Air-International GmbH", eine in Deutschland ansässige Fluggesellschaft, weist folgende Eröffnungsbilanz aus:

ERÖFFNUNGSBILANZ AIR INTERNATIONAL

Gebäude	3.000.000		
BGA	1.000.000	Eigenkapital	16.500.000
Fluggeräte	15.000.000		
Wertpapiere UV	1.500.000		
Warenbestand	2.500.000	Hypothek	9.000.000
Forderungen	5.500.000	Verbindlichkeiten	5.500.000
Bank	2.500.000		
Bilanzsumme	31.000.000		31.000.000

Die Air Internationale kauft zu Beginn des neuen Geschäftsjahres das Catering-Unternehmen „Sky Gustine GmbH", das ihr bisher zugearbeitet hat, mit dem Ziel, eine größere Flexibilität bei der Speisenversorgung ihrer Fluggäste zu erreichen. Der Kaufpreis beträgt 500.000 €; die Sky Gustine GmbH weist in ihrem letzten selbstständigen Geschäftsjahr vor der Übernahme durch die Air International folgende Schlussbilanz aus:

SCHLUSSBILANZ SKY GUSTINE				
BGA	500.000	Eigenkapital		450.000
Fuhrpark	150.000			
Warenbestand	50.000			
Forderungen	250.000	Verbindlichkeiten		750.000
Bank	250.000			
Bilanzsumme	1.200.000	Bilanzsumme		1.200.000

Die Air International GmbH

1. erwirtschaftet Erlöse im Wert von 5.000.000 €,
2. hat Lohnaufwendungen i. H. v. 500.000 €,
3. die AfA-Dauer der materiellen, zeitlich begrenzt nutzbaren Vermögensgegenstände beträgt zehn Jahre; der derivative Firmenwert wird gemäß steuerrechtlicher Vorschrift abgeschrieben,
4. das Unternehmen bildet Rückstellungen für kundenseitige Reklamationen i. H. v. 500.000 €
5. und stellt am Ende des Jahres fest, dass die Wertpapiere einen Wert i. H. v. 1.750.000 € aufweisen; einen Wert, der lediglich 50.000 € unter dem Kaufpreis liegt.

Aufgaben

a. Bestimmen Sie den derivativen Firmenwert und erstellen Sie eine Zwischenbilanz.
b. Verbuchen Sie die Geschäftsvorfälle, erstellen Sie die Schlussbilanz und begründen Sie Ihre Entscheidungen bezüglich des GFW sowie des Umlaufvermögens.
c. Errechnen Sie den Cashflow.

9. Berechnung nachträglicher Anschaffungskosten – Bezug: Abschn. 2.5
Ein Stahlbauunternehmen kauft eine CNC-gesteuerte Fräsmaschine zur Unterstützung der eigenen Produktion zu einem Bruttopreis von 178.500 € am 1.11. Der Hersteller gewährt einen Preisnachlass auf den Listenpreis i. H. v. 5 %, Transport und Versicherung belaufen sich auf 5.000 € (netto). Die Maschine hat eine Nutzungsdauer von zehn Jahren.
Aufgrund der schlechten Fertigungsergebnisse lässt das Unternehmen am 7.2. des Folgejahres nachträglich zu einem Bruttopreis i. H. v. 3.332 € ein Fundament für die Maschine gießen. Berechnen Sie den Buchwert der Anlage am 31.12.

2.9 Lösungen Kapitel 2

1. a) Der derivative oder „erworbene" Firmenwert errechnet sich, in Anlehnung an die Formulierungen des § 246 Abs. 1 S. 4 durch die Subtraktion des Eigenkapitals des übernommenen/aufgekauften Unternehmens vom vereinbarten Kaufpreis. In diesem

Fall beträgt der Kaufpreis 250.000 € und das Eigenkapital der Industrie-Service Peter Schmitz e. K. 92.500 €. Die Differenz aus beiden Summen beträgt **157.500 €**. Diesen Betrag hat die West-Stahl GmbH in ihrer Bilanz zu aktivieren.

b) Die Gründe für die Zahlung eines Kaufpreises bei der Unternehmensübernahme können sehr vielfältig sein. Personal, Informationen o. ä., die für das aufkaufende Unternehmen interessant und profitabel sind, können eine diesbezügliche Entscheidung beeinflussen. Ebenso besteht die Möglichkeit, dass – wie im Aufgabentext unterstellt – die West-Stahl GmbH das Geschäft des Industrie-Service fortführen will, weil es ihr lukrativ erscheint. Dem Kaufpreis liegen häufig prospektive Betrachtungen zugrunde, die für das kaufende Unternehmen von monetärem Nutzen sind.

c) Die Vorschrift zur Aktivierung sowie die Vorgehensweise zur Berechnung des derivativen Firmenwerts finden sich in § 246 Abs. 1 S. 4 HGB. Die „Nutzungsdauer" beträgt 15 Jahre – diese Frist zur Abschreibung des Betrags findet sich in § 7 Abs. 1 Satz 3 EStG.

2. Die Alternative zur linearen Abschreibung ist die Abschreibung nach Leistungseinheiten gemäß § 7 Abs. 6 EStG. Maßgabe ist in diesem Fall die jährliche Kilometerleistung des Fahrzeugs, anhand derer der Abschreibungsbetrag pro Kilometer errechnet wird. Durch den Vergleich der jährlichen Abschreibungsbeträge gemäß § 7 Abs. 1 EStG (lineare AfA) sowie der Wertminderung in Anlehnung an die Laufleistung lässt sich die für die Reiseagentur am besten geeignete Abschreibungsmethode ermitteln.

Der Kaufpreis des Fahrzeugs beträgt 42.000 €; die Abschreibungsdauer beträgt sechs Jahre.

$$€42.000 \div 6 \text{ Jahre} = €7.000 \text{ p. a.}$$

Im Beispiel ist eine Laufleistung des Fahrzeugs von 60.000 km pro Jahr zugrunde gelegt; zunächst ist für die Bestimmung der sogenannten Leistungs- AfA der Abschreibungsbetrag pro Kilometer zu berechnen. Zu diesem Zweck dividiert man zunächst den Kaufpreis durch die erwartete Laufleistung bis zur Grenze der technischen Nutzbarkeit von drei Jahren und insgesamt 180.000 km.

$$€42.000 \div 180.000 \text{ km} = €0,2333/\text{km}$$

Bei einer erwarteten Laufleistung von 60.000 km jährlich lässt sich folgende Tabelle der Abschreibungsbeträge erstellen:

1. Jahr: $60.000 \times 0,2333 = 14.000$ €
2. Jahr: $60.000 \times 0,2333 = 14.000$ €
3. Jahr: $60.000 \times 0,2333 = 14.000$ €

Die AfA-Beträge liegen mit 14.000 € doppelt so hoch wie bei der Anwendung der linearen Abschreibung gemäß Tabellen und Maßgabe des § 7 Abs. 1 S. 2 EStG; die Frage nach der geeigneten Abschreibungsvariante unter der Prämisse, dass die steuerliche Belastung der Agentur möglichst gering gehalten werden soll, lässt sich ausschließlich mit der Leistungs-AfA beantworten.

Selbst wenn die Laufleistung des Fahrzeugs zu hoch veranschlagt wurde und lediglich 50.000 km im Jahr erreicht werden, so ist die leistungsbezogene Variante immer noch diejenige, welche dem Unternehmen die meisten Steuern spart, wie das folgende Rechenbeispiel verdeutlicht:

1. Jahr: 50.000 × 0,2333 = 11.666,67 €
2. Jahr: 50.000 × 0,2333 = 11.666,67 €
3. Jahr: 50.000 × 0,2333 = 11.666,67 €
4. Jahr: 30.000 × 0,2333 = 7.000 €

Das Ende der Nutzungsdauer in steuerlicher Hinsicht verschiebt sich, sofern die geplante Laufleistung nicht erreicht wird, weiter nach hinten. Maßgeblich für die Anwendung dieser Methode der Wertminderung von Gegenständen des Anlagevermögens ist die tatsächliche Leistung und nicht die Zeit, wie es bei Anwendung der linearen AfA der Fall ist.

3. Bewertung von Vermögensgegenständen als geringwertige Wirtschaftsgüter
   a) Die Abschreibung von Vermögensgegenständen ist hinsichtlich ihrer Werte oder der betriebsgewöhnlichen Nutzungsdauer im Handelsgesetzbuch nur formal geregelt. Fristen finden sich lediglich im Einkommensteuergesetz und in den dazugehörigen AfA-Tabellen; z. B. der für die allgemein verwendbaren Anlagegüter, in welcher unter Abschn. 6.14.3.2 die Workstations und unter Abschn. 6.15 Büromöbel aufgeführt sind. Die Abschreibung der Vermögensgegenstände ist
   – gemäß § 7 Abs. 1 Satz 1 EStG linear über die gesamte Nutzungsdauer des Vermögensgegenstands,
   – gemäß § 6 Abs. 2 EStG in voller Höhe des Anschaffungsbetrages im Jahr der Anschaffung, sofern der Gegenstand selbstständig nutzbar ist und einen Netto-Anschaffungspreis von 410 € nicht übersteigt sowie
   – gemäß § 6 Abs. 2 a EStG über die Aktivierung in einem GWG-Sammelpool über fünf Jahre, sofern der Netto-Anschaffungspreis zwischen 150 € und 1.000 € liegt, möglich.
   – Der Netto-Anschaffungspreis der Workstations liegt mit 410 € (487,90 € ÷ 1,19 = 410 €) nicht über dem in § 6 Abs. 2 genannten Höchstbetrag, weswegen sie in voller Höhe im Jahr der Anschaffung gewinnmindernd abgeschrieben werden können. Die Vorteilhaftigkeit dieser Vorgehensweise mit Blick auf die Zielsetzung der geringstmöglichen Steuerbelastung ist anhand der Tatsache erkennbar, dass eine Aktivierung nur für den Rest des Geschäftsjahres im Vergleich zu einer Aktivierung und Abschreibung über drei Jahre gemäß § 7 Abs. 1 Satz 1 (lineare AfA) erfolgt.
   b) Die Die Büro-Drehstühle lassen sich nicht gemäß § 6 Abs. 2 EStG abschreiben, da ihr Netto-Anschaffungspreis mit 412 € (490,28 € ÷ 1,19 = 410 €) knapp oberhalb des Höchstbetrags von 410 € liegt. Die lineare Abschreibung würde jährlich pro Stuhl den Gewinn um 31,69 € mindern (412 € ÷ 13 Jahre betriebsgewöhnliche Nutzungsdauer = 31,69 €). Aus diesem Grund erscheint, bereits mit Blick auf die Nutzungsdauer, die Abschreibung über einen GWG-Sammelposten gemäß § 6 Abs. 2 a EStG als geeigneter.

AfA auf Betriebs- und Geschäftsausstattung		Betriebs- und Geschäftsausstattung	
7 Drehstühle 221,85		AB 2.884	7 Drehstühle 221,85

↑

Jährlicher AfA-Betrag bei Abschreibung gemäß

§ 7 Abs. 1 S. 1 EStG (lineare AfA in Anlehnung an

Nutzungsdauer gemäß AfA-Tabelle

für die allgemein verwendbaren Anlagegüter

("AV")

Die Aktivierung der Drehstühle als GWG-Sammelposten hätte zunächst eine Gesamtsumme i. H. v. 7 x 412 € = 2.884 € zur Folge, was bei einer Abschreibungsdauer von fünf Jahren einen jährlichen AfA-Betrag von 576,80 € bedeutet. Diese Summe liegt um 394,95 € über dem Abschreibungsbetrag der linearen AfA, weswegen dem Unternehmen zur Inanspruchnahme der § 6 Abs. 2 a Bewertung/Abschreibung zu raten ist.

AfA auf Betriebs- und Geschäftsausstattung		Betriebs- und Geschäftsausstattung	
7 Drehstühle 576,80		AB 2.884	7 Drehstühle 576,80

↑

Jährlicher AfA-Betrag bei Abschreibung gemäß
§ 6 Abs. 2 a EStG

4. Bewertung selbst erstellter Vermögensgegenstände des Anlagevermögens – Bezug Abschn. 2.3.2.4
a) Selbst erstellte Vermögensgegenstände des Anlagevermögens werden unter der Position „andere aktivierte Eigenleistungen" erfasst und sind, ebenso wie andere Gegenstände des Anlagevermögens, durch regelmäßige Abschreibungen im Wert zu reduzieren. Andere aktivierte Eigenleistungen werden bilanziell bzw. in der Gewinn- und Verlustrechnung wie ein Erlös behandelt; das Konto erfährt seine Zugänge im Haben und wird über die Habenseite der Gewinn- und Verlustrechnung abgeschlossen.
b) Neben den Material- und Fertigungseinzelkosten sind seit Inkrafttreten des Bilanzrechtsmodernisierungsgesetzes auch relevante Material- und Fertigungsgemeinkosten bei der Berechnung der Herstellungskosten zu berücksichtigen. Die Material- und Fertigungseinzelkosten sind in der Aufgabenstellung mit insgesamt 100.000 € angegeben. Gemäß § 255 Abs. 2 HGB sind neben den Einzel- auch Material- und Fertigungsgemeinkosten zu berücksichtigen, die aus der unten abgebildeten Tabelle zu entnehmen

2.9 Lösungen Kapitel 2

sind. Die Verteilung der Verwaltungsgemeinkosten zu jeweils 25 % auf jede im Unternehmen bereitgestellte Abteilung/Kostenstelle wurde bereits vorgenommen. Eine Verteilung der Vertriebskosten ist gemäß § 255 Abs. 2 S. 4 HGB nicht zulässig. Zur Ermittlung der Fertigungs- und Materialgemeinkosten sind jetzt lediglich die beiden in der Tabelle **fett markierten Werte zu addieren**, durch die Anzahl der gefertigten Produkte (20 € – siehe Aufgabenstellung) zu dividieren und zu den Einzelkosten (100.000 €; siehe Aufgabenstellung) zu addieren. Diese Werte bilden den als andere aktivierte Eigenleistung im Jahresabschluss zu berücksichtigenden Wert.

Kostenarten \ Kostenstellen	Administration	Vertrieb	Mechanische Fertigung	Elektrische Fertigung	Entwicklung
	A	**B**	**C**	**D**	**E**
Materialkosten	70.000	70.000	420.000	560.000	280.000
Personalkosten	320.000	160.000	480.000	480.000	160.000
Raumkosten	32.000	16.000	128.000	96.000	48.000
Kfz-Kosten	40.000	100.000	40.000	20.000	0
Fremddienstleister	0	0	68.000	102.000	170.000
Kosten des Warenversands	8.000	40.000	16.000	8.000	8.000
Rechts-/Beratungskosten	42.000	6.000	0	0	12.000
Summe	512.000	392.000	1.152.000	1.266.000	678.000
		520.000	**1.280.000**	**1.394.000**	806.000

€ 1.280.000 + € 1.394.000 = € 2.674.000

€ 2.674.000 ÷ 20 = € 133.700

133.700 € + 100.000 € = 233.700 € → als „andere aktivierte Eigenleistungen" im Jahresabschluss anzusetzender Betrag für die Herstellungskosten.

Der *Buchungssatz* für die Aktivierung der selbst erstellten Maschine lautet:

| Technische Anlagen und Maschinen | 233.700 | |
| an andere aktivierte Eigenleistungen | | 233.700 |

Die Abschreibung des selbst erstellten Vermögensgegenstands erfolgt über die betriebsgewöhnliche Nutzungsdauer und in Anlehnung an § 7 Abs. 1 EStG i. V. m. den Abschreibungstabellen der Bundefinanzbehörde.

c) Die bilanziellen Auswirkungen der Aktivierung selbst erstellter Vermögensgegenstände stellen sich so dar, dass, je höher die Kosten für eine z. B. eigens gefertigte Maschine ist, desto höher ist der Erlös in der Gewinn- und Verlustrechnung, da andere aktivierte Eigenleistungen wie Erlöse behandelt und über die G & V abgeschlossen werden.

5. Bewertung von Vermögensgegenständen des Umlaufvermögens – Bezug Abschn. 2.3.3.1
Die Fortuna-Securitas GmbH ist gemäß *§ 253 Abs. 4 & 5 HGB* berechtigt, eine Wertzuschreibung auf Vermögensgegenstände des Umlaufvermögens vorzunehmen, wenn ein niedrigerer Wertansatz berücksichtigt wurde und die Gründe für die Beibehaltung dieses niedrigeren Wertansatzes nicht mehr bestehen. Zwar gilt das strenge und gemilderte Niederstwertprinzip in Anlehnung an *§ 253 Abs. 3 & 4 HGB*, doch sind Wertzuschreibungen – wohlgemerkt lediglich auf Gegenstände des Umlauf- und nicht des Anlagevermögens – handelsrechtlich zulässig.

Gemäß der Angaben in der Aufgabenstellung lässt sich ableiten, dass die besagten Wertpapiere inzwischen auf die Hälfte ihrer ursprünglichen Anschaffungskosten bzw. ihres Kaufpreises abgeschrieben sind; also mit insgesamt 2.250 € im Konto „Wertpapiere des Umlaufvermögens" zu Buche stehen. 100 Aktien zu einem Marktpreis von 37 € pro Aktie stellen damit einen Gesamtwert von 3.700 € dar, was einer Differenz von *1.450 €* entspricht. Eine *Wertzuschreibung* ist wie ein *Erlös* zu erfassen und entsprechend auch über ein Erlöskonto zu verbuchen. Der entsprechende *Buchungssatz* der Wertzuschreibung lautet demnach:

Wertpapiere des Umlaufvermögens 1.450 €
an betriebliche Erlöse 1.450 €

Wertpapiere des Umlaufvermögens		betriebliche Erlöse	
AB	2.250		
Wertzuschreibungen	1.450	Wertpapiere	1.450

Die Wertzuschreibung ist lediglich handels- jedoch nicht steuerrechtlich legitimiert. Es findet sich in § 6 Abs. 1 Ziff. 1 & 2 EStG lediglich die korrespondierende Vorschrift zu § 253 Abs. 3 & 4 HGB, dass Vermögensgegenstände höchstens mit ihren Anschaffungs- oder Herstellungskosten im Jahresabschluss anzusetzen sind, die Wertzuschreibung ist jedoch bisher lediglich handelsrechtlich legitimiert.

Die Wertzuschreibungen des Umlaufvermögens in der Handelsbilanz werden darüber hinaus auch in der Kapitalflussrechnung berücksichtigt bzw. wird hierin der in der G & V ermittelte Gewinn eines Unternehmens um vorgenommene Wertzuschreibungen bereinigt (siehe hierzu auch Abschn. 2.4).

6. Bewertung von Forderungen
   a) Buchungssätze

zweifelhafte Forderungen/Einst. in EWB	4.194,75	
an Forderungen		4.194,75

Abschreibung auf Forderungen	22.000,00	
an Umsatzsteuer		4.180,00
an zweifelhafte Forderungen/Einst. in EWB		26.180,00

   b) Die Höhe der Forderungen beläuft sich nach Abschluss der Wertberichtigungen auf 23.770,25 €.

   c) Buchungssätze zum Abschluss der Steuerkonten

Umsatzsteuer	1.140,00	
an Vorsteuer		1.140,00

Umsatzsteuer	3.325,00	
an Schlussbilanz		3.325,00

   Es besteht eine Zahllast gegenüber der Finanzbehörde i. H. v. 3.325,00 €.

   d) Die Forderung ist in voller Höhe zu reaktivieren und einschließlich der Umsatzsteuer im Jahresabschluss zu berücksichtigen. In Anlehnung an § 252 Abs. 1 Ziff. 4 HGB sind sämtliche Risiken zu berücksichtigen, die bis zum Abschlussstichtag entstanden sind; auch wenn diese erst zwischen dem Abschlussstichtag und dem Tag der Aufstellung bekannt geworden sind.

7. Bewertung von Verbindlichkeiten
   Der vertragliche Auszahlungsbetrag wird um das Disagio reduziert; die Verbindlichkeit wird hingegen in voller Höhe gebucht. Der gewinnmindernde Aufwand entsteht durch den Abschluss des Kontos *Disagio* über das Konto *Zinsaufwand*.
   Buchungssätze:

   $$€\,250.000 \,./.\, 2{,}5\,\% = €\,6.250$$

Bank	243.750	
Disagio	6.250	
an Bankverbindlichkeiten		250.000

   Die Verteilung des Zinsaufwands (Disagio) erfolgt über die Laufzeit mittels der jährlichen Buchung

Zinsaufwand	1.250	
an Disagio		1.250

8. Ermittlung von zahlungswirksamen Geschäftsvorfällen und Berechnung des Cashflows
   a) Ermittlung des derivativen Firmenwerts und Erstellung einer Zwischenbilanz
   Der derivative Geschäfts- und Firmenwert errechnet sich aus dem Kaufpreis des Unternehmens abzüglich des von seiner Seite in der Schlussbilanz ausgewiesenen Eigenkapitals. In diesem Fall also 500.000 € (KP)./. Eigenkapital 450.000 € = *50.000 €.*
   Die Konten beider Unternehmen werden zu einer Bilanz zusammengefasst; der derivative Geschäfts- und Firmenwert wird gemäß § 246 Abs. 1 S. 4 in der Bilanz der Air International als erste Position auf der Aktivseite der Bilanz ausgewiesen und ist gemäß § 7 Abs. 1 S. 3 EStG über 15 Jahre abzuschreiben. Die Zusammenfassung der Konten beider Unternehmen wird folgendermaßen vorgenommen:

<u>Konten Air International GmbH</u>   <u>Konten Sky Gustine GmbH</u>

Geschäfts- und Firmenwert

Kaufpreis	50.000	an	
(Bank)		Bilanz	50.000
	50.000		50.000

Gebäude

AB	3.000.000	an	
		Bilanz	3.000.000
	3.000.000		3.000.000

BGA   BGA

AB	1.000.000	an			AB	500.000	1	500.000
1	500.000	Bilanz	1.500.000					
	1.500.000		1.500.000			500.000		500.000

Fluggeräte

AB	15.000.000	an	
		Bilanz	15.000.000
	15.000.000		15.000.000

2.9 Lösungen Kapitel 2

	Fuhrpark		
2	150.000	an	
		Bilanz	150.000
	150.000		150.000

	Fuhrpark		
AB	150.000	2	150.000
	150.000		150.000

	Wertpapiere des Umlaufvermögens		
AB	1.500.000	an	
		Bilanz	1.500.000
	1.500.000		1.500.000

	Warenbestand		
AB	2.500.000	an	
3	50.000	Bilanz	2.550.000
	2.550.000		2.550.000

	Warenbestand		
AB	50.000	3	50.000
	50.000		50.000

	Forderungen		
AB	5.500.000	an	
4	250.000	Bilanz	5.750.000
	5.750.000		5.750.000

	Forderungen		
AB	250.000	4	250.000
	250.000		250.000

	Bank		
AB	2.500.000	Kauf-	
5	250.000	preis	500.000
		an	
		Bilanz	2.250.000
	2.750.000		2.750.000

	Bank		
AB	250.000	5	250.000
	250.000		250.000

	Hypothek		
an		AB	9.000.000
Bilanz	9.000.000		
	9.000.000		9.000.000

	Verbindlichkeiten					Verbindlichkeiten		
an		AB	5.500.000	6	750.000	AB	750.000
Bilanz	6.250.000	6	750.000				
	6.250.000		6.250.000		750.000		750.000

	Eigenkapital			Eigenkapital	
an		16.500.000	Kaufpreis	450.000	450.000
Bilanz	16.500.000		(Bank)		
	16.500.000	16.500.000			

ZWISCHENBILANZ AIR INTERNATIONAL

Geschäfts- und Firmenwert	50.000	Eigenkapital	16.500.000
Gebäude	3.000.000		
BGA	1.500.000	Hypothek	9.000.000
Fluggeräte	15.000.000		
Fuhrpark	150.000	Verbindlichkeiten	6.250.000
Wertpapiere UV	1.500.000		
Warenbestand	2.550.000		
Forderungen	5.750.000		
Bank	2.250.000		
Bilanzsumme	31.750.000	Bilanzsumme	31.750.000

b) Verbuchung der Geschäftsvorfälle und Erstellung der Schlussbilanz

Bank	5.000.000	
an betriebliche Erlöse		5.000.000

	Bank			betriebliche Erlöse	
AB	2.250.000		an		5.000.000
Erlöse	5.000.000		G & V	5.000.000	
				5.000.000	5.000.000

2.9 Lösungen Kapitel 2

Lohnaufwand	500.000	
an Bank		500.000

Bank

AB	2.250.000	Lohn-	
Erlöse	5.000.000	aufw.	500.000
		an	
		SBK	6.750.000
	7.250.000		7.250.000

Lohnaufwand

Bank	500.000	An	
		G&V	500.000
	500.000		500.000

AfA	1.968.333,33	
an Anlagevermögen (Gebäude, Fluggeräte, etc.)		1.968.333,33

Gescäfts- und Firmenwert

AB	50.000	AfA	3.333,33
		an	
		SBK	46.666,67
	50.000		50.000

Gebäude

AB	3.000.000	AfA	300.000
		an	
		SBK	2.700.000
	3.000.000		3.000.000

BGA

AB	1.500.000	AfA	150.000
		an	
		SBK	1.350.000
	1.500.000		1.500.000

Fluggeräte

AB	15.000.000	AfA	1.500.000
		an	
		SBK	13.500.000
	15.000.000		15.000.000

Fuhrpark

AB	150.000	AfA	15.000
		an	
		SBK	135.000
	150.000		150.000

Abschreibung für Abnutzung (Sammel)			
GFW	3.333,33	an	
Gebäude	300.000	G & V	1.968.333,33
BGA	150.000		
Fluggeräte	1.500.000		
Fuhrpark	15.000		
	1.968.333,33		1.968.333,33

Gewährleistungs-/Reklamationsaufwand	500.000
an Rückstellungen für Reklamationen	500.000

Gewährleistungsaufwand				Rückstellungen für Gewährleistung			
Einstellung	500.000	an		an		Einstellung	500.000
		G&V	500.000	Bilanz	500.000		
	500.000		500.000		500.000		500.000

Wertpapiere UV 250.000 € an sonstige Erlöse 250.000 € => Begründung: § 253 Abs. 4 und 5; Wertzuschreibung UV möglich

Wertpapiere des Umlaufvermögens				Sonstige betriebliche Erlöse			
AB	1.500.000	an		an		Wertpapiere	250.000
Zuschreibung	250.000	Bilanz	1.750.000	G & V	250.000		
	1.750.000		1.750.000		250.000		250.000

GEWINN- UND VERLUSTRECHNUNG

Lohn-/Gehaltsaufwand	500.000	betriebliche Erlöse	5.000.000
AfA	1.968.333,33	Wertzuschreibung	250.000
Gewährleistungsaufwand	500.000		
Saldo an Eigenkapital	2.281.666,67		
Summe	5.250.000	Summe	5.250.000

2.9 Lösungen Kapitel 2

SCHLUSSBILANZKONTO AIR INTERNATIONAL

Geschäfts- und Firmenwert	46.666,67	Eigenkapital	18.781.666,67
Gebäude	2.700.000	Rückstellungen	500.000
BGA	1.350.000		
Fluggeräte	13.500.000		
Fuhrpark	135.000		
Wertpapiere UV	1.750.000		
Warenbestand	2.550.000	Hypothek	9.000.000
Forderungen	5.750.000	Verbindlichkeiten	6.250.000
Bank	6.750.000		
Bilanzsumme	34.531.666,67	Bilanzsumme	34.531.666,67

c) Berechnung des Cashflows

	2.281.666,67	Unternehmensergebnis
+	1.968.333,33	Abschreibungen
-	250.000	Zuschreibungen (auf Wertpapiere des Umlaufvermögens)
+	500.000	Gebildete Rückstellungen (für Gewährleistungen)
-		Investitionen in das Anlagevermögen
-		Wertzuschreibungen auf das Anlagevermögen
=	4.500.000	Cash-Flow

Die Kapitalflussrechnung verdeutlicht, dass es sich bei der Air International um ein finanzstarkes Unternehmen handelt. Der Kapitalfluss liegt oberhalb des in der Gewinn- und Verlustrechnung ermittelten Gewinns – also dem Kapital, welches bilanziell dem Eigenkapital zurechenbar ist.

Die hohen Abschreibungen aufgrund der Anlagenintensität in Form von Fluggeräten haben die Bildung von stillen Reserven zur Folge, die sich in den Positionen des Anlage- und Umlaufvermögens nicht direkt niederschlagen und lediglich über die Kapitalflussrechnung identifizierbar sind.

9. Berechnung nachträglicher Anschaffungskosten
   Zunächst sind der korrekte Anschaffungspreis sowie der jährliche Abschreibungsbetrag der Fräsmaschine zu berechnen.

a)	Ermittlung des Nettobetrags 178.500 € ÷ 1,19		150.000,00 €
b)	Ermittlung des Preisnachlasses 178.500 × 0,05	./.	7.500,00 €
	Zwischensumme		142.500,00 €
c)	Berücksichtigung der Transport- kosten (bereits netto)		5.000,00 €
	Zwischensumme		147.500,00 €
d)	Berechnung des AfA-Betrags: 147.500 € ÷ 10 = 14.750 € p. a.		14.750,00 €
e)	Berechnung der unterjährigen AfA: 14.750 € ÷ 12 × 2		2.458,33 €
f)	Buchwert der Maschine am Ende des Anschaffungsjahres € 147.500 ./. 2.458,33 €		145.041,67 €

Als nächstes ist der Buchwert des Fundaments am Ende des Erstellungsjahres bzw. der Gesamtwert der Anlage zu bestimmen.

a)	Ermittlung des Nettobetrags 3.332 € ÷ 1,19	2.800,00 €
b)	Berechnung des AfA-Betrags: 2.800 € ÷ 10 = 280 € p. a.	280,00 €
c)	Berechnung der unterjährigen AfA: 280 € ÷ 12 × 11	256,67 €
d)	Buchwert des Fundaments am Ende des Erstellungsjahres	2.543,33 €
e)	AfA der Maschine im Jahr der Erstellung des Fundaments 145.041,67 € ./. 14.750 €	130.291,67 €
f)	Ermittlung des Gesamtwerts der Anlage; Buchwert Funda- ment plus Buchwert Maschine 130.291,67 € + 2.543,33 €	132.835,00 €

Aufgrund der kurzen Zeitspanne zwischen Installation der Grundmaschine und dem nachträglichen Guss des Fundaments empfiehlt sich die Kalkulation der AfA auf Basis der Gesamtnutzungsdauer der Grundmaschine von zehn Jahren. Nach Erreichen der Standzeit der Grundmaschine wird die Diskrepanz zur Nutzungsdauer des Fundaments (kein selbstständig nutzbarer Vermögensgegenstand) mittels einer Sonderabschreibung gemäß § 7 Abs. 1 S. 7 EStG ausgeglichen.

Literatur

Baetge, J., Kirsch, H.-J., Thiele, S.: Bilanzen, 3. Aufl. Verlag IDW, Düsseldorf (2011)

Bitz, M., Schneeloch, D., Wittstock, W.: Der Jahresabschluss, 5. Aufl. Verlag Vahlen, München (2011)

Bornhofen, M., Bornhofen, M.C.: Buchführung 1, Datev-Kontenrahmen 2008, 20. Aufl. Verlag Gabler, Wiesbaden (2008)

Buchholz, R.: Internationale Rechnungslegung, 10. Aufl. Verlag Erich Schmidt, Berlin (2012)

Deitermann, M., Schmolke, S., Rückwart, W.-D.: Industrielles Rechnungswesen IKR, 38. Aufl. Verlag Winklers, Braunschweig (2010)

von Eitzen, B., Zimmermann, M.: Bilanzierung nach HGB und IFRS, 2. Aufl. Verlag HDW, Weil im Schönbuch (2013)

Heesen, B., Gruber, W.: Bilanzanalyse und Kennzahlen; Fallorientierte Bilanzoptimierung. Verlag Gabler, Wiesbaden (2008)

Heuser, P., Theile, C., Pawelzik, K.U.: IFRS Handbuch, Einzel- und Konzernabschluss, 3. Aufl. Verlag Dr. Otto Schmidt, Köln (2007)

Horváth, P.: Controlling, 12. Aufl. Verlag Vahlen, München (2011)

IDW Textausgabe.: International Financial Reporting Standards IFRS, 7. Aufl. Düsseldorf (2013)

Klunzinger, E.: Grundzüge des Handelsrechts, 14. Aufl. Verlag Vahlen, München (2011)

Lüdenbach, N., Christian, D.: IFRS Essentials Regeln Fälle Lösungen, 2. Aufl. Verlag NWB, Herne (2012)

Meyer, C.: Bilanzierung nach Handels- und Steuerrecht, 22. Aufl. Verlag NWB, Herne (2011)

Olfert, K.: Kostenrechnung, 16. Aufl. Verlag Kiehl, Herne (2010)

Rinker, C., Ditges, J., Arendt, U.: Bilanzen, 14. Aufl. Verlag Kiehl, Herne (2012)

Wedell, H., Dilling, A.A.: Grundlagen des Rechnungswesens, 14. Aufl. Verlag NWB, Herne (2013)

Wöhe, G., Döring, U.: Einführung in die Allgemeine Betriebswirtschaftslehre, 25. Aufl. Verlag Vahlen, München (2013)

Ziegenbein, K.: Controlling, 10. Aufl. Verlag Kiehl, Herne (2012)

3 Ansatzvorschriften, Bilanzierungsverbote und Kennziffern

> **Lernziele**
> - Kenntnis von Ansatzvorschriften sowie Ansatzverboten innerhalb der Bilanz wie
> - Rückstellungen,
> - Rechnungsabgrenzungsposten,
> - Bedeutung der Position nicht durch Eigenkapital gedeckter Fehlbetrag
> - sowie Bilanzkennziffern.

3.1 Rückstellungen

Das HGB unterscheidet zwischen **Ansatzvorschriften** und **Bewertungsvorschriften**. Neben dem Gebot der Vollständigkeit gemäß § 246 HGB sind außerdem zu berücksichtigen:

- **Aktivierungsverbote** für Aufwendungen und Vermögensgegenstände gemäß § 248 HGB wie Gründungsaufwendungen (Maklerprovision, Gewerbeanmeldung) sowie Aufwendungen für Beschaffung des Eigenkapitals und
- **verpflichtend** zu bildende **Rückstellungen** gem. § 249 Abs. 1 Satz 2 HGB wie
  - ungewisse Verbindlichkeiten (Sanierungskosten, Prozessrisiken) oder
  - zu erwartende Gewährleistungen.

In § 5 Abs. 3 EStG sind Rückstellungen außerdem vorgesehen für

- Patent-, Urheber- oder ähnliche Schutzrechte
- Dienstjubiläen.

Rückstellungen werden **gegen Aufwandskonten** gebucht und über die **Bilanz abgeschlossen**. Die Gegenkonten (Aufwand) werden über die Gewinn- und Verlustrechnung abgeschlossen – somit verringert sich der im Jahresabschluss ausgewiesene

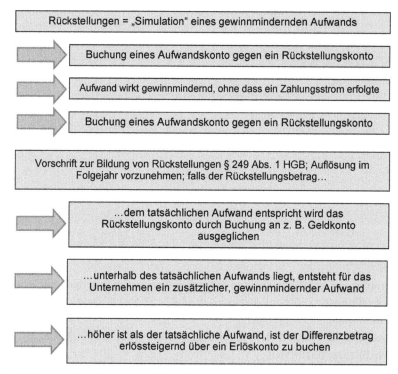

Abb. 3.1 Bildung und Auflösung von Rückstellungen

Gewinn. Man könnte formulieren, dass durch die Buchung auf einem Aufwandskonto **buchhalterisch** ein **Aufwand simuliert** wird. Der zu versteuernde Gewinn reduziert sich, obwohl noch keine Zahlungsmittel abgeflossen sind und die steuerliche Belastung wird aufgrund des reduzierten Gewinns ebenfalls gesenkt. Rückstellungen sind bei Nichteintreten der Situation, für welche die Rückstellung gebildet wurde, aufzulösen.

Werden die Rückstellungen im Folgejahr **aufgelöst** und in der gesamten Höhe für den Rückstellungszweck „**verbraucht**" ist die Buchung *gewinnneutral*.

Werden die Rückstellungen **aufgelöst**, **reichen** jedoch zur Begleichung des erwarteten Aufwands **nicht** aus, entsteht für das UN ein zusätzlicher, Gewinn mindernder *Aufwand*.

Werden die Rückstellungen **aufgelöst** und es **bleibt** ein „Rest", entsteht für das UN ein „sonstiger betrieblicher *Ertrag*" (Abb. 3.1).

Fallstudie

Ein Unternehmen pflegte mit einem ausländischen Vertriebspartner über mehrere Jahre gute Geschäftsbeziehungen, bis das Verhältnis durch ausbleibende Zahlungen erschüttert wurde. Der Vertriebspartner unterstellte das Vorhandensein von Gewährleistung, was die Geschäftsführung des deutschen Unternehmens nicht akzeptierte. Der Vertriebspartner strengt in seinem Heimatland eine Klage gegen das deutsche Unternehmen an, welches sich jetzt mit hohen Kosten für

3.1 Rückstellungen

- die Übersetzung der Klageschrift,
- Anwaltskosten für einen Rechtsbeistand im Heimatland des Vertriebspartners,
- Testatskosten für die eidesstattliche Versicherung bei der Botschaft des Heimatlandes des Vertriebspartners,
- Reisekosten für die Besuche der Mitarbeiter vor Ort zwecks Zeugenaussage vor Gericht,
- Gerichtskosten,
- etc.

konfrontiert sieht.

Da der Ausgang des Prozesses ungewiss ist, das Unternehmen jedoch mit an Sicherheit grenzender Wahrscheinlichkeit zumindest die Kosten für seinen Rechtsbeistand zu erwarten hat, möchte es Rückstellungen für die drohenden Kosten bilden. Die Kosten des Rechtsbeistands belaufen sich auf € 20.000 netto, ungeachtet der Tatsache, ob dem Unternehmen oder dem Vertriebspartner die Schuld zugesprochen wird. Die Prozesskosten und die Streitsumme belaufen sich auf insgesamt € 30.000. Die Geschäftsführung des Unternehmens entschließt sich, eine Rückstellung in voller Höhe (€ 50.000) zu bilden, da sie die Chance, den Prozess zu gewinnen als verschwindend gering erachtet. Der *Buchungssatz* für die Bildung der Rückstellung lautet:

| Rechts- und Beratungskosten | 50.000 | – |
| an Rückstellungen | – | 50.000 |

Bedingt durch den Abschluss des Aufwandskontos Rechts- und Beratungskosten über die G&V reduziert die Rückstellung im Jahr ihrer Bildung in voller Höhe den zu versteuernden Gewinn.

Nachstehend die Erläuterung der Buchung sowie die Abschlüsse der Konten in T-Kontenform.

Rechts- und Beratungskosten			Rückstellungen		
50.000	SALDO Abschluss über G & V	50.000	SALDO Abschluss über SBK	50.000	50.000

SCHLUSSBILANZKONTO			GEWINN- UND VERLUSTRECHNUNG		
	Rückstellungen	50.000	Prozessaufwand	50.000	

Im Folgejahr stellt sich, nach Abschluss des Prozesses heraus, dass das deutsche Unternehmen gemäß Einschätzung des Gerichts keine Schuld an der Ursache der Rechtsstreitigkeit trägt. Beim besagten Vorfall lag keine Gewährleistung vor. Die Prozesskosten trägt der Kläger; dem deutschen Unternehmen werden gerichtsseitig keinerlei Zahlungen auferlegt. Lediglich die Kosten für den Rechtsbeistand i. H. v. € 20.000 lassen sich nicht abwälzen und müssen beglichen werden.

Aufgrund einer in zu großem Umfang gebildeten Rückstellung und des hieraus resultierenden, zu hohen Aufwands entsteht jetzt durch die ausbleibende Zahlungsverpflichtung für das deutsche Unternehmen ein Erlös. Das Konto Rechts- und Beratungskosten wurde bereits im Vorjahr über die Gewinn- und Verlustrechnung abgeschlossen, woraus eine Gewinnminderung und eine Reduktion der steuerlichen Belastung resultierte. Aus der Bilanz lässt sich das Konto Rückstellungen auflösen. Die Gegenbuchung bei Abschluss kann, aufgrund des im Vorjahr für die Finanzbehörde entgangenen Steuerbetrags nur über ein Erlöskonto erfolgen, das als Ausgleich für die Gewinnminderung durch zu hoch angesetzte, vermeintliche Aufwendungen, im Folgejahr den Gewinn und somit die steuerliche Belastung wieder erhöht. Der tatsächliche Aufwand beträgt „nur" € 20.000 für den Rechtsbeistand; die Rückstellung wurde jedoch in Höhe von € 50.000 gebucht. Die Differenz von € 30.000 wird jetzt über ein Erlöskonto gebucht.

Das deutsche Unternehmen überweist den Betrag an die ausländische Anwaltskanzlei und löst die Differenz zwischen dem Überweisungsbetrag und der Rückstellung über ein Erlöskonto auf.

Der *Buchungssatz* für die Ausbuchung der Rückstellung lautet somit

Rückstellungen	50.000	–
an Bank	–	20.000
an sonstige betriebliche Erträge	–	30.000

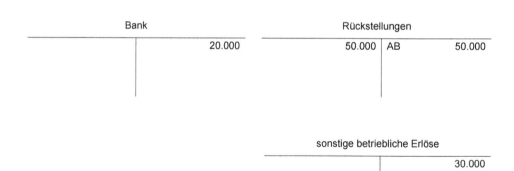

3.1 Rückstellungen

Wäre der Urteilsspruch für das deutsche Unternehmen nicht so glimpflich ausgefallen und wäre es anstatt der „zurückgestellten" € 50.000 gar zu einer Zahlung von € 55.000 zuzüglich der Anwaltskosten i. H. v. € 20.000 – also in Summe sogar € 75.000 – verurteilt worden, hätte der simulierte Aufwand nicht ausgereicht und ein zusätzlicher, Gewinn und Steuer mindernder i. H. v. € 25.000 wäre entstanden. Die Banküberweisung hätte sich demnach auf € 75.000 belaufen und zu der Ausbuchung des Kontos Rückstellungen wäre ein zusätzlicher Aufwand von € 25.000 gekommen. Der *Buchungssatz* in diesem Fall hätte gelautet

Rechts- und Beratungskosten	25.000	–
sonstige Rückstellungen	50.000	–
an Bank	–	75.000

Bank		Rückstellungen	
	75.000	50.000	AB 50.000

Rechts- und Beratungskosten
25.000

Eine zusätzliche Buchung auf einem Erlös- bzw. Aufwandskonto kann lediglich dann ausbleiben, wenn der tatsächliche Aufwand dem zurückgestellten Betrag entspricht. Abweichungen in Form fälschlicherweise reduzierter Gewinne (zu hohe Rückstellungen und zu hohe „simulierte Aufwendungen) werden durch die Buchung auf einem Erlöskonto korrigiert. Die gebildeten Rückstellungen übersteigende, zusätzliche Aufwendungen werden über eine erneute Buchung auf dem Aufwandskonto korrigiert und reduzieren den zu versteuernden Gewinn weiterhin.

Rückstellungen sind gemäß **handels-** und **steuerrechtlicher Vorschriften** zu bilden. Gemäß § 5 Abs. 4 a EStG dürfen Rückstellungen für drohende Verluste aus schwebenden Geschäften zwar nicht gebildet werden, doch sind gemäß Abs. 1 a *„Ergebnisse der handelsrechtlichen Rechnungslegung zur Absicherung finanzwirtschaftlicher Risiken gebildete Bewertungseinheiten auch für die steuerliche Gewinnermittlung maßgeblich."* Aus dieser Vorschrift folgt, dass Rückstellungen für anstehende Gerichtsprozesse, zur Absicherung von geltend gemachten Gewährleistungsansprüchen oder für im Folgejahr abzuschließende Bau- Instandhaltungsmaßnahmen sowohl in der Handels- als auch in der Steuerbilanz gebildet werden dürfen.

3.2 Rechnungsabgrenzungsposten

Rechnungsabgrenzungsposten entsprechen, ebenso wie Rückstellungen, dem Vollständigkeitsgebot des Handelsgesetzbuchs. Zu den möglichen **Rechnungsabgrenzungsposten** zählen z. B. Mietaufwendungen, die Anfang Oktober für ein ganzes Jahr im Voraus geleistet werden oder Mieterträge, die ein Unternehmen im Oktober für ein ganzes Jahr im Voraus erhalten hat. Gemäß § 250 HGB und § 246 HGB müssen Aufwendungen und Erträge dem **Geschäftsjahr** zugerechnet werden, in dem sie **tatsächlich entstehen**.

Als *aktive Rechnungsabgrenzungsposten* werden auf der Aktivseite der Bilanz anzusetzende *Ausgaben* vor dem Bilanzstichtag bezeichnet, soweit sie einen Aufwand für eine bestimmte Zeit nach diesem Tag darstellen. Die **aktive** Rechnungsabgrenzung **reduziert** den **Aufwand** in der Gewinn- und Verlustrechnung und reduziert die durch eine bereits getätigte Zahlung entstandenen Auswirkungen auf Gewinn und Eigenkapital.

Als *passive Rechnungsabgrenzungsposten* werden auf der Passivseite der Bilanz anzusetzende *Einnahmen* vor dem Abschlussstichtag bezeichnet, soweit sie einen Ertrag für eine bestimmte Zeit nach diesem Tag darstellen. **Passive** Rechnungsabgrenzungsposten **reduzieren** die **Gewinne** und die positiven Auswirkungen auf das Eigenkapital, wenn dem Unternehmen Erlöse zufließen, die (noch) nicht vollständig im jeweiligen Zeitraum zu erfassen sind.

Entgegen der Systematik bei der Durchführung der Bestandsbuchhaltung (bilanziell) werden im Rahmen der Rechnungsabgrenzungssystematik Ausgaben auf der Aktivseite der Bilanz und Einnahmen auf der Passivseite der Bilanz erfasst. Diese Betrachtungsweise ist jedoch der Tatsache geschuldet, dass **Rechnungsabgrenzungsposten** Erträge oder Aufwendungen und eben **keine Bestände** zugrunde liegen.

Fallstudie

Ein Reiseverkehrsunternehmen verfügt über eine eigene Lkw-Werkstatt und hat die Hälfte der Hallenfläche an ein kleines Kfz-Instandsetzungsunternehmen vermietet; beide Firmen teilen sich die Hallenfläche sowie die darin enthaltenen Maschinen und technischen Anlagen. Der Inhaber der Kfz-Instandsetzung überweist am 01. Juli die Hallenmiete i. H. v. € 24.000 für ein ganzes Jahr bis zum 30.06. des Folgejahres. Der Empfänger des Geldes muss jetzt, in Anlehnung an § 250 HGB, eine Rechnungsabgrenzung vornehmen, um die Mieterträge periodengerecht zuzuordnen. Bei Erhalt des Geldes bzw. der Mietzahlung **ohne die Vornahme einer Abgrenzung** würde der *Buchungssatz*

Bank	24.000	–
an Mieterträge	–	24.000

3.2 Rechnungsabgrenzungsposten

lauten.

Der Abschluss des Kontos Mieterträge würde über die Gewinn- und Verlustrechnung erfolgen, in der die Erträge sich in voller Höhe auf den zu versteuernden Gewinn auswirken. Die Finanzbehörde ist jedoch nicht an Einnahmen interessiert, die ihr (noch) nicht zustehen. Aus diesem Grund sind die Mieterträge gemäß § 250 HGB periodengerecht abzugrenzen. Dies erfolgt mittels des *Buchungssatzes*

Bank	24.000	–
an Mieterträge	–	12.000
an passive Rechnungsabgrenzung	–	12.000

Bank		Mieterträge		
24.000		SALDO	12.000	12.000
		Abschluss über G & V		

		Passive Rechnungsabgrenzung		
		SALDO	12.000	12.000
		Abschluss über Bilanz		

SCHLUSSBILANZKONTO		GEWINN- UND VERLUSTRECHNUNG	
		Mieterträge	12.000
pRAP	12.000		

Der volle Betrag i. H. v. ist zwar bereits auf dem Konto des Vermieters gutgeschrieben, die Erträge, welche in der Gewinn- und Verlustrechnung den zu versteuernden Gewinn erhöhen, umfassen jedoch nur die Hälfte des Betrages.

Rechnungsabgrenzungsposten sind jedoch **nicht nur im Fall des Erhalts** von Geldern zu bilden, **sondern auch** im Fall von **Aufwendungen**. Nicht nur das Reiseverkehrsunternehmen ist verpflichtet, eine Rechnungsabgrenzung vorzunehmen, sondern auch der Inhaber der Kfz-Instandsetzung.

3.3 Nicht durch Eigenkapital gedeckter Fehlbetrag

Bei der Position „ nicht durch Eigenkapital gedeckter Fehlbetrag" handelt es sich um einen aktivistischen Sonderposten, der gemäß § 268 Abs. 3 HGB neben den auf der Aktivseite der Bilanzgenannten und auszuweisenden Posten aufzuführen ist,

- sofern Eigenkapital vollständig aufgebraucht ist, oder falls
- sich eine Überschuldung/ Überschuss der Passivposten über die Aktivposten ergibt.

Der nicht durch Eigenkapital gedeckte Fehlbetrag ist am Schluss, **unterhalb der Aktivposten** in der **Bilanz** aufzuführen. Die Überschuldung bzw. der vollständige Verbrauch des Eigenkapitals entsteht bspw., wenn bei knappen Überschüssen am Ende des Jahres ein **unerwarteter** bzw. ungeplanter **Aufwand** entsteht. Kommt es durch den zeitnah zu erfassenden Aufwand zu einem Verlust in der Gewinn- und Verlustrechnung, der den Betrag des Eigenkapitals übersteigt, so ist die Folge ein **nicht durch EK gedeckter Fehlbetrag**.

Erhält ein Unternehmen bspw. am Ende des Geschäftsjahres eine Steuerforderung i. H. v. € 120.000, die nicht geplant bzw. nicht erwartet war und hatten die Gewinn- und Verlustrechnung sowie das Eigenkapitalkonto bis zur Zustellung des Steuerbescheids die u. a. Struktur, würde der zusätzliche Aufwand zunächst den Jahreserlös aufbrauchen. Darüber hinaus würde der Abschluss der Gewinn- und Verlustrechnung auf der Habenseite eine Reduktion des Eigenkapitals nach sich ziehen, was bei einem Anfangsbestand von € 50.000 eine Saldierung auf der Habenseite bewirkt. Die Folge hieraus ist der Abschluss des Kontos über die Aktivseite der Bilanz.

3.3 Nicht durch Eigenkapital gedeckter Fehlbetrag

GEWINN- UND VERLUSTRECHNUNG

Mietaufwand	100.000	Erlöse aus L&L	300.000
Abschreibung	200.000	Mieterlöse	100.000
Zinsaufwand	50.000		
SALDO AN EK	50.000		
	400.000		400.000

Gewinn- und Verlustrechnung vor Erhalt des Steuerbescheids

Eigenkapital

		Anfangsbestand	50.000

Eigenkapitalkonto vor Erhalt des Steuerbescheids

Gewinn und Verlustrechnung

Mietaufwand	100.000	Erlöse aus L&L	300.000
Abschreibung	200.000	Mieterlöse	100.000
Zinsaufwand	50.000	SALDO AN EK	70.000
Steueraufwand	120.000		
	470.000		470.000

Erfassung des Steuerbescheids in der G & V

Eigenkapital

Saldo aus G & V	70.000	Anfangsbestand	50.000
		SALDO AN BILANZ	20.000
	70.000		70.000

Abschluss der G & V über Eigenkapitalkonto

Der im Eigenkapitalkonto als Saldo gekennzeichnete Betrag i. H. v. € 20.000 wird in der Schlussbilanz des Unternehmens als nicht durch Eigenkapital gedeckter Fehlbetrag ausgewiesen. Auf der **Passivseite** steht das **Eigenkapital** mit einem Betrag von **0**.

3.4 Aktivierungs- und Passivierungsverbote

Die materielle Maßgeblichkeit ist diejenige des Handels-(bilanz-)rechts für die Gewinnermittlung in der Steuerbilanz. Der Steuerpflichtige hat bei der steuerlichen Gewinnermittlung die (abstrakten), handelsrechtlichen Vorgaben (GoB) zu befolgen.

Konkret existiert hierzu eine Vorschrift des großen Senats des BFH vom 03. 02. 1969, die dem Bilanzierenden folgende Vorgehensweise vorschreibt:

1. Aus einem handelsrechtlichen Aktivierungsgebot wird ein steuerliches Aktivierungsgebot.
2. Ein handelsrechtliches Aktivierungswahlrecht führt steuerlich zu einem Aktivierungsgebot.
3. Ein handelsrechtliches Aktivierungsverbot bleibt auch ein steuerliches Aktivierungsverbot.
4. Ein handelsrechtliches Passivierungsgebot bedingt ein steuerliches Passivierungsgebot.
5. Ein handelsrechtliches Passivierungswahlrecht führt steuerlich zu einem Passivierungsverbot.
6. Ein handelsrechtliches Passivierungsverbot bleibt auch ein steuerliches Passivierungsverbot (Vgl. Wehrheim und Renz 2011, S. 108).

1. Beispiel handels- und steuerrechtliches Aktivierungsgebot

Gegenstände des Anlagevermögens wie Gebäude, Fahrzeuge, technische Anlagen und Maschinen sind gemäß § 253 Abs. 3 HGB und Gegenstände des Umlaufvermögens gemäß § 253 Abs. 4 HGB hinsichtlich ihres ursprünglichen (Anschaffungs-)Wertes zu reduzieren bzw. abzuschreiben.

Die entsprechende Vorschrift im EStG findet sich in § 7 Abs. 1.

Dieser Vorschrift liegt das Vorsichts- und das strenge Niederstwertprinzip zugrunde: Gegenstände, die zeitlich nur begrenzt nutzbar sind, müssen hinsichtlich ihres Wertes reduziert werden. Die Basis für diese Vorgehensweise bilden die in § 7 EStG z. T. genannten Nutzungsdauern/ Abschreibungsdauern (wie 15 Jahre für den derivativen Geschäfts- und Firmenwert) sowie die Abschreibungstabellen der Finanzbehörde.

2. Beispiel handelsrechtliches Aktivierungswahlrecht – steuerrechtliche Aktivierungsvorschrift

3.4 Aktivierungs- und Passivierungsverbote

Durch die Aktivierung anstelle der sofortigen Abschreibung/Buchung als Aufwand reduziert sich die Aufwandssumme innerhalb der G&V und erhöht sich der zu versteuernde Gewinn => aus diesem Grund führt das handelsrechtliche Wahlrecht nach steuerlichen Richtlinien zu einem Aktivierungsgebot.

3. Beispiel handels- und steuerrechtliches Aktivierungsverbot

Handelsrechtlich besteht ein Aktivierungsverbot für Aufwendungen, die für die Gründung eines Unternehmens entstanden sind => z. B. Maklerprovisionen.

Derartige Geschäftsvorfälle sind direkt als Aufwand zu erfassen und dürfen nicht „aktiviert" und dann über die „Nutzungsdauer" abgeschrieben werden.

sonstige betriebliche Aufwendungen		Bank	
Makler- provision 50.000	Saldo an G&V 50.000		Makler- provision 50.000

GEWINN- UND VERLUSTRECHNUNG	
Makler- provision 50.000	

Das o. g. Buchungsbeispiel zeigt, wie die Provisionsleistungen buchhalterisch zu erfassen sind. Die Buchung mindert den dem Eigenkapital zurechenbaren Betrag. Würde die buchhalterische Erfassung nicht in dieser Weise vorgenommen und bestünde die Möglichkeit, Dienstleistungen zu aktivieren, so stiege die Summe des Eigenkapitals an. Insbesondere nach der Gründung eines Unternehmens ist jedoch eine „realistische" Summe des Eigenkapitals angestrebt. Handels- und steuerrechtlich ist die Aktivierung von Aufwendungen/ Leistungen, die für die Gründung eines Unternehmens erforderlich waren, daher nicht zulässig.

4. Beispiel handels- und steuerrechtliches Passivierungsgebot

Passivierungen werden z. B. in Form der bereits in Kapitel 3.1 behandelten Rückstellungen vorgenommen. Angenommen sei, ein Unternehmen lässt. i. d. Z. von Oktober bis November Reparaturarbeiten am Betriebsgebäude durchführen, die im Dezember wegen schlechten Wetters unterbrochen werden müssen. Laut Aussage des Bauunternehmens können die Arbeiten nicht vor April wieder aufgenommen werden. Der Kostenvoranschlag belief sich auf € 100.000; bis zum Ende des Geschäftsjahres wurden € 50.000 berechnet.

Gemäß § 249 Abs. 1 Satz 1 HGB ist die Bildung einer Rückstellung verpflichtend, da im Folgejahr ein Aufwand bevorsteht, der anteilig bereits im laufenden Jahr beglichen wurde und insofern in der Bilanzbereits Gewinn mindernd zu berücksichtigen ist. Eine entsprechende, gleichlautende Vorschrift findet sich zwar in § 5 I EStG nicht, die Vorgehensweise ist jedoch nicht ausgeschlossen. Insofern gilt der handelsrechtliche § 249 Abs. 1 HGB in Anlehnung an das Maßgeblichkeitsprinzip in steuerlicher Hinsicht entsprechend.

5. Beispiel handelsrechtliches Passivierungswahlrecht

Im Gegensatz zum unter Punkt 4 genannten Beispiel dürfen Rückstellungen § 249 Abs. 1 HGB: drohende Verluste aus schwebenden Geschäften) steuerrechtlich, aufgrund der Gewinn mindernden Wirkung, nicht passiviert werden.

6. Beispiel handels- und steuerrechtliches Passivierungsverbot

Bürgschaften, Eventualverbindlichkeiten (fiktive Schulden) dürfen weder handels- noch steuerrechtlich passiviert werden.

Derartigen Positionen steht kein tatsächlicher „Wert" gegenüber; daher besteht – auch aufgrund der Gewinn mindernden Wirkung steuerrechtlich und aufgrund der Bilanzverschleierung handelsrechtlich – ein Passivierungsverbot.

3.5 Bilanzanalyse und Bilanzkennziffern

Kennzahlen, die sich in der betrieblichen Praxis, insbesondere im Controlling, zur Entscheidungsvorbereitung großer Popularität erfreuen, spiegeln in verdichteter sowie quantitativ messbarer Form relevante Zusammenhänge eines Unternehmens wieder, bilden in Form von Gruppierungen die Ergebnisziele der Unternehmung ab und lassen sich in *monetäre-* sowie *nicht-monetäre* Kennzahlen unterteilen (Vgl. Horváth 2011, S. 512). Ihren Ursprung haben Kennzahlen jedoch in der Bilanzierung und Bewertung. Mittels der Korrelation verschiedener bilanzieller Positionen lassen sich Rückschlüsse auf die Anlagendeckung, die Liquidität und im Zeitreihenvergleich auch auf die Art der Wirtschaftstätigkeit des Unternehmers bzw. der Unternehmensleitung ziehen.

Ähnlich wie bei einer Bilanz ist die Situation die, dass Kennzahlen isoliert über einen nur geringen Informationswert verfügen. Sie sollten zur Entscheidungsfindung bzw. Unternehmenssteuerung

- hinsichtlich ihrer Entwicklung (Zeitreihenvergleich),
- im Vergleich mit Vergangenheitswerten oder
- im Rahmen von Soll-Ist-Vergleichen

3.5 Bilanzanalyse und Bilanzkennziffern

betrachtet werden (Wöhe und Döring 2013).

Die in den folgenden Kapiteln behandelten, konkreten Beispiele beziehen sich auf u. a. Bilanz, die als Basis für alle behandelten Kennzahlen dienen soll.

BILANZ

Gebäude	500.000	Eigenkapital	500.000
BGA	250.000		
Roh-, Hilfs-, Betriebsstoffe	250.000		
Forderungen	250.000	Darlehen	500.000
Bankguthaben	200.000	Verbindlichkeiten	500.000
Kasse	50.000		
SUMME	1.500.000		1.500.000

3.5.1 Liquidität 1., 2. und 3. Grades

Die Liquidität eines Unternehmens ist ein Kriterium für die unmittelbare Zahlungsfähigkeit; die Verfügbarkeit „flüssiger" (Geld-)Mittel zur Begleichung kurzfristiger Verbindlichkeiten. Korreliert wird, in Abhängigkeit des 1., 2. oder 3. Grades der Bestand flüssiger Mittel, zusätzlich die Forderungen bzw. das Umlaufvermögen mit den kurzfristigen Verbindlichkeiten, um durch Herstellung einer Relation die Möglichkeit zu deren Deckung zu ermitteln. Die Formeln zur Ermittlung der Liquiditätsstufen lauten folgendermaßen (Vgl. Wedell und Dilling 2013, S. 63):

$$\text{Liquidität 1. Grades:} \quad \frac{\text{Bar}-/\text{Girovermögen}}{\text{kurzfristige Verbindlichkeiten}}$$

$$\text{Liquidität 2. Grades:} \quad \frac{\text{Bar}-/\text{Girovermögen} + \text{Forderungen}}{\text{kurzfristige Verbindlichkeiten}}$$

$$\text{Liquidität 3. Grades:} \quad \frac{\text{Bar}-/\text{Girovermögen} + \text{Forderungen} + \text{Warenbestände}}{\text{kurzfristige Verbindlichkeiten}}$$

$$\text{Liquidität 1. Grades:} \quad \frac{250.000}{500.000} = 50\% \quad \rightarrow \text{ in Ordnung}$$

Die Liquidität 1. Grades sollte einen Wert von mindestens 20 % aufweisen. Gemessen an einem Wert von 50 % (Bar- und Girovermögen ausreichend zur Begleichung von der Hälfte der kurzfristigen Verbindlichkeiten) ist die Liquidität des Unternehmens in obigem Beispiel als sehr gut zu bewerten (Vgl. Deitermann et al. 2010, S. 327).

$$\text{Liquidität 2. Grades:} \quad \frac{500.000}{500.000} = 100\% \quad \rightarrow \text{ in Ordnung}$$

Die Liquidität 2. Grades sollte einen Wert von 50 % in keinem Fall unterschreiten, bei etwa 100 % bzw. grundsätzlich so hoch wie möglich liegen. Im Beispielunternehmen reichen die Kundenforderungen in Verbindung mit dem Kassen- und Girobestand zur Tilgung aller kurzfristigen Verbindlichkeiten, was ebenfalls als gut zu bewerten ist (Vgl. Olfert 2013, S. 50).

$$\text{Liquidität 3. Grades:} \quad \frac{750.000}{500.000} = 150\% \quad \rightarrow \textbf{zu gering}$$

An die Liquidität 3. Grades wird die Anforderung gestellt, ein Verhältnis von 2:1 zu erreichen – also bei 200 % oder besser noch, darüber zu liegen. Im Gegensatz zur 1. und 2. Stufe fällt dieser Wert beim Beispielunternehmen zu knapp aus. An dieser Stelle wird deutlich, dass ausreichende Liquidität 1. und 2. Grades keine Garantie für eine ausreichende Liquidität des 3. Grades darstellt.

In Abhängigkeit der Kapitalverwendung innerhalb des Unternehmens kann sich die Liquidität negativ auf die Zahlungsfähigkeit auswirken. So zum Beispiel, wenn erwirtschaftete Geldmittel durch Unternehmer entnommen werden und somit einen Aufwand verursachen, der sich nicht in den Bestandskonten niederschlägt.

3.5.2 Eigenkapitalintensität/Verschuldungsgrad

Die Eigenkapitalintensität bzw. der Verschuldungsgrad gibt an, wie viele der auf den Bestandskonten einer Bilanz aufgeführten Güter dem Unternehmen tatsächlich gehören – also bezahlt sind – und welche dem Unternehmen nicht gehören und mit Fremdkapital finanziert sind. Rechnerisch ermittelt sich die Eigenkapitalintensität durch Division des Eigenkapitals durch die Bilanzsumme bzw. Division des Fremdkapitals durch die Bilanzsumme (Vgl. Wöhe und Döring 2013, S. 857).

$$\text{Eigenkapitalintensität:} \quad \frac{\text{Eigenkapital}}{\text{Bilanzsumme}}$$

3.5 Bilanzanalyse und Bilanzkennziffern

$$\text{Verschuldungsgrad:} \quad \frac{\text{Fremdkapital}}{\text{Bilanzsumme}}$$

$$\text{Eigenkapitalintensität:} \quad \frac{500.000}{1.500.000} = 33,33\,\%$$

$$\text{Verschuldungsgrad:} \quad \frac{1.000.000}{1.500.000} = 66,66\,\%$$

Auf den ersten Blick wird bei diesem Beispiel deutlich, dass das Unternehmen mit einem recht hohen Fremdkapitalüberschuss wirtschaftet. Es besteht ein Verhältnis von Fremdkapital zu Eigenkapital von 2:1, was keine gute Konstellation darstellt und im umgekehrten Fall wesentlich beruhigender wäre.

3.5.3 Vermögensstruktur/Anlagendeckung

Die Überprüfung einer weiteren Kenngröße, die an dieser Stelle als angebracht erscheint, ist die der Anlagendeckung-inwieweit sind die Vermögensgegenstände des Anlagevermögens durch Eigenkapital gedeckt oder anders ausgedrückt: Welcher Anteil der Vermögensgegenstände des Anlagevermögens ist bezahlt und welcher lediglich durch Fremdkapital in das Unternehmen gelangt?

$$\text{Anlagendeckung:} \quad \frac{\text{Eigenkapital}}{\text{Anlagevermögen}}$$

$$\text{Anlagendeckung:} \quad \frac{750.000}{750.000} = 100\,\%$$

Bei der Betrachtung fällt auf, dass das gesamte Anlagevermögen in Form der Gebäude sowie der Betriebs- und Geschäftsausstattung (BGA) durch Eigenkapital gedeckt ist. Die Anlagendeckung des Beispielunternehmens ist daher insgesamt als gut zu beurteilen.

3.5.4 Eigenkapitalrentabilität

Eine der **wichtigsten Kenngrößen** im Rahmen der Bilanzanalyse ist die **Eigenkapitalrentabilität**. Das Eigenkapital ist im Sinne eines Inventars der Betrag, der aus der Summe sämtlicher Vermögensgegenstände des Anlage- und Umlaufvermögens abzüglich der Schulden übrig bleibt. Anders ausgedrückt handelt es sich beim Eigenkapital um den Betrag, der dem Unternehmen „gehört", bzw. den ein oder mehrere Unternehmer/ Gesellschafter in das Unternehmen eingebracht haben.

Die Eigenkapitalrentabilität ist das Verhältnis des Eigenkapitals zum erwirtschafteten Gewinn des Unternehmens; die Zahl, die angibt, welcher Gewinn mit dem eingesetzten Kapital erwirtschaftet wurde. Man könnte die Kenngröße auch in der Form erläutern, dass man sagt: Der errechnete Prozentsatz gibt an, mit welchem **Prozentsatz** sich das **Eigenkapital verzinst** hat.

Im Rahmen der Anwendung statischer und dynamischer Investitionsrechnungsverfahren lautet die zu beantwortende Frage stets, ob eine geplante Investition dahingehend als rentabel zu bezeichnen ist, sodass ihre Rückflüsse eine Verzinsung des eingesetzten Kapitals oberhalb des Marktzinses darstellen. Andernfalls wäre eine Investition mit Blick auf das in Kauf zu nehmende, unternehmerische Risiko als unrentabel zu bezeichnen und abzulehnen.

$$\text{Eigenkapitalrentabilität:} \quad \frac{\text{Gewinn}}{\text{Eigenkapital}}$$

Für das Beispiel soll ein Gewinn i. H. v € 50.000 zugrunde gelegt werden. Eingesetzt in o. g. Formel ergäbe sich damit eine Verzinsung des eingesetzten Kapitals von 10 %.

$$\text{Eigenkapitalrentabilität:} \quad \frac{50.000}{500.000} = 10\,\%$$

In Anlehnung an die aktuelle Zinssituation für Festgelder ist die Verzinsung des Eigenkapitals durchaus noch als zufriedenstellend zu bezeichnen.

Makel hat die finanzielle Situation des Unternehmens dennoch in den Bereichen der Liquidität sowie der Anlagendeckung, sodass der Unternehmensleitung mit Blick auf den hier hypothetisch gewählten Gewinn nur zu raten ist, diesen zur Erweiterung der Eigenkapitalsituation zu verwenden.

3.5.5 Zusammenfassung

Dass das externe Rechnungswesen durch juristische Vorgaben restringiert ist, wurde bereits im ersten Kapitel erwähnt. Zu den maßgeblichen Positionen, die dem Schutz von Gläubigern sowie der realistischen Darstellung der Kapitalstruktur eines Unternehmens dienen zählen

- Rückstellungen,
- Rechnungsabgrenzungsposten sowie
- der nicht durch Eigenkapital gedeckte Fehlbetrag im Falle der Überschuldung eines Unternehmens.

Rückstellungen sind von Unternehmen gemäß § 249 Abs. 1 Satz 2 HGB für ungewisse Verbindlichkeiten (Sanierungskosten, Prozessrisiken) oder zu erwartende Gewährleistungen zu bilden. Im Einkommensteuergesetz EStG findet sich § 5 Abs. 3 eine entsprechende Vorschrift außerdem für Patent-, Urheber- oder ähnliche Schutzrechte sowie Dienstjubiläen.

Durch die **Bildung** von **Rückstellungen** simuliert ein Unternehmen buchhalterisch einen **Aufwand**, indem erwartete Aufwendungen über ein entsprechendes Aufwandskonto gegen Rückstellungen gebucht werden, **ohne** dass ein **Zahlungsmittelfluss** vorliegt. Aufwandskonten deren Anfangsbestände und Zugänge im Soll erfasst werden, müssen gegen ein Konto gebucht werden, dessen Abgänge im Haben zu verbuchen sind – was bei Bestandskonten wie Bank o. ä. der Fall ist. Anfangsbestände und Zugänge von Rückstellungen werden im Haben gebucht, sodass ein Gewinn mindernder Aufwand liquiditätsneutral erfasst werden kann.

Rückstellungen sind gemäß § 249 HGB **aufzulösen**, wenn der **Grund** für ihre Bildung **nicht mehr existiert**. Der Aufwand wird bereits im Jahr der Bildung mittels des Abschlusses des Aufwandskontos über die Gewinn- und Verlustrechnung erfasst. Wird eine Rückstellung aufgelöst und der tatsächliche Aufwand entspricht dem zurückgestellten Betrag, ist die Auflösung erfolgsneutral. **Übersteigt** der tatsächliche **Aufwand** den **zurückgestellten Betrag**, entsteht für das Unternehmen zu dem im Vorjahr bei der Bildung der Rückstellung entstandener, **zusätzlicher Aufwand**. Wurde die Rückstellung **zu hoch** angesetzt und der tatsächliche Aufwand unterschreitet den zurückgestellten Betrag, **entsteht** für das Unternehmen ein **gewinnsteigernder Erlös**.

Die Bildung von **Rechnungsabgrenzungsposten** hat den Sinn, **Erträge** und **Aufwendungen periodengerecht zuzurechnen**, wenn diese für einen Zeitraum entstehen, der über das Geschäftsjahr hinausgeht. Sie sind in § 250 HGB geregelt und zu bilden, wenn ein Unternehmen als Erträge zu behandelnde Zahlungen im Laufe des Geschäftsjahres erhält, die – vollständig oder anteilig – einen Zeitraum betreffen, der nach dem Ende des Geschäftsjahres liegt. Ebenso sind sie zu bilden, wenn ein Unternehmen als Aufwand zu behandelnde Zahlungen tätigt, die – vollständig oder anteilig – einen Zeitraum betreffen, der nach dem Ende des Geschäftsjahres bzw. der Erstellung des Jahresabschlusses liegt.

Der Sinn liegt in einer periodengerechten Erfassung von Gewinn mindernden Aufwendungen sowie Gewinn steigernden Erlösen und der Möglichkeit zur korrekten Ermittlung von Steuerbeträgen.

Sofern in der Gewinn- und Verlustrechnung die Aufwendungen die Erträge übersteigen, bzw. der hier ausgewiesene Verlust so hoch ist, dass der dem Konto Eigenkapital zuzurechnende Betrag dieses aufzehrt, ist der Betrag, der nach Abschluss des Eigenkapitalkontos auf der Habenseite übrig bleibt auf der Aktivseite der Bilanz als „nicht durch Eigenkapital gedeckter Fehlbetrag" auszuweisen. Die entsprechende Vorschrift hierzu findet sich in § 268 Abs. 3 HGB. Im Sinne des Gläubigerschutzes sollen Unternehmen bei der Prüfung der Kreditwürdigkeit sogleich auf eine vorliegende Überschuldung aufmerksam werden können.

Die Bedeutung des Prinzips der **Maßgeblichkeit** liegt darin, dass die handelsrechtlichen Vorgaben bei der Erstellung einer Steuerbilanz Gültigkeit haben. Das Prinzip der umgekehrten Maßgeblich besagt wiederum, dass die steuerrechtlichen Vorschriften auch bei der Erstellung einer Handelsbilanz zu berücksichtigen sind. Anders ausgedrückt: Es besteht die Möglichkeit, zu prüfen, welche Art der Bewertung das Steuerrecht vorschreibt und in Anlehnung hieran einen Jahresabschluss zu erstellen, der zur Vorlage bei der Finanzbehörde, zur Ermittlung der steuerlichen Belastung und ebenso als Handelsbilanz verwendet werden kann.

Aus der Interdependenz der beiden Gesetzestexte lässt sich hinsichtlich der Bilanzerstellung ableiten, dass handelsrechtliche Aktivierungsgebote und -wahlrechte steuerrechtlich zu Aktivierungsgeboten führen; gleiches gilt für die Passivierung von Vermögensgegenständen in der Bilanz.

Ferner werden aus handelsrechtlichen Aktivierungs- und Passivierungsverboten auch steuerrechtliche Aktivierungs- und Passivierungsverbote abgeleitet.

Die juristischen Vorgaben bezüglich der Erstellung von Jahresabschlüssen bewirken eine Vereinheitlichung, welche die Anwendung von Prüfinstrumenten, wie Kennzahlen, ermöglicht. Da die Positionen von Jahresabschlüssen stets in der gleichen Weise zustande kommen bzw. bewertet werden, führt die Korrelation dieser Werte auch stets zu den gleichen Aussagen. Diese Situation ermöglicht die Berechnung von (Bilanz-)Kennziffern, aus denen sich die finanzielle Situation des Unternehmens, insbesondere

- seine Liquidität,
- sein Verschuldungsgrad,
- seine Anlagendeckung sowie
- seine Eigenkapitalrentabilität

ermitteln lässt.

Insbesondere die Eigenkapitalrentabilität ist von Interesse, da sie die Verzinsung des vom Unternehmen aus eigener Kraft erwirtschafteten Kapitals widerspiegelt.

3.6 Wiederholungs- und Kontrollfragen

1. Bildung und Auflösung von Rückstellungen – Bezug Kap. 3.1
Die „Celorio GmbH", ein mittelständisches Maschinenbauunternehmen fertigt CNC-gesteuerte Werkzeugmaschinen, baut diese bei Kunden auf und führt an den Anlagen Wartungs- und Reparaturarbeiten durch. Im vergangenen Jahr waren aufgrund fehlerhafter Zulieferteile und konstruktiver Schwächen vermehrt Serviceeinsätze innerhalb der Gewährleistungsfrist erforderlich. Alle Einsätze sind anhand der Service-Nachweise, einschließlich kundenseitiger Unterschrift, nachweisbar. Die Geschäftsführung beabsichtigt, aufgrund der massiv angestiegenen Anzahl nicht berechenbarer Gewährleistungen, für das Folgejahr Rückstellungen i. H. v. € 150.000 zu bilden.
    a. Bilden Sie den Buchungssatz für die Bildung der Rückstellung.

3.6 Wiederholungs- und Kontrollfragen

b. Lösen Sie die Rückstellung im Folgejahr auf; Situation: Der tatsächliche Gewährleistungsaufwand beträgt € 120.000.

c. Lösen Sie die Rückstellung im Folgejahr auf; Situation: Der tatsächliche Gewährleistungsaufwand beträgt € 180.000.

2. **Bildung von Rechnungsabgrenzungsposten – Bezug Kap. 3.2**

Die bereits in Aufgabe 1 genannte „Celorio GmbH" vermietet ein Bürogebäude, das zum Betriebseigentum gehört, zur Verwaltung der Produkte jedoch nicht benötigt wird, an ein Beratungsunternehmen. Dieses überweist im Oktober des Jahres die Miete i. H. v. € 120.000 für ein volles Geschäftsjahr bis zum Oktober des Folgejahres. Im Gegensatz hierzu hat die Celorio GmbH eine ungeheizte Halle angemietet, in der sie Rohmaterial lagert, für welches in den Produktionsstätten kein Raum zur Verfügung steht. Die Gesellschaft nutzt die Halle seit Anfang Dezember des vorletzten Jahres und überweist die Miete i. H. v. € 60.000 seitdem ebenfalls stets für ein Jahr im Voraus.

Beurteilen Sie die Situation sowie die erforderlichen Buchungen aus handelsrechtlicher Sicht.

3. **Bilanzkennziffern – Bezug Kap. 3.5**

Betrachten sie die nachstehend abgebildete Bilanz eines mittelständischen Produktionsunternehmens. Der in der Gewinn- und Verlustrechnung ausgewiesene Gewinn beträgt € 150.000. Ermitteln Sie anhand der Daten

– die Liquidität 1., 2. sowie 3. Grades
– den Verschuldungsgrad bzw. die Eigenkapitalintensität
– die Vermögensstruktur bzw. die Anlagendeckung sowie
– die Eigenkapitalrentabilität.

BILANZ

Gebäude	1.000.000	Eigenkapital	1.000.000
BGA	500.000		
Roh-, Hilfs-, Betriebsstoffe	500.000		
Forderungen	500.000	Darlehen	1.000.000
Bankguthaben	400.000	Verbindlichkeiten	1.000.000
Kasse	100.000		
SUMME	3.000.000		3.000.000

3.7 Lösungen Kap. 3

1. a)

Gewährleistungsaufwand	150.000	–
an Rückstellungen für Gewährleistungen	–	150.000

b)

Rückstellungen für Gewährleistungsaufwand	150.000	–
an Bank	–	120.000
an sonstige betriebliche Erträge	–	30.000

Bank		Rückstellungen für Gewährleistungen	
	120.000	150.000	AB 150.000

sonst. betriebliche Erträge	
	30.000

c)

Rückstellungen für Gewährleistungsaufwand	150.000	–
Gewährleistungsaufwand	30.000	–
an Bank	–	180.000

3.7 Lösungen Kap. 3

Bank		Rückstellungen für Gewährleistungen	
	180.000	150.000	AB 150.000

Gewährleistungsaufwand	
30.000	

2. Die Celorio GmbH ist in Anlehnung an § 250 HGB verpflichtet, sowohl für die Mieterträge, als auch für die Mietaufwendungen Rechnungsabgrenzungsposten zu bilden, um die anteiligen Erträge und Aufwendungen periodengerecht im Jahresabschluss zu erfassen. Die Mieterträge dürfen, da sie im Oktober für ein Jahr im Voraus seitens des Mieters geleistet wurden, nur zu 1/4 erfasst werden. Die seitens der Gesellschaft geleisteten Mietzahlungen dürfen gar nur zu 1/6 erfasst werden, da die Zahlung noch einen Monat später – im November – erfolgte. Die Buchungssätze lauten:

Für die Erfassung der Mieterträge:

Bank	120.000	–
an Mieterträge	–	30.000
an passive Rechnungsabgrenzung	–	90.000
Passive Rechnungsabgrenzung	90.000	–
an Bilanz	–	90.000

Bank		Mieterträge	
120.000		Saldo an G & V 30.000	30.000

SCHLUSSBILANZKONTO		Passive Rechnungsabgrenzung	
pRAP 90.000		Saldo an Bilanz 90.000	90.000

GEWINN- UND VERLUSTRECHNUNG	
	Mieterträge 30.000

Der sich gewinnsteigernd auswirkende Ertrag beträgt lediglich € 30.000. Der Restbetrag kann monatlich oder zum Stichtag des Folgejahres in die Gewinn- und Verlustrechnung gebucht werden.

Die Buchungssätze für die Erfassung der Mietaufwendungen lauten:

Mietaufwand	10.000	–
aktive Rechnungsabgrenzung	50.000	–
an Bank	–	60.000

Der Abschluss des Kontos Rechnungsabgrenzungsposten erfolgt über den Buchungssatz:

Bilanz	50.000	–
an aktive Rechnungsabgrenzung	–	50.000

3.7 Lösungen Kap. 3

Bank			Mietaufwand	
	60.000		10.000	Saldo an G&V 10.000

Schlussbilanz			aktive Rechnungsabgrenzung	
			50.000	
aRAP 50.000				

Gewinn- und Verlustrechnung	
Mietaufwand 10.000	

BILANZ

Gebäude	1.000.000	Eigenkapital	1.000.000
BGA	500.000		
Roh-, Hilfs-, Betriebsstoffe	500.000		
Forderungen	500.000	Darlehen	1.000.000
Bankguthaben	400.000	Verbindlichkeiten	1.000.000
Kasse	100.000		
SUMME	3.000.000		3.000.000

Berechnung der Liquidität 1., 2. und 3. Grades

$$\text{Liquidität 1. Grades}: \frac{500.000}{1.000.000} = 50\% \rightarrow \text{in Ordnung}$$

$$\text{Liquidität 2. Grades}: \frac{1.000.000}{1.000.000} = 100\% \rightarrow \text{in Ordnung}$$

$$\text{Liquidität 3. Grades}: \frac{1.500.000}{1.000.000} = 150\% \rightarrow \text{zu gering}$$

Berechnung der Eigenkapitalintensität

$$\text{Eigenkapitalintensität}: \frac{1.000.000}{3.000.000} = 33,33\%$$

Berechnung der Anlagendeckung

$$\text{Anlagendeckung}: \frac{1.000.000}{1.500.000} = 66,66\%$$

Berechnung der Eigenkapitalrentabilität

$$\text{Eigenkapitalrentabilität}: \frac{150.000}{500.000} = 30\%$$

Literatur

Deitermann, M., Schmolke, S., Rückwart, W.-D.: Industrielles Rechnungswesen IKR, 38. Aufl. Winklers, Braunschweig (2010)
Horváth, P.: Controlling, 12. Aufl. Vahlen, München (2011)
Olfert, K.: Finanzierung, 16. Aufl. Kiehl, Herne (2013)
Wedell, H., Dilling, A.A.: Grundlagen des Rechnungswesens, 14. Aufl. Verlag NWB, Herne (2013)
Wehrheim, M., Renz, A.: Die Handels- und Steuerbilanz, 3. Aufl. Vahlen, München (2011)
Wöhe, G., Döring, U.: Einführung in die Allgemeine Betriebswirtschaftslehre, 25. Aufl. Vahlen, München (2013)

Bilanzierung in Konzernen 4

> **Lernziele**
> - Gründe für Unternehmenszusammenschlüsse
> - bilanzielle Zusammenfassung mehrerer Unternehmen
> - Anwendung der Buchwertmethode
> - Vorschriften der internationalen Rechnungslegung bezüglich der Konzernrechnungslegung

4.1 Gründe für Unternehmenszusammenschlüsse

Unternehmen gleicher oder unterschiedlicher Branchen schließen sich zusammen, um gemeinsam anstehende Aufgaben zu bewältigen. Diese können aus

- der Notwendigkeit der Schaffung von Kapazitäten,
- der angestrebten Vergrößerung der Kapitalgrundlage,
- der Erringung einer größeren, wirtschaftlichen/Marktmacht oder auch
- der Aufteilung kostspieliger Forschungs- und Entwicklungsvorhaben

resultieren.

Unterschieden werden Zusammenschlüsse in (Vgl. Wöhe und Döring 2013, S. 242)

- Kooperationen,
  - die in Form von Gelegenheitsgesellschaften und/oder Interessengemeinschaften gebildet werden und im Rahmen derer die Beteiligten ihre wirtschaftliche und rechtliche Selbstständigkeit aufrechterhalten sowie

- Konzentrationen,
  - in Form von Gleich-/Unterordnungskonzernen, im Rahmen derer einer oder mehrere Beteiligte ihre wirtschaftliche und rechtliche Selbstständigkeit aufgeben bzw. ein Unternehmen von einem anderen aufgekauft/übernommen wird.

Die Zusammenschlüsse können in (Vgl. Seidel und Temmen 2006, S. 103)

- vertikaler Form,
  - im Rahmen derer sich Unternehmen mit aufeinanderfolgenden Produktionsstufen zusammenschließen, wie bspw. ein Bergwerk, ein Hüttenwerk, ein Stahlerzeugungsunternehmen und ein Walzwerk;
- horizontaler Form,
  - im Rahmen derer sich Unternehmen mit gleichen Produktions- und Leistungsstrukturen zusammenschließen, wie z. B. unterschiedliche Warenhäuser;
- diagonaler Form,
  - im Rahmen derer sich Unternehmen mit unterschiedlichen Produktionsstufen zusammenschließen, um eine z. B. monetäre Risikodiversifikation zu erreichen,

erfolgen.

4.2 Kapitalkonsolidierung; Anwendung der Buchwertmethode

Gemäß § 290 Abs. 1 Satz 1 HGB sind Unternehmen verpflichtet, falls sie Anteile an einem Tochterunternehmen besitzen, die sie dazu ermächtigen, in wirtschaftlicher Hinsicht auf dieses Unternehmen Einfluss zu nehmen, eine **Konzernbilanz** zu erstellen, die **beide Unternehmen** wie **ein einziges** darstellt. Anteile an verbundenen Unternehmen sind daher nicht mehr in der Bilanz auszuweisen, sondern gegen den (bereits in Kap. 2.3.1 behandelten) **Geschäfts- und Firmenwert** zu ersetzen. In Anlehnung an § 297 Abs. 3 HGB hat der Konzernabschluss dem eines rechtlich einheitlichen Unternehmens zu entsprechen (Vgl. Busse von Colbe et al. 2010, S. 191–195).

> **Fallstudie**
>
> Eine Körperschaft hält 100 % der Anteile an einem Tochterunternehmen, die sie in vollem Umfang dazu berechtigt, in wirtschaftlicher Hinsicht Einfluss zu nehmen. Nach der Erstellung der Einzeljahresabschlüsse ist jetzt die Konzernbilanz zu erstellen und sind hierin die im Einzelabschluss ausgewiesenen Anteile an verbundenen Unternehmen zu eliminieren.

4.2 Kapitalkonsolidierung; Anwendung der Buchwertmethode

BILANZ MUTTER

Anlagevermögen	4.000.000	Eigenkapital	7.000.000
Anteile an verbundenen UN	2.000.000		
Umlaufvermögen	4.000.000	Passiva	3.000.000
SUMME	10.000.000		10.000.000

BILANZ TOCHTER

Anlagevermögen	1.000.000	Eigenkapital	1.500.000
Umlaufvermögen	2.000.000	Passiva	1.500.000
SUMME	3.000.000		3.000.000

Durchzuführende Schritte bei der Erstellung der Konzernbilanz:

- zunächst ist der Geschäfts- und Firmenwert zu ermitteln, der in der Konzernbilanz als Zeichen der vorliegenden Konzernbildung ausgewiesen wird.
- Beteiligungen an anderen/verbundenen Unternehmen werden in der Konzernbilanz nicht ausgewiesen; an ihre Stelle tritt der Geschäfts- und Firmenwert.
  - Er wird durch die Saldierung des Eigenkapitals des Tochterunternehmens sowie den Betrag der Beteiligungen an verbundenen Unternehmen im Mutterunternehmen ermittelt.
  - Für o. g. Beispiel beträgt er € 500.000; der Abschluss des Beteiligungskontos ist mit der römischen Ziffer II bezeichnet.
- Die Konten zwischen Mutter- und Tochterunternehmen werden gegeneinander abgeschlossen und deren Salden in der Konzernbilanz eingetragen.

4 Bilanzierung in Konzernen

GFW „Mutter"

II	500.000	Konzern-bilanz	500.000

Anlagevermögen „Mutter"

AB	4.000.000	Konzern-bilanz	5.000.000
III	1.000.000		

Anlagevermögen „Tochter"

AB	1.000.000	III	1.000.000

Anteile an verbundenen Unternehmen „Mutter"

AB	2.000.000	I	1.500.000
		II SALDO	500.000

Umlaufvermögen „Tochter"

AB	2.000.000	IV	2.000.000

Umlaufvermögen „Mutter"

AB	4.000.000	Konzern-bilanz	6.000.000
IV	2.000.000		

Eigenkapital „Tochter"

I	1.500.000	AB	1.500.000

Eigenkapital „Mutter"

Konzern-bilanz	7.000.000	AB	7.000.000

Passiva „Tochter"

V	1.500.000	AB	1.500.000

Passiva „Mutter"

Konzern-bilanz	4.500.000	AB	3.000.000
		V	1.500.000

KONZERNBILANZ

Geschäfts-/Firmenwert	500.000	Eigenkapital	7.000.000
Anlagevermögen	5.000.000		
Umlaufvermögen	6.000.000	Passiva	4.500.000
SUMME	11.500.000		11.500.000

Um **zwei Unternehmen** im Jahresabschluss bzw. der Bilanz **wie ein einziges** darzustellen, dürfen **„Verknüpfungen"** nicht erkennbar sein. Die Position „Beteiligungen an verbundenen Unternehmen" muss daher im Rahmen der Konsolidierung entfernt werden (Vgl. Steiner et al. 2010, S. 86–87). Dies geschieht durch die Bildung eines neuen Kontos, das auf dem in § 246 Abs. 1 Satz 4 beschriebenen**Geschäfts- und Firmenwert**basiert (Vgl. Kap. 2.3.1). Bezogen auf o. g. Beispiel liegt kein Unternehmenskauf, sondern eine Beteiligung vor, die jedoch bilanziell ähnlich zu handhaben ist, weil eine Zahlung für die Beteiligung bereits im Vorfeld getätigt wurde.

4.3 Bilanzierung nach IFRS gemäß § 315 a HGB

Die Thematik der im folgenden Kapitel ausführlich behandelten IFRS soll bereits an dieser Stelle kurz angesprochen werden, da die Verknüpfung zum deutschen Handelsrecht, im Rahmen der Beteiligung von Unternehmen, am deutlichsten in Erscheinung tritt.

Die Verpflichtung von Konzernen zur Erstellung einer IFRS-Bilanz resultiert aus der EG-Vorschrift 1606/2002. Sie wurde nach ihrem Inkrafttreten in § 315 a HGB übernommen, der kapitalmarktorientierten Konzernen die Erstellung eines vollständigen Jahresabschlusses in Anlehnung an die Regelungen der IFRS vorschreibt. Neben der in Kap. 4.2 behandelten Thematik der Konsolidierung des Eigenkapitals und der Auflösung des Kontos **Beteiligungen** an verbundenen Unternehmen sind gemäß der IFRS insbesondere Vorschriften hinsichtlich der Bewertung des Anlage- und Umlaufvermögens zu beachten, die sich auch in der Konzernbilanz niederschlagen.

Fallstudie

Als Beispiel sei ein aus Mutter- und einem Tochterunternehmen bestehender Konzern angenommen, der bei seinen Wertpapieren des Umlaufvermögens eine Wertsteigerung feststellt und diese in Anlehnung an IFRS 3.51 als Gewinnrücklage in der Konzernbilanz ausweisen will.

- Das Mutterunternehmen hält Anteile i. W. v. € 2.000.000 am Tochterunternehmen,
- Wertsteigerung der Wertpapiere des Umlaufvermögens im Mutterunternehmen: € 500.000.

BILANZ MUTTER

Anteile an verbundenen UN	5.000.000	Gezeichnetes Kapital	5.000.000
Wertpapiere des UV	1.000.000	Gewinnrücklagen	1.500.000
Forderungen	2.000.000	Passiva	1.500.000
SUMME	8.000.000		8.000.000

BILANZ TOCHTER

Anlagevermögen	1.750.000	Eigenkapital	3.500.000
Umlaufvermögen	1.750.000		
SUMME	3.500.000		3.500.000

Wie bereits im Beispiel des Kap. 4.2 geschehen, wird auch hier zunächst der Geschäfts- und Firmenwert ermittelt, damit die Konzernbilanz beide Unternehmen wie ein einziges ausweist und keine direkten Hinweise mehr auf eine Beteiligung existieren. Der Saldo aus der Summe der Beteiligung sowie dem Eigenkapital des Tochterunternehmens beträgt € 1.500.000 (Anteile verbundener Unternehmen Mutter € 5.000.000 ./. Eigenkapital Tochter € 3.500.000), die als Geschäfts- und Firmenwert im Konzernabschluss ausgewiesen werden. Der *Buchungssatz* hierzu lautet

Eigenkapital (Tochter)	3.500.000	
an Anteile verbundener Unternehmen		3.500.000

Der Saldo i. H. v. € 1.500.000 wird über den *Buchungssatz*

Geschäfts- und Firmenwert	1.500.000	
an Anteile verbundener Unternehmen		1.500.000

auf den Geschäfts- und Firmenwert übertragen, der auch in der Konzernbilanz auszuweisen ist. Das Konto Anteile verbundener Unternehmen ist damit ausgeglichen.

Die Steigerung der Wertpapiere des Umlaufvermögens ist gemäß IFRS 1.11 als Gewinnrücklage zu erfassen; der diesbezügliche *Buchungssatz* lautet:

Wertpapiere des Umlaufvermögens	500.000	
Gewinnrücklagen		500.000

Die Konten des Anlage- sowie des Umlaufvermögens können für die Konzernbilanz gegeneinander abgeschlossen werden. Nach deren Abschluss stellt sich die Konzernbilanz wie folgt dar.

KONZERNBILANZ

Geschäfts- und Firmenwert	1.500.000	Gezeichnetes Kapital	5.000.000
Anlagevermögen	1.750.000		
Wertpapiere des UV	1.500.000	Gewinnrücklagen	2.000.000
Forderungen	2.000.000	Passiva	1.500.000
Sonstiges Umlaufvermögen	1.750.000		
SUMME	8.500.000		8.500.000

4.4 Zusammenfassung

Ob in Form einer **Kooperation** unter **Beibehaltung** der **wirtschaftlichen** und **rechtlichen Selbstständigkeit** oder in Form einer **Konzentration** unter teilweiser **oder** ggf. vollständiger **Aufgabe** der **wirtschaftlichen** und **rechtlichen Selbstständigkeit** – Unternehmenszusammenschlüsse dienen für die beteiligten Unternehmen der Erweiterung ihrer Marktmacht, der Vergrößerung ihrer Kapitalausstattung oder der Kostenverteilung von Forschungs- und Entwicklungstätigkeiten.

Handelsrechtlich sind Unternehmen, auch wenn sie nur ein Tochterunternehmen besitzen, auf das sie in wirtschaftlicher/monetärer Hinsicht Einfluss nehmen können verpflichtet, eine Konzernbilanz zu erstellen, die das Mutter- sowie alle verbundenen Tochterunternehmen wie ein einziges Unternehmen darstellt. Die entsprechende Vorschrift findet sich in § 297 Abs. 1 Satz 1 HGB.

Das Eigenkapital des/der Tochterunternehmen wird nicht separat in der Konzernbilanz ausgewiesen, sondern, bereinigt um den Betrag, mit welchem das Mutter- am Tochterunternehmen beteiligt ist, als Geschäfts- und Firmenwert an erster Stelle auf der Aktivseite der Konzernbilanz ausgewiesen. Ob sich die Vermögenswerte gleichmäßig auf alle zum Konzern gehörenden Unternehmen verteilen, oder das Mutterunternehmen das/die Tochterunternehmen unterstützt, lässt sich aus einer Konzernbilanz freilich nicht entnehmen. Das Eigenkapital des/der Tochterunternehmen/s ist, bereinigt um die bereits zuvor existenten Beteiligungen, als Geschäfts- und Firmenwert in der Konzernbilanz ausgewiesen. Die Konzernbilanz stellt – ganz im Sinne der IFRS – das vollständige Finanzpotential des Unternehmens dar, was auf dem Aktienmarkt zur Beurteilung eines Unternehmens ausreichend sein soll. Zur genaueren Überprüfung der Unternehmensverknüpfungen ist Einsichtnahme in die Einzelbilanzen erforderlich.

Auf die Existenz internationaler Rechnungslegungsvorschriften wird auch im deutschen HGB hingewiesen: In § 315 a HGB ist festgelegt, dass kapitalmarktorientierte Konzerne zusätzlich zum Einzel- und Konzernabschluss einen Jahresabschluss gemäß IFRS zu erstellen haben. Das HGB folgt damit der Vorschrift EG 1606/2002, die Unternehmen mit Hauptsitz in der EU die Berücksichtigung der IFRS vorschreibt. Die Bewertung von Vermögensgegenständen des Anlage- und Umlaufvermögens ist hinsichtlich der Wertzuschreibungen aus Marktpreisen gemäß IFRS 1.11 nicht nur im Einzel-, sondern auch im Konzernabschluss vorzunehmen.

4.5   Wiederholungs- und Kontrollfragen

1. Welche Gründe veranlassen Unternehmen, sich mit anderen zusammenzuschließen?
2. In welcher Weise sind die zu einem Konzern gehörenden Unternehmen in der Konzernbilanz darzustellen?
3. Gemäß der Vorschriften des deutschen Handelsrechts sind die internationalen Rechnungslegungsvorschriften IFRS auch für Unternehmen mit Sitz in Deutschland zu berücksichtigen.
4. Erläutern Sie diese Aussage.
5. Bezug: Frage 3. Nehmen Sie an, ein kapitalmarktorientierter Konzern mit Sitz in Deutschland stellt im Rahmen der Erstellung seines Jahresabschlusses eine Wertsteigerung in den Wertpapieren des Umlaufvermögens i. H. v. € 250.000 fest. Wie ist diese Wertsteigerung zu behandeln? Auf welcher Rechtsquelle basiert die Vorgehensweise?

4.6 Lösungen Kapitel 4

1. Gründe für Zusammenschlüsse können
   die Notwendigkeit zur Schaffung von Kapazitäten,
   eine Vergrößerung der Kapitalgrundlage,
   das Bestreben der Erringung einer größeren, wirtschaftlichen/Marktmacht oder
   die Aufteilung kostspieliger Forschungs- und Entwicklungsvorhaben zwischen mehreren beteiligten Parteien
   sein.
2. Die zu einem Konzern gehörenden Unternehmen sind in der Konzernbilanz so darzustellen, als handle es sich um ein einziges Unternehmen. Anteile an verbundenen Unternehmen sind z. B. gegen die Position des (derivativen) Geschäfts- und Firmenwerts zu ersetzen, der durch die Saldierung des Eigenkapitals des Tochterunternehmens sowie den Betrag der Beteiligungen an verbundenen Unternehmen im Mutterunternehmen ermittelt wird.
3. § 315 a schreibt deutschen, kapitalmarktorientierten Konzernen die Erstellung einer Bilanz gemäß IFRS vor. Ihre Vorschriften haben insofern auch Einzug in die deutschen Bilanzierungsrichtlinien gehalten.
4. Gemäß IFRS 1.11 sowie 3.51 sind die Wertsteigerungen als Wertzuschreibung sowohl im Einzel- als auch im Konzernabschluss zu erfassen. Die Summe der Wertsteigerung ist an das Konto Gewinnrücklagen zu buchen. Der *Buchungssatz* lautet.
   Wertpapiere des Umlaufvermögens 250.000
   an Gewinnrücklagen 250.000.

Literatur

Busse von Colbe, W., Ordelheide, M., Gebhardt, G., Pellens, B.: Konzernabschlüsse, Rechnungslegung nach betriebswirtschaftlichen Grundsätzen sowie nach Vorschriften des HGB und der IAS/IFRS, 9. Aufl. Verlag Gabler, Wiesbaden (2010)

Seidel, H., Temmen, R.: Grundlagen der Betriebswirtschaftslehre. Bildungsverlag EINS, Troisdorf (2006)

Steiner, E., Orth, J., Schwarzmann, W.: Konzernrechnungslegung nach HGB und IFRS. Verlag Schäffer Poeschel, Stuttgart (2010)

Wöhe, G, Döring, U.: Einführung in die Allgemeine Betriebswirtschaftslehre, 25. Aufl. Verlag Vahlen, München (2013)

Internationale Rechnungslegung 5

> **Lernziele**
> - Gründe für die Existenz internationaler Rechnungslegungsvorschriften
> - Historie der IFRS
> - Aufbau der IASCF - den „Herausgebern" der IFRS
> - Bewertung von Sachanlagen
> - bilanzielle „Atomisierung" von Vermögensgegenständen
> - Bewertung immaterieller Vermögensgegenstände

5.1 Gründe für die Existenz internationaler Rechnungslegungsvorschriften

Die **Globalisierung** ist in den vergangenen 20 Jahren massiv fortgeschritten. Durch die Erfindung des Internets bzw. durch den **Onlinehandel** ist inzwischen praktisch jeder in der Lage, insbesondere Güter (nicht unbedingt Dienstleistungen) an praktisch jedem Ort der Welt anzubieten, ohne selbst physisch vor Ort sein zu müssen. Da der Onlinehandel auch den Kauf und Verkauf von Wertpapieren ermöglicht, ist die **Existenz** von einheitlichen **Bilanzierungs- und Bewertungsvorschriften** durchaus als **sinnvoll** zu bezeichnen, damit die Ergebnisse von Aktiengesellschaften aus unterschiedlichen Nationen, welche lediglich nach nationalem Recht bilanzieren, miteinander vergleichbar werden.

Die Vorschriften der **IFRS beziehen** sich primär auf **kapitalmarktorientierte Unternehmen** – solche, die ihre Anteile in Form von Aktien an der Börse anbieten, bzw. deren Aktien an der Börse gehandelt werden.

Aktiengesellschaften bieten **Anteile** ihrer Unternehmen **an der Börse** mit dem Ziel an, ihren Kapitalbedarf für Investitionen, Expansionen, etc. zu decken. Je größer die Zahl der Anleger, desto mehr Kapital kann durch den Börsengang aufgebracht werden.

Für die Entscheidung hinsichtlich eines möglichen Aktienkaufs benötigen potenzielle Anleger Informationen hinsichtlich des finanziellen Erfolgs jeweiliger Unternehmen.

Ebenso wie die handelsrechtlichen Vorschriften in Deutschland verfolgen die internationalen Rechnungslegungsstandards das Ziel, eine Art des „Gläubigerschutzes" sicherzustellen. Eine Standardisierung der Rechnungslegung bei Unternehmen aus verschiedenen Nationen führt demnach zu Zeit- und Kostenersparnis bei Überprüfungen, die aus unterschiedlicher Nomenklatur oder Organisation /Anordnung von Positionen im Jahresabschluss resultieren.

Da das **Ziel von Aktiengesellschaften** in der **Kapitalbeschaffung** liegt und dieses durch einen **„weltweiten Bekanntheitsgrad" schnellstmöglich zu erreichen** ist, muss die Herbeiführung einer Vergleichbarkeit von Unternehmen mit anderen im eigenen Interesse liegen – gleiches sollte und muss für die internationale Rechnungslegung gelten. Über das vermeintliche Selbstverständnis hinaus haben die IFRS inzwischen Einzug in das deutsche Handelsrecht gehalten. § 315 a HGB schreibt kapitalmarktorientierten Konzernen die Erstellung eines Jahresabschlusses in Anlehnung an die Vorschriften der IFRS vor. Für nichtbörsennotierte Unternehmen besteht diesbezüglich ein Wahlrecht.

Die unterschiedliche Aussagekraft von Jahresabschlüssen von Unternehmen verschiedener Nationen soll anhand eines kurzen Beispiels verdeutlicht werden.

Angenommen seien drei fingierte Aktiengesellschaften. Die ABC-AG ist in Deutschland, die 0815-AG in den Vereinigten Staaten und die XYZ-AG in Australien ansässig. Alle bilanzieren gemäß geltendem, nationalem Recht und beabsichtigen den Gang an die Börse. Die ausgewiesenen Gewinne betragen – nach Umrechnung der Beträge aus nationaler Währung in €

- bei der ABC-AG € 100.000,
- bei der 0815-AG € 120.000 und
- bei der XYZ-AG € 90.000.

Würden alle drei Unternehmen jetzt ihre Jahresabschlüsse in Anlehnung an die Vorschriften der IFRS erstellen, wäre die Gewinnsituation wie folgt:

- ABC-AG € 130.000,
- 0815-AG € 125.000,
- XYZ-AG € 100.000.

Die Ursache für die unterschiedlichen Jahresergebnisse liegt in der Bilanzierung nach nationalem Recht und den unterschiedlichen Bewertungsprinzipien der Vermögensgegenstände.

Bsp.: AG 1 hat ihren Sitz in Deutschland, der Grund für das „schlechtere" Ergebnis liegt ggf. im Vorsichtsprinzip (Vgl. § 252 Abschn. 1 Ziff. 4 HGB: *„Es ist vorsichtig zu bewerten, ..."*) begründet. Eine wesentliche Voraussetzung für die Standardisierungsfunktion von Jahresabschlüssen/Bilanzen liegt somit im Verzicht auf Bilanzierungs- und Bewertungswahlrechte. Je mehr Wahlrechte existieren, desto geringer ist die Vergleichbarkeit und umso größer die Individualität.

Neben materiellen Aspekten sprechen auch formelle Aspekte für die Vereinheitlichung von Jahresabschlüssen, die eine Vergleichbarkeit durch ein einheitliches Aussehen vereinfachen. Hierzu zählen z. B.

- Gliederungsschemata,
- Postenbezeichnungen,
- Ausweisvorschriften/Vorjahreswerte,
- Sprache (…da alle IFRS-Abschlüsse in englischer Sprache zu verfassen sind).

Die Möglichkeit, einen *Gesamtvergleich* von *Unternehmenserfolgen* durchzuführen, wird zu den *materiellen Gründen* für die Entwicklung der internationalen Rechnungslegungsvorschriften gezählt. Die Möglichkeit zur Durchführung eines *Detailvergleichs* einzelner Erfolgskomponenten hingegen wird zu den *formellen Gründen* für die Entwicklung internationaler Rechnungslegungsvorschriften gezählt.

Der vorrangige Zweck der internationalen Rechnungslegung besteht im Anlegerschutz. Diese sollen in der Lage sein, korrekte Entscheidungen hinsichtlich des (Ver-)Kaufs oder des Haltens von Aktien zu treffen. Da Aktien an Kapitalmärkten gehandelt werden, heißt die internationale Rechnungslegung auch kapitalmarktorientierte Rechnungslegung.

5.2 Ursprung der Vorschriften/Aufbau der IFRS –Foundation

Die International Financial Reporting Standards (IFRS) und die International Accounting Standards (IAS) haben sich zu den wesentlichen Instrumenten der internationalen Rechnungslegung entwickelt. Sie wurden 1973 durch das **International Accounting Standards Committee** (IASC) in London begründet. Dieses setzte sich aus Berufsverbänden aus

- Australien,
- Deutschland,
- Frankreich,
- Großbritannien,
- Japan,
- Kanada,
- Mexico,
- Niederlande
- sowie den USA.

zusammen. Bei den **Gründungsmitgliedern** fanden sich auch Vertreter des deutschen Instituts der Wirtschaftsprüfer und der Wirtschaftsprüferkammer (Vgl. Pellens et al. 2011, S. 87).

Die gesamte Organisation formierte sich im Jahr 2001 neu, nachdem der Wertpapierhandel börsennotierter Unternehmen aufgrund des Internets massiv zunahm.

Bei der seit 2001 bestehenden Organisation handelt es sich um eine internationale und nicht-staatliche Fachorganisation, die sich aus Vertretern der mit Rechnungslegung

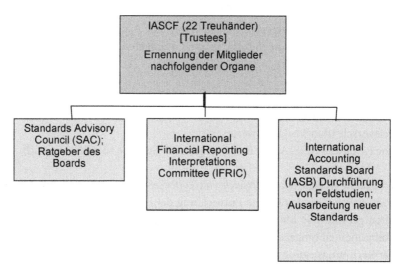

Abb. 5.1 Aufbau der IFRS-Foundation (Ditges und Arendt 2008, S. 18)

befassten Berufsverbände, des Berufsstandes der Wirtschaftsprüfer sowie der Unternehmen selbst zusammensetzt. Der Aufbau der Foundation gestaltet sich in einer Art, die eine bestmögliche Kontrolle der einzelnen Organe untereinander ermöglicht, um die „Qualität" der Standards so hoch wie möglich zu halten. Nach seiner Reorganisation bestand die IASC aus insgesamt vier verschiedenen Organen (Abb. 5.1).

- der IASCF
  - der aus 22 Treuhändern bestehenden „Foundation",
- dem IASB
  - dem „Board", dem insgesamt 14 Mitglieder angehören),
- dem SAC
  - dem Standard Advisory Council sowie
- dem IFRIC
  - dem International Financial Reporting Interpretations Committee (Olfert 2008, S. 18).

Die einzelnen Organe der IASCF übernehmen folgende Aufgaben im Rahmen der Verabschiedung von Standards:

- Das IASC entwickelt neue Rechnungslegungsstandards und führt diesbezüglich Feldversuche durch.
- Das IFRIC entwickelt Interpretationen zu Anwendungs- und Auslegungsfragen bestehender Standards; zwecks Genehmigung erfolgt hiernach die Vorlage beim IASB;
  - vergleichbar mit „Kommentaren" zu z. B. seitens der deutschen Gesetzgebung verabschiedeten Vorschriften.
- Das SAC steht dem Board (IASB) bzw. den Trustees beratend zur Verfügung.

Beim IASB handelt es sich um eine privatrechtliche Organisation und nicht um eine Form der „Gesetzgebung". Da die Arbeit der Foundation jedoch inzwischen seitens der EU anerkannt ist, wurde das sog. **Endorsementverfahren** implementiert, wonach sämtliche Rechnungslegungsvorschriften vor der Publikation zunächst durch die EU-Kommission geprüft (Ausnahmen bisher: IFRS 8 & IAS 39), im Anschluss daran jedoch als verbindliches EU-Recht anerkannt werden (Vgl. Pellens et al. 2011, S. 104).

Gemäß IFRS 8 hat ein Unternehmen Informationen offenzulegen, die Adressaten des Abschlusses in die Lage versetzen, Art und finanzielle Auswirkungen verschiedener Geschäftsaktivitäten und das wirtschaftliche Umfeld zu beurteilen. Sofern ein Unternehmen, das in organisatorischer Hinsicht eine Matrixstruktur aufweist, nicht in der Lage ist, operative Segmente eindeutig zu identifizieren, so hat es sich bei der Bestimmung einer angemessenen Segmentierungsgrundlage am Grundprinzip zu orientieren (Vgl. Ernst & Young 2012, S. 7).

> Publikationspflichtige Kapitalgesellschaften geben ungern interne Informationen preis, die über den Jahresabschluss hinausgehen.

Es existiert ein deutsches Pendant zu IASC. Das **DRSC** wurde 1998 in Berlin in der Rechtsform eines eingetragenen Vereins gegründet und weist einen Aufbau auf, der dem des IASB sehr ähnlich ist. Es ist durch das Bundesministerium für Justiz als privates Rechnungslegungsgremium in Anlehnung an § 342 HGB anerkannt und erfüllt folgende Aufgaben:

- Entwicklung von Grundsätzen für Konzernrechnungslegung,
- Beratung des BMJ bei Gesetzgebungsvorhaben zur Rechnungslegung,
- Vertretung in internationalen Standardisierungsgremien (…z. B. IASB),
- Erarbeitung von Interpretationen für internationale Rechnungslegungsstandards (Vgl. Pellens et al. 2011, S. 50).

5.3 Unterscheidung zwischen Code-Law und Case-Law

Die **IFRS** weisen einen, von der **deutschen Rechnungslegung abweichenden** Aufbau auf. Während die deutschen Vorschriften kurz und allgemein formuliert sind, damit sie für eine Vielzahl von Sachverhalten gelten, sind IFRS ausführlich formuliert und sollen, im Gegensatz zum Zweck der deutschen Vorschriften, Einzelfälle regeln.

Beispiel

In § 253 Abschn. 3 Satz 1 HGB ist das abnutzbare **Anlagevermögen** beschrieben, auf welches planmäßig Wertminderungen vorzunehmen sind. Weder die Art der Abschreibung, noch die Dauer sind genannt. Um die Fristen der Abschreibung bzw. die Nutzungsdauer von Vermögensgegenständen des Anlagevermögens zu ermitteln, ist es erforderlich, das Einkommensteuergesetz sowie die entsprechenden und ggf. branchenspezifischen AfA-Tabellen zu prüfen.

Im Gegensatz hierzu ist das Anlagevermögen in den IFRS in drei Gruppen aufgeteilt, denen jeweils ein Standard gewidmet ist:

IAS 16 (Property, Plant & Equipment) – Sachanlagen
IAS 38 (Intangible Assets) – immaterielle Vermögensgegenstände
IFRS 9 (Financial Instruments) – Finanzinstrumente

Das deutsche Handelsrecht orientiert sich am kontinental-europäischen *code law*, einem Rechtssystem, dessen Gesetze für eine Vielzahl von Fällen gültig sind und einen allgemeingültigen Charakter aufweisen sollen. Der Vorteil dieses Systems liegt in der Kürze seiner Vorschriften, der Nachteil in dessen Auslegungsbedürftigkeit. Eine Konkretisierung erfolgt durch handelsrechtliche *Kommentare, steuerrechtliche Vorschriften* sowie Regelungen der *DRSC*.

> **Beispiel: Abschreibung von Vermögensgegenständen gem. HGB**
>
> § 253 Abs. 1 Satz 1 HGB besagt: „Bei Vermögensgegenständen des Anlagevermögens, deren Nutzung zeitlich begrenzt ist, sind die Anschaffungs- oder die Herstellungskosten um planmäßige Abschreibungen zu vermindern."
>
> Es erfolgt keinerlei Erläuterung hinsichtlich der Vorgehensweise, ob die Wertminderung (AfA) in gleichen Jahresbeträgen (lineare AfA) oder in fallenden Jahresbeträgen (degressive AfA) erfolgen soll. Die Konkretisierung erfolgt im EStG § 7 Abschn. 1 Satz 1: „gleiche Jahresbeträge". Vermögensgegenstände des Anlagevermögens sind linear abzuschreiben.

Die IFRS orientieren sich am angelsächsischen *case law*. Dieses Rechtssystem beinhaltet einzelfallbezogene Regelungen mit Gültigkeit für spezielle Fälle, deren Vorteil in einer genauen Regelung spezieller Sachverhalte und ausführlichen Formulierungen besteht. Der Nachteil hingegen liegt in der z. T. mehrfachen Wiederholung von Regelungen. So sind bspw. Bestandteile von Anschaffungskosten bei verschiedenen Vermögenswerten definiert. Diese Vorgehensweise steigert insbesondere den Gesamtumfang der Vorschriften (Vgl. Pellens et al. 2011, S. 50).

IFRS verfolgen das Ziel der realistischen Darstellung der Unternehmenssituation in finanzieller Hinsicht, wodurch ihre Vorschriften und Bewertungsgrundsätze von denen des deutschen Handelsrechts abweichen. Diese Zielsetzung lässt sich insbesondere dadurch feststellen, dass

- gemäß IFRS die Bildung *stiller Reserven vermieden* werden soll,
- *Wertzuschreibungen* von Vermögensgegenständen möglich sind,
- das strenge *Niederstwertprinzips eingeschränkt* wird,
- eine Veränderung der Aussage von IFRS-Bilanzen im Vergleich zu Bilanzen, die in Anlehnung an deutsches Recht erstellt wurden, eintritt und somit Erläuterungsbedarf besteht.

5.4 Bewertung von Sachanlagen/Assets

Vermögensgegenstände des Anlagevermögens sind gemäß § 253 Abs. 3 HGB

- durch regelmäßige Abschreibungen im Wert zu reduzieren,
- höchstens mit den Anschaffungs- oder Herstellungskosten im Jahresabschluss anzusetzen.

Die regelmäßige Wertminderung der Vermögensgegenstände und die Möglichkeit, dass diese einen Marktwert aufweisen, der oberhalb des Buchwertes liegt, führt zur Bildung von stillen Reserven. Die Bewertungsgrundlage basiert auf dem in § 253 Abs. 3 und 4 geregelten strengen und gemilderten Niederstwertprinzip.

Die Bildung stiller Reserven ist in IFRS-Abschlüssen, im Gegensatz zum deutschen Handels- und Steuerrecht, nicht gewollt. Unternehmen sollen in ihren Jahresabschlüssen das gesamte Potenzial darstellen, was die Möglichkeit zur Wertzuschreibung sowie zur Bewertung von Vermögensgegenständen oberhalb ihrer Anschaffungs- oder Herstellungskosten ermöglicht. Diese Vorgehensweisen wirken sich in Form einer Eigenkapitalsteigerung aus.

Fallstudie

Ein kapitalmarktorientiertes Handelsunternehmen weist folgende Positionen in seiner Eröffnungsbilanz aus:

BILANZ

Gebäude	150.000	gezeichnetes Kapital	300.000
Fuhrpark	50.000		
Forderungen	150.000	Verbindlichkeiten	100.000
Bank	50.000		
SUMME	400.000		400.000

Folgende Transaktionen sind im laufenden Geschäftsjahr buchhalterisch zu erfassen:

- Erwirtschaftung eines Umsatzes i. H. v. € 50.000,
- Abschreibung des LKW/Fuhrpark,
  - Kaufpreis: € 200.000,
  - Zeit-/Marktwert € 25.000
  - Alter: 3 Jahre
  - Nutzungsdauer: 4 Jahre
- Ankauf von Wertpapieren i. W. v. € 100.000 als Finanzanlage
  - Wert am Ende des Geschäftsjahres: € 125.000

Zunächst erfolgt die Bewertung/Bilanzierung der Vermögensgegenstände bzw. die Buchung der Geschäftsvorfälle *in Anlehnung an deutsches Handels- und Steuerrecht*.

Buchung der Umsatzerlöse

Bank		Umsatzerlöse aus Lieferungen & Leistungen	
AB 50.000		II Umsatzerlöse 50.000	I Bank 50.000
I Umsatzerlöse 50.000			

	GEWINN-UND VERLUSTRECHNUNG
	II Umsatzerlöse 50.000

I Bank 50.000 an Umsatzerlöse aus Lieferungen und Leistungen
II Umsatzerlöse 50.000 an Gewinn- und Verlustrechnung 50.000

Buchung der Kfz-Abschreibung Das Fahrzeug steht nach drei Jahren noch mit 50.000 zu Buche. Die AfA wurde bisher leistungsbezogen in Anlehnung an § 7 Abs. 1 Satz 6 vorgenommen. Ein oberhalb des Buchwerts liegender Marktwert ist für Vermögensgegenstände des Anlagevermögens gemäß HGB nicht zu berücksichtigen.

5.4 Bewertung von Sachanlagen/Assets

Fuhrpark				AfA auf Fuhrpark			
AB	50.000	I AfA	50.000	I Fuhrpark	50.000	II Gewinn-& Verlust	50.000
		Saldo Bilanz	0				

Schlussbilanz			Gewinn- und Verlustrechnung			
Fuhrpark	0		II AfA Fuhrpark	50.000	AB Umsatzerlöse	50.000

I AfA auf Fuhrpark € 50.000 an Fuhrpark € 50.000
II Gewinn- und Verlustrechnung € 50.000 an AfA auf Fuhrpark € 50.000

Buchung der Wertpapiere Bei den Wertpapieren gilt hinsichtlich einer potenziellen Wertzuschreibung das gleiche wie bei der Bewertung des Geschäftsfahrzeugs. Ein über dem Buchwert liegender Marktwert – also potenzieller Mehrerlös – führt allenfalls zur Bildung stiller Reserven, ist jedoch, aufgrund des gemilderten Niederstwertprinzips nicht bilanziell zu berücksichtigen.

I Schlussbilanz des Anlagevermögens € 100.000	an	Bank € 100.000
II Schlussbilanz € 100.000	an	Wertpapiere des Anlagevermögens € 100.000

Bank				Wertpapiere des Anlagevermögens			
AB	50.000	I Finanzanlagen	100.000	I Zugang	100.000	II Saldo Bilanz	100.000
Umsatzerlöse	50.000	Saldo Bilanz	0				

SCHLUSSBILANZ			GEWINN-UND VERLUSTRECHNUNG			
II Finanzanlagen	100.000		AfA Fuhrpark	50.000	Umsatzerlöse	50.000
Fuhrpark	0					
Bank	0					

Wird die Bewertung der Vermögensgegenstände in Anlehnung an die Vorschriften des **deutschen Handels- und Steuerrechts** vorgenommen, entsteht durch umseitig genannte Geschäftsvorfälle **keine Veränderung des Eigenkapitals**. Aufwendungen und Erlöse in der Gewinn- und Verlustrechnung sind ausgeglichen. Die Bilanz hat zum Ende des Geschäftsjahres folgendes Aussehen:

BILANZ

Gebäude	150.000	gezeichnetes Kapital	300.000
Finanzanlagen	100.000		
Forderungen	150.000	Verbindlichkeiten	100.000
Bank	0		
SUMME	400.000		400.000

Die Buchung der Vermögensgegenstände in Anlehnung an deutsches Handels- und Steuerrecht erfolgt *erfolgsneutral* – d. h. aufgrund des *Niederstwertprinzips* in Anlehnung an § 253 Abs. 3 & 4 dürfen sowohl die Wertpapiere als auch das Fahrzeug maximal mit den Anschaffungskosten bilanziert werden. Ein *über das Eigenkapitalkonto abzuschließender Ertrag* aus der Gewinn- und Verlustrechnung*entsteht nicht*. Die über den Buchwerten liegenden Marktpreise für das Nutzfahrzeug und die Wertpapiere bilden im Jahresabschluss die sogenannten *„stillen Reserven"*.

Die **Intention der IFRS** liegt, im Gegensatz zum deutschen Handels- und Steuerrecht in der **Darstellung** des Unternehmens mit seinem **gesamten Potential**. Stille Reserven, wie sie in o. g. Beispiel in Form eines über dem Buchwert liegenden Marktpreises für das Nutzfahrzeug und die Wertpapiere vorliegt, sollen vermieden werden. Unternehmen sollen genau diese „verborgenen" Werte ihrer Vermögensgegenstände demonstrieren, um die gesamte, vorhandene Finanzkraft mess- und mit anderen Firmen vergleichbar darzustellen.

Diese, u. a. in IAS 16 und IFRS 9 festgelegten Bestimmungen bewirken eine **positive Veränderung der Vermögenswerte**, deren Auswirkungen sich, aufgrund der Gegenbuchung über Erfolgskonten auch in der Gewinn- und Verlustrechnung sowie in der Bilanz feststellen lassen. Die Buchungen der o. g. Geschäftsvorfälle in Anlehnung an die IFRS/IAS jetzt im Überblick.

5.4 Bewertung von Sachanlagen/Assets

Buchung der Umsatzerlöse Die Umsatzerlöse werden in Anlehnung an die IFRS auf die gleiche Weise erfasst wie gemäß deutschem Handels- und Steuerrecht.

```
Bank                          Umsatzerlöse aus Lieferungen & Leistungen
AB          50.000            Umsatz-    50.000   Bank       50.000
                              erlöse
Umsatz-     50.000
erlöse
                                        Gewinn- und Verlustrechnung
                                                 Umsatz-    50.000
                                                 erlöse
```

Buchung der Kfz-Abschreibung Das Fahrzeug steht nach drei Jahren noch mit 50.000 zu Buche. Der ermittelbare Marktwert liegt bei € 25.000. Die AfA wurde bisher z. B. leistungsbezogen in Anlehnung an § 7 Abschn. 1 Satz 6 vorgenommen. Ein oberhalb des Buchwerts liegender Marktwert ist für Vermögensgegenstände des Anlagevermögens gemäß HGB nicht zu berücksichtigen.

- IAS 16.31 bietet die Möglichkeit, eine **Wertzuschreibung** des **Anlagevermögens** vorzunehmen, sofern sich ein verlässlicher Marktwert ermitteln lässt. Dieser Tatbestand ist, mit Blick auf den gemäß „Schwackeliste" zu ermittelnden Wert erfüllt.
- IAS 16.39 schreibt außerdem vor, die Gegenbuchung der **Wertzuschreibung** im AV auf dem Konto der **Neubewertungsrücklagen** vorzunehmen.
- Die Neubewertungsrücklagen sind gemäß IAS 16.41 über die **Gewinnrücklagen** abzuschließen.

Die erfolgswirksamen *Buchungssätze* lauten demnach wie folgt:

I	AfA auf Fuhrpark 50.000	an	Fuhrpark 50.000
II	Fuhrpark 25.000	an	Neubewertungsrücklagen 25.000
III	Neubewertungsrücklagen 25.000	an	Gewinnrücklagen 25.000
IV	Gewinnrücklagen 25.000	an	Bilanz 25.000
V	AfA auf Fuhrpark 50.000	an	Gewinn- und Verlustrechnung 50.000
VI	Bilanz 25.000	an	Fuhrpark 25.000

Fuhrpark				AfA auf Fuhrpark			
AB	50.000	I AfA	50.000	I Fuhrpark	50.000	V Gewinn- & Verlust	50.000
II Neubew.-rücklage	25.000	VI Bilanz	25.000				

Neubewertungsrücklage				Gewinnrücklage			
III Gewinn-rücklage	25.000	II Fuhrpark	25.000	IV Bilanz	25.000	III Neubew.-rücklage	25.000

SCHLUSSBILANZKONTO				GEWINN- UND VERLUSTRECHNUNG			
VI Fuhrpark	25.000	IV Gewinn-rücklage	25.000	V AfA Fuhrpark	50.000		

Rücklagen lassen sich in Kapitalgesellschaften aufgrund des Agios z. B. neu emittierter Aktien oder durch die Auflösung stiller Reserven bilden. In jedem Fall ist, in Anlehnung an deutsches Handels- und Steuerrecht, zur Bildung ein Zahlungsmittelfluss erforderlich. Das Beispiel verdeutlicht, dass sich in Anlehnung an IAS 16.31, 16.39 sowie 16.41 Kapitalrücklagen *ohne* das Vorliegen eines *Zahlungsmittelflusses* eine Verlängerung der Bilanzsumme sowie die Bildung von **Rücklagen** erreichen lässt. Diese Möglichkeit resultiert aus der vom deutschen Recht abweichenden Bewertung und Buchung des Vermögensgegenstands „Nutzfahrzeug" mit dem vom Buchwert abweichenden Marktwert von € 25.000. Hierzu kommt der Wert, der sich durch die vom deutschen Recht abweichende Buchung der Wertpapiere ergibt. Kursgewinne sind gemäß IAS 39.55 a erfolgswirksam zu erfassen; die entsprechenden Buchungssätze lauten:

I	Wertpapiere AV € 25.000	an	Kursgewinne € 25.000
II	Kursgewinne € 25.000	an	Gewinn- und Verlustrechnung € 25.000
III	Gewinn- und Verlustrechnung € 25.000	an	Gewinnrücklagen € 25.000

Wird die Bewertung der Vermögensgegenstände in Anlehnung an die Vorschriften der IFRS vorgenommen, entsteht durch die **abweichende Bewertung** der Vermögensgegen-

5.4 Bewertung von Sachanlagen/Assets

Wertpapiere des Anlagevermögens				Kursgewinne			
AB	100.000	IV Bilanz	125.000	II Gewinn- und Verlustrechnung	25.000	I Wertpapiere AV	25.000
I Kursgewinne	25.000						

Gewinn- und Verlustrechnung				Gewinnrücklagen			
III Gewinnrücklagen	25.000	II Kursgewinne	25.000			III Gewinn- und Verlustrechnung	25.000

stände zwar **keine direkte Veränderung des Eigenkapitals**, dafür jedoch entstehen Rücklagen, die zumindest nach deutscher Rechtsauffassung zur Ausschüttung an Anteilseigner verwendet werden können und dementsprechend auch die hierfür erforderliche Liquidität voraussetzen. Dies ist jedoch in Anlehnung an die vorgenommenen Buchungen nicht der Fall. Die Bilanz hat zum Ende des Geschäftsjahres folgendes Aussehen:

SCHLUSSBILANZKONTO

Gebäude	150.000	gezeichnetes Kapital	300.000
Fuhrpark	25.000		
Finanzanlagen	125.000	Kapitalrücklagen	50.000
Forderungen	150.000	Verbindlichkeiten	100.000
Bank	0		
SUMME	450.000		450.000

Die Steigerung des Kapitals/der Bilanzsumme liegt durch abweichende Bewertung der Vermögensgegenstände „Fuhrpark" sowie „Wertpapiere des Anlagevermögens" bei € 50.000, wie die o. a. Bilanz im Vergleich mit der HGB/EStG-Bilanz zeigt.

Entgegen der deutschen Auffassung der Bewertung und Bilanzierung von Vermögensgegenständen müssen Werte im IFRS-Jahresabschluss nicht zwingend aus Kapitalflüssen bestehen. Das Potenzial eines Unternehmens, das im IFRS-Abschluss uneingeschränkt dargestellt werden soll, kann auch aus stillen Reserven bestehen. Die Identifikation der tatsächlichen Zahlungsmittel-/Kapitalflüsse kann anhand der Kapitalflussrechnung/Cash-Flow erfolgen, die in Kap. 2.4 ausführlich behandelt ist.

5.5 Atomisierung von Vermögensgegenständen

Im Gegensatz zum deutschen Handels- und Steuerrecht ist es in Anlehnung an die IFRS möglich, Teile von Sachanlagen, deren Anschaffungswerte im Verhältnis zum Gesamtwert bedeutsam sind, getrennt voneinander abzuschreiben. Gemäß IAS 16.43 nimmt das Unternehmen eine Aufteilung der Vermögensgegenstände des Anlagevermögens in Komponenten vor, denen anteilige Anschaffungskosten zugeordnet werden. Die einzelnen Komponenten, welche ggf. unterschiedliche Nutzungsdauern aufweisen, werden somit getrennt voneinander angeschrieben, wodurch eine präzisere Aufwandsverrechnung möglich wird (Vgl. Buchholz 2012). Diese Vorgehensweise steht im Gegensatz zum handels- und steuerrechtlichen Prozedere, wo selbst nachträgliche Anschaffungs- und/oder Inbetriebnahmekosten dem Vermögensgegenstand zuzurechnen sind (Vgl. hierzu auch Kap. 2.5).

Fallstudie

Eine kapitalmarktorientierte Aktiengesellschaft errichtet zum Preis von € 5.000.000 ein Betriebsgebäude, das in Anlehnung an § 7 Abschn. 5 EStG eine Nutzungsdauer von 50 Jahren hat. Ein derartiges Gebäude lässt sich in die Komponenten Mauerwerk, Dach und Fenster unterteilen. Hinsichtlich des Gesamtwertes entfallen (hypothetisch) auf das Mauerwerk 75 %, auf das Dach 20 % und auf die Fenster 5 %. Die Nutzungsdauern dieser Komponenten verteilen sich mit 50 Jahren auf das Mauerwerk, mit 25 Jahren auf das Dach und ebenfalls 25 Jahren auf die Fenster

Unter diesen Voraussetzungen hätten die Komponenten die folgenden Werte:

Mauerwerk	€ 3.750.000
Dach	€ 1.000.000
Fenster	€ 250.000

sowie den folgenden Abschreibungsverlauf:

Mauerwerk	€ 3.750.000 ÷ 50 = € 75.000 p. a.
Dach	€ 1.000.000 ÷ 25 = € 40.000 p. a.
Fenster	€ 250.000 ÷ 25 = € 10.000 p. a.

5.5 Atomisierung von Vermögensgegenständen

In Summe wird das Gebäude pro Jahr mit einem Betrag i. H. v. 125.000 abgeschrieben, im Gegensatz zu einem Betrag i. H. v. € 100.000 bei linearer AfA und nicht erfolgter Aufteilung des Vermögensgegenstands „Gebäude" in einzelne Komponenten.

Die sog. „**Atomisierung**" von Vermögenswerten ist als problematisch anzusehen, da assets Funktionseinheiten darstellen. Ein Gebäude ist nur mit Dach und Fenstern „nutzbar" bzw. funktionsfähig und eine Aufteilung der Anschaffungskosten auf einzelne Bestandteile somit objektiv kaum möglich, sodass eine verlässliche Bewertung erschwert wird. Im Gegensatz zur einheitlichen Gebäudeabschreibung sind nur bei wertmäßig größeren Komponenten, mit deutlich abweichenden Nutzungsdauern, wesentliche Unterschiede in den Abschreibungsbeträgen zu erwarten.

Im Gegensatz hierzu sind bei einem **Flugzeug**, dessen Triebwerke in Abständen von 4–6 Jahren generalüberholt werden müssen, die entsprechenden **Aufwendungen** als spezielle Komponente „**Generalüberholung**" zu aktivieren, da die Wahrscheinlichkeit eines **zukünftigen, wirtschaftlichen Nutzens hoch** und eine **verlässliche Bewertung möglich** ist.

Die Abschreibung der entsprechenden Beträge erfolgt wieder über 4–6 Jahre – in Abhängigkeit der zuvor festgelegten Nutzungsdauer – wodurch eine periodengerechte Wertminderung erreicht wird.

Die entsprechende Vorschrift findet sich in IAS 16.7, nach der Anschaffungs- oder Herstellungskosten einer Sachanlage als Vermögenswert anzusetzen sind, wenn es wahrscheinlich ist, dass ein mit der Sachanlage verbundener, künftiger wirtschaftlicher Nutzen dem Unternehmen zufließen wird. Hierin steckt ein Hinweis auf die Möglichkeit zur Aktivierung

Laufende Wartungskosten z. B. von technischen Anlagen werden als Aufwand erfasst. Wenn aus der Instandsetzung bzw. Generalüberholung einer technischen Anlage jedoch ein wirtschaftlicher Nutzen resultiert, so kann der hierfür aufgewandte Betrag gemäß IAS 16.12 aktiviert werden.

Fallstudie

Eine deutsche Fluggesellschaft ordert ein Verkehrsflugzeug vom Typ „Airbus A 380", das zu einem Preis i. H. v. € 400 Mio. verkauft wird. Das Flugzeug verfügt über 4 Rolls-Royce-Triebwerke vom Typ „Trent 900", die einen Wert von jeweils 15 Mio. darstellen. Das Flugzeug als Gesamt-Vermögensgegenstand hat eine Nutzungsdauer von 12 Jahren, für die Triebwerke schreibt das Luftfahrtbundesamt eine Generalüberholung nach maximal 2.000 Betriebsstunden oder nach einem Zeitablauf von 5 Jahren vor.

Die IFRS eröffnen folgende Abschreibungsmöglichkeiten für einen Vermögensgegenstand wie ein Flugzeug. Gemäß IAS 16.44 i. V. m. IAS 16.44 besteht die Möglichkeit zur separaten Abschreibung von Vermögensgegenständen mit einem bedeutsamen Wertanteil im Vergleich zum Gesamtwert des Vermögensgegenstands. Dies bedeutet:

- die 4 Triebwerke mit AB i. H. v. € 15 Mio. werden über 5 Jahre abgeschrieben,
- das Flugwerk mit einem AB i. H. v. € 340 Mio. wird über 12 Jahre abgeschrieben.

Die jährlichen Abschreibungsbeträge errechnen sich gemäß der Vorschriften des deutschen Handelsrechtsmittels der Division des Gesamtbetrags des vollständigen Vermögensgegenstands durch die Nutzungsdauer von 15 Jahren.

$$400 \text{ Mio.} \div 25 = 33.333.333 \text{ p. a}$$

> **lineare Afa gemäß deutschem Handelsrecht**

Gemäß IFRS kann eine Aufteilung des Vermögensgegenstands „Flugzeug" in die Komponenten Rumpf und Triebwerke vorgenommen werden. Der Rumpf mit einem Wert von € 340 Mio. ist durch die Nutzungsdauer von 12 Jahren zu dividieren. Die Triebwerke mit einem Wert von jeweils € 15 Mio. sind durch die Nutzungsdauer bzw. das Intervall bis zur nächsten Generalüberholung von 5 Jahren zu dividieren.

$$\text{Rumpf}: 340 \text{ Mio.} \div 12 = 28.333.333 \text{ p. a}$$

$$\text{Triebwerke}: 15 \text{ Mio.} \div 5 = 3.000.000 \text{ p. a.} \times 4 = 12 \text{ Mio. p. a.}$$

> **AfA-Berechnung gemäß IFRS**

Eine Generalüberholung der Triebwerke ist in Anlehnung an die IFRS buchhalterisch nicht als Aufwand zu behandeln, sondern gemäß IAS 16.14 dem Anlagevermögen zuzurechnen. Auf diese Weise erhält das Unternehmen alle 5 Jahre einen Wertzuwachs im Anlagevermögen.

5.6 Immaterielle Vermögensgegenstände/intangible assets

Die Thematik immaterieller Vermögensgegenstände, insbesondere die des derivativen Firmenwerts und seiner Behandlung gemäß deutschem Handelsrecht nach der Übernahme von Unternehmen wurde bereits in Kap. 2.3.1 behandelt.

Wird ein Unternehmen durch ein anderes aufgekauft, so entspricht der Kaufpreis selten dem Eigenkapital des aufgekauften Unternehmens. Kundendaten, Ersatzteile, Beteiligungen, etc. sind Aspekte, die im Rahmen von Verkaufsverhandlungen eine Rolle hinsichtlich der Preisfindung spielen. Ggf. werden Unternehmen hohe Preise für die Ausräumung eines Mitbewerbers zahlen, um ihre Marktposition auf diese Weise zu verbessern.

- IFRS 3.51 schreibt vor, dass der **Geschäfts- und Firmenwert** nach Zusammenschlüssen von Unternehmen durch die Saldierung des Eigenkapitals vom Kaufpreis zu bestimmen ist.
- IAS 36.66 schreibt nach **Unternehmenszusammenschlüssen** eine Aufteilung von Unternehmen in sogenannte **Cash Generating Units** vor.
- Der Goodwill ist gemäß IAS 36.59 jährlich zu prüfen und, bei Vorliegen von Abweichungen zwischen Buchwert und Zeitwert, um Sonderabschreibungen im Wert zu reduzieren.

5.6 Immaterielle Vermögensgegenstände/intangible assets

Während die Aktivierung gemäß HGB stringent und i. V. m. mit § 7 Abschn. 1 Satz 3 EStG eindeutig geregelt und die Abschreibung in gleichen Jahresbeträgen über einen Zeitraum von 15 Jahren vorzunehmen ist, lassen die IFRS hinsichtlich des bilanziell anzusetzenden Zeitwerts vom Geschäfts- und Firmenwert, der ab hier mit dem in den IFRS üblichen Begriff des Goodwill bezeichnet wird, Spielraum für die Bewertung. Die Prüfung des Goodwill gemäß IAS 36.59 ist nicht mit einer linearen Abschreibung wie der gemäß HGB und EStG gleichzusetzen.

Übersteigt der Betrag, um den der Goodwill zu reduzieren ist, seinen Buchwert, so sind zusätzlich die Vermögensgegenstände des Anlagevermögens im Wert zu mindern. Der Goodwill wird in diesem Augenblick nicht mehr losgelöst von den materiellen Vermögensgegenständen des Anlage- und Umlaufvermögens betrachtet. Dieser Zusammenhang und die Bedeutung dieses Wertes sollen im Rahmen eines konkreten Beispiels verdeutlicht werden.

Fallstudie

Die Alpha Maschinenbau AG hat vor drei Jahren die Omega Service GmbH zu einem Preis von € 450.000 aufgekauft. Den das Eigenkapital i. H. v. € 300.000 übersteigenden Betrag von € 150.000 hat sie in ihrer Bilanz als Goodwill aktiviert und im Wert reduziert. Der Buchwertbeträgt aktuell noch € 120.000.

Es existieren im Konzern jetzt 2 Cash Generating Units (CGU): der Maschinenbau und der Service.

Zu den Vermögensgegenständen des Anlagevermögens der CGU Service gehört ein unbebautes Grundstück, das einen Buchwert von € 100.000 aufweist. Für dieses Beispiel sind also nur 2 assets relevant:

- der Goodwill und
- das Grundstück.

Die gesamten assets weisen somit einen Gesamtwert von € 220.000 auf.

Zum Ende des Geschäftsjahres bescheinigt ein Gutachten dem Unternehmen einen Wert von nur noch € 170.000. Der als Recoverable Amount bezeichnete Wiederbeschaffungswert des Unternehmens liegt demnach € 50.000 unter dem Buchwert, weswegen der Goodwill,gemäß IFRS 3.51, um einen Betrag von € 50.000 sonderabgeschrieben werden muss.

	CGU Service	CGU Maschinenbau
Buchwert Assets	100.000	1.000.000
Goodwill	120.000	
Recoverable Amount/ wiederbeschaffungs-/Zeitwert	170.000	1.120.000

Die erfolgswirksame Reduktion des Goodwill erfolgt mittels des Buchungssatzes

Impairment Loss (außerordentliche Abschreibung)	50.000	
an Goodwill (Geschäfts- und Firmenwert)		50.000

Ist der Unterschied zwischen Buch- und Wiederbeschaffungs-/Zeitwert so hoch, dass der als Goodwill ausgewiesene Betrag zur Tilgung nicht mehr ausreicht, so werden auch die materiellen Vermögensgegenstände wertgemindert.

Bescheinigt ein Gutachten, bezogen auf o. g. Beispiel, dem Service einen Gesamtwert von nur noch € 90.000, so beträgt die Differenz zum Buchwert € 130.000. Der Goodwill beläuft sich jedoch nur auf € 120.000, sodass die fehlenden € 10.000 vom Asset – in diesem all dem Gebäude – subtrahiert werden müssen. Die Situation zunächst in tabellarischer Form:

	CGU Service	CGU Maschinenbau
Buchwert Assets	100.000	1.000.000
Goodwill	120.000	
Recoverable Amount/ wiederbeschaffungs-/Zeitwert	90.000	1.120.000

Die erfolgswirksame Reduktion des Goodwill sowie des Assets Gebäude erfolgt mittels des *Buchungssatzes*

Impairment Loss (außerordentliche Abschreibung)	130.000	
an Goodwill (Geschäfts- und Firmenwert)		120.000
an Assets (Buildings [Gebäude])		10.000

5.7 Zusammenfassung

Die internationalen Rechnungslegungsvorschriften IFRS in Verbindung mit den „International Accounting Standards" IAS sind diejenigen, die sich hinsichtlich der Vereinheitlichung von Bewertungs- und Bilanzierungsvorschriften international tätiger Aktiengesellschaften durchgesetzt haben. Sie werden von der International Accounting Standards Foundation entwickelt und verabschiedet; einer Stiftung, die aus 22 Treuhändern besteht.

Diese Stiftung teilt sich in drei weitere Organe auf:

IFRIC: International Financial Reporting Interpretations Committee, ein Organ, welches Kommentare/"Durchführungsverordnungen" zu den IAS und IFRS verfasst,

SAC: Standards Advisory Council, die „Ratgeber" des Boards, die Unterstützung hinsichtlich der Erstellung von Standards anbieten und

IASB: International Accounting Standards Board, das neue Standards mittels der Durchführung von Feldstudien erarbeitet.

5.7 Zusammenfassung

Das **Ziel** der **internationalen Rechnungslegungsvorschriften** liegt in der **Vereinheitlichung** von **Jahresabschlüssen kapitalmarktorientierter Unternehmen**, um deren **Ergebnisse** wie z. B. die Entwicklung des Eigenkapitals für potenzielle Kapitalgeber (Shareholder) **mit anderen Unternehmen vergleichbar zu machen**. Das Interesse der die **IFRS** anwendenden Unternehmen liegt in der Option, sich im Vergleich zu Wettbewerbern als kapitalstarkes und renditeträchtiges Unternehmen am Markt darzustellen.

Derzeit finden sich im Gesamtwerk der internationalen Rechnungslegung sowohl mit IAS (International Accounting Standards) als auch mit IFRS (Internationale Financial Reporting Standards) überschriebene Vorschriften. Die **IAS** können als die **ursprünglichen** und die **IFRS** als die mehr und mehr **überarbeiteten Vorschriften** bezeichnet werden, welche die IAS über kurz oder lang vollständig ablösen werden.

Den IFRS liegt eine im Vergleich zum deutschen Handels- und Steuerrecht vollständig abweichende Zielstellung zugrunde. Während das strenge und gemilderte Niederstwertprinzip gemäß § 253 Abs. 3 & 4 Unternehmen dazu zwingt, sich „… ärmer zu machen, als sie sind", was sich in der Vorschrift zur Bewertung von Vermögensgegenständen des Anlagevermögens **höchstens** zu **Anschaffungs- bzw. Herstellungskosten** manifestiert, schreiben IFRS und IAS die Darstellung des gesamten unternehmerischen Potenzials im Jahresabschluss vor. **Stille Reserven** sind in einem **IFRS-Abschluss zu vermeiden**; alle Vermögensgegenstände sind mit dem aktuell erzielbaren Marktpreis in der Bilanz anzusetzen. Diese Zielsetzung geht mit der Option zur Vornahme von **Wertzuschreibungen** sowohl auf das **Umlauf- als auch auf das Anlagevermögen** einher, das gemäß Handels- und Steuerrecht nur sehr eingeschränkt und nur für das Umlaufvermögen statthaft ist. Die entsprechenden Vorschriften finden sich in IAS 16.31, 16.39 sowie 16.41, die zur Überschrift „Assets" (Vermögensgegenstände) gehören.

Ein weiterer Unterschied zu den deutschen Bilanzierungs- und Bewertungsvorschriften liegt in der Möglichkeit, Vermögensgegenstände für die Bilanzierung in **Komponenten** aufzuteilen und diese mit unterschiedlichen Nutzungsdauern abzuschreiben. In Anlehnung an § 255 Abs. 1 HGB sind nachträgliche Anschaffungs- und/oder Inbetriebnahmekosten dem Vermögensgegenstand zuzuschreiben, gemäß der IFRS-Vorschriften lassen sich jedoch sogar der Rumpf und die Triebwerke eines Flugzeugs **getrennt voneinander abschreiben**, da diese Komponenten gemäß IAS 16.43 und 16.44 für sich einen im Vergleich zum Gesamtwert des Vermögensgegenstands bedeutsamen Wertanteil darstellen.

Im Bezug auf o. g., regelmäßig im Wert geminderte Komponenten von Vermögensgegenständen können Generalüberholungen, wie z. B. solche von Flugzeugtriebwerken, gemäß IAS 16.7 und 16.12 als **Wertzuwachs** behandelt werden. Das jeweilige Unternehmen muss sie nicht als Aufwand buchen. Diese Vorgehensweise entspricht der Strategie der IFRS, das gesamte finanzielle Potenzial eines Unternehmens im Jahresabschluss darzustellen. Die vollständige Abschreibung von Vermögensgegenständen bis zum Erinnerungswert von € 1,- hätte die Bildung von stillen Reserven zur Folge, die vermieden werden soll. Die „**Atomisierung**" von Vermögensgegenständen und die hieraus resultierende Option, Instandhaltungs-/Überholungsaufwendungen zu aktivieren entspricht der grundsätzlichen Intention dieses Systems von Rechnungslegungsstandards.

5.8 Wiederholungs- und Kontrollfragen

1. Wie heißen die Organe der „Foundation", welche die IFRS begründet haben?
2. Welche Aufgabe kommt der IFRIC zu?
3. Welche Rechtsverbindlichkeit weisen die IFRS auf? Erläutern Sie in diesem Zusammenhang das Endorsement-Verfahren.
4. IFRS beziehen sich primär auf internationale, börsennotierte Unternehmen. An welcher Stelle ist im deutschen Recht eine Vorschrift zu finden, die IFRS anzuwenden?
5. Erläutern Sie den Unterschied zwischen Code-Law und Case Law. Nehmen Sie hierbei Bezug (… unter Angabe von Beispielen) auf die IFRS.
6. Eine kapitalmarktorientierte Aktiengesellschaft mit Sitz in Deutschland weist am Ende des Geschäftsjahres folgende Positionen in Ihrer (vorläufigen) Bilanz aus:

BILANZ

Gebäude	300.000	gezeichnetes Kapital	600.000
Fuhrpark	150.000		
Finanzanlagen	200.000		
Forderungen	200.000	Verbindlichkeiten	400.000
Bank	150.000		
SUMME	1.000.000		1.000.000

Der Kaufpreis des Gebäudes lag bei € 500.000; es wurde zwischenzeitlich über mehrere Jahre abgeschrieben und sein Buchwert beträgt aktuell € 300.000. Ein kurz vor dem Jahresabschluss gestelltes Gutachten bescheinigt dem Gebäude einen Wert i. H. v. € 400.000. Zum Fuhrpark gehört ein älterer Sportwagen, der bis auf den Erinnerungswert von € 1, – abgeschrieben ist. Auch hierfür wurde ein Gutachten erstellt, das diesem Fahrzeug einen Marktwert i. H. v. € 25.000 bescheinigt. Die Finanzanlagen bestehen aus Aktien namhafter, börsennotierter Unternehmen. Die Anschaffung erfolgte erst wenige Wochen vor der Erstellung des Jahresabschlusses. Laut Kursberichten liegt der Marktwert in Summe bei € 250.000. Beurteilen Sie die Situation aus deutscher handels- und steuerrechtlicher Sicht. Stellen Sie die Argumentation den Vorschriften der IFRS/IAS gegenüber.

7. Eine kapitalmarktorientierte Aktiengesellschaft hält Anteile an einem Tochterunternehmen, aus dessen Ankauf sie einen Betrag i. H. v. € 150.000 als Goodwill in der Bilanz ausweist. Zu den Assets des Tochterunternehmens gehören Wertpapiere des Anlagevermögens i. W. v. € 150.000. Zum Ende des Geschäftsjahres bescheinigt eine Wirtschaftsprüfungsgesellschaft dem Tochterunternehmen einen Wert von € 200.000. Wie ist dieses Gutachten seitens der Muttergesellschaft buchhalterisch zu erfassen. Welche Rechtsquellen liegen der Bilanzierung zugrunde?
8. Auf welche Weise müsste die Bewertung vorgenommen werden, wenn das Gutachten anstelle der in Aufgabe 7 genannten € 200.000 lediglich € 90.000 als Zeitwert ergeben hätte?

5.9 Lösungen Kapitel 5

1. IASCF, SAC, IFRIC, IASB
2. Die IFRIC entwickelt Interpretationen zu Anwendungs-/Auslegungsfragen der internationalen Standards.
3. Im Rahmen des Endorsement-Verfahrens werden sämtliche IAS und IFRS-Vorschriften vor ihrer Publikation durch die EU-Kommission geprüft und im Falle des Nicht-Widerspruchs als verbindliches EU-Recht anerkannt.
4. § 315a HGB schreibt kapitalmarktorientierten Konzernen die Erstellung einer Konzernbilanz gemäß IFRS vor.
5. Das deutsche Handelsrecht orientiert sich am kontinental-europäischen code law, einem Rechtssystem, dessen Gesetze für eine Vielzahl von Fällen gültig sind und einen allgemeingültigen Charakter aufweisen sollen. Der Vorteil dieses Systems liegt in der Kürze seiner Vorschriften, der Nachteil in dessen Auslegungsbedürftigkeit. Eine Konkretisierung der AfA erfolgt im deutschen Recht z. B. im Steuerrecht und in den AfA-Tabellen.
   Die IFRS orientieren sich am angelsächsischen *case law*. Dieses Rechtssystem beinhaltet einzelfallbezogene Regelungen mit Gültigkeit für spezielle Fälle, deren Vorteil in einer genauen Regelung spezieller Sachverhalte und ausführlichen Formulierungen besteht. Der Nachteil hingegen liegt in der z. T. mehrfachen Wiederholung von Regelungen. Die Abschreibung ist in den IFRS z. B. in den IAS 16, 38 und 39 behandelt.
6. Gemäß der Vorschriften des deutschen Handels- und Steuerrechts dürfen die Werte des Gebäudes, des Fahrzeugs (Fuhrpark) sowie der Finanzanlagen nicht verändert werden, da § 253 Abs. 3 die Bewertung von Vermögensgegenständen des Anlagevermögens höchstens bis zu den Anschaffungs- oder Herstellungskosten gestattet.
   Wenn die Wertpapiere erst kurz vor der Erstellung des Jahresabschlusses gekauft wurden und ihr Wert noch dem Anschaffungs-/Kaufpreis entspricht, müssen diese nicht abgeschrieben werden. Eine Wertzuschreibung ist jedoch nicht vorgesehen. Läge

der aktuelle Marktpreis unter den Anschaffungskosten, so müsste ganz im Gegenteil eine Abschreibung/Wertminderung erfolgen.

Die IFRS vertreten eine andere Auffassung von der Bewertung der Vermögensgegenstände. Lässt sich ein über dem Buchwert liegender Marktwert für Vermögensgegenstände des Anlagevermögens feststellen, so ist eine diesbezügliche Wertzuschreibung vorzunehmen. Die entsprechenden Vorschriften finden sich in IAS 16.31, 16.39 und 16.41. Die Wertzuschreibungen auf den Bestandskonten werden gegen das Konto Neubewertungsrücklagen gebucht, das wiederum über Gewinnrücklagen abgeschlossen wird – ein Konto, das sowohl in deutschen als auch in IFRS unterhalb des Eigenkapitals existiert. Die Buchungssätze in Anlehnung an die in der Aufgabenstellung genannten Beträge lauten:

Gebäude	€ 100.000		
Fuhrpark	€ 24.999		
Wertpapiere des AV € 50.000		an	an Neubewertungsrücklagen € 174.999

Das Ergebnis dieser Bewertung von Vermögensgegenständen ist eine um € 174.999 erhöhte Bilanzsumme, die sich in den Bestandskonten

- Gebäude,
- Fuhrpark sowie
- Wertpapiere des Anlagevermögens

auf der Aktivseite der Bilanz wiederfindet und gegen die Position „Gewinnrücklagen" auf der Passivseite der Bilanz gebucht ist. Den Positionen liegt kein Zahlungsmittelfluss zugrunde.

7. Sofern der seitens des Mutterunternehmens in der Bilanz ausgewiesene Goodwill aus dem Kaufpreis abzüglich des Eigenkapitals besteht, ist den Vorschriften der IFRS 3.51 genüge getan. Zahlungsgenerierende Einheiten, sogenannte Cash Generating Units sind gemäß IAS 36.66 offenbar gebildet, da der aus der Unternehmensübernahme resultierende Goodwill ausgewiesen wird. Im Rahmen der jährlichen Prüfung ist jetzt, aufgrund dem unterhalb des Buchwertes liegenden Marktwert eine Sonderabschreibung gemäß IAS 36.59 vorzunehmen, die erfolgswirksam ist und den Wert des gezeichneten Kapitals des Mutterunternehmens reduziert. Der Buchungssatz lautet

Impairment Loss (außerordentliche Abschreibung)	100.000	
an Goodwill (Geschäfts- und Firmenwert)		100.000

8. Sofern der Zeitwert des Unternehmens unterhalb des Goodwill-Buchwertes liegt, dieser mit anderen Worten für die Korrektur des Buchwertes nicht mehr ausreicht, wird der hierüber hinausgehende Betrag vom Wert der Assets subtrahiert. Neben dem immateriellen Vermögensgegenstand werden zusätzlich die materiellen Vermögensgegenstände in ihrem Wert gemindert. Der Buchungssatz in diesem Zusammenhang würde lauten:

Impairment Loss (außerordentliche Abschreibung)	210.000	
an Goodwill (Geschäfts- und Firmenwert)		150.000
an Assets (Shares [Wertpapiere des Anlagevermögens])		60.000

Literatur

Buchholz, R.: Internationale Rechnungslegung, Aufl 10. Erich Schmidt, Berlin (2012)

Ditges, J., Arendt, U.: Kompakt-Training Internationale Rechnungslegung nach IFRS, Aufl 3. Kiehl, Ludwigshafen (2008)

Ernst & Young (Hrsg.): Praktische Hinweise zur Umsetzung der Vorschriften des IFRS8 Operating Segments. Stuttgart (2007)

Pellens, B., Fülbier, R.U., Gassen, J., Sellhorn, T.: Internationale Rechnungslegung IFRS1 bis 9, IAS 1 bis 41, IFRIC-Interpretationen, Standardentwürfe, Aufl. 8. Schäffer Poeschel, Stuttgart (2011)

Sachverzeichnis

A

Abgrenzungsposten, 9
  Rechnungs-, 10
Abschreibung, 12, 14, 20, 22, 23, 135, 165, 166, 168, 171, 175, 177, 178, 179, 181, 182, 183
AfA
  leistungsbezogene, 168, 171
Aktivierungsverbot, 125, 134, 135
Anlagendeckung, 136, 139, 140, 142, 143, 148
Anlagevermögen, 22, 23, 165, 166, 176, 179
Anlegerschutz, 163
Anschaffungskosten, 166, 170, 174, 175, 182
aRAP\t SieheRechnungsabgrenzungsposten, aktiver, 10
Assets, 167, 177, 178, 179
  intangible, 166
Atomisierung, 174, 175, 179
Aufwandskonten, 125, 141

B

Betriebsvermögensvergleich, 12
Bilanz, 2, 4, 5, 6, 8, 9, 10, 13, 15, 19, 20, 24, 25, 125, 128, 130, 132, 136, 137, 138, 141, 142, 143, 145, 146, 152, 155, 159, 170, 171, 172, 173, 177, 179, 182
Bilanzfälschung, 18, 19
Bilanzierungsanlässe, 4
Bilanzierungsvorschrift, 11, 19, 178
  handelsrechtliche, 5
  steuerrechtliche, 11
  Verstöße gegen, 14
Buchwert, 8, 15, 169, 170, 176, 177, 178, 182
Bundesanzeiger, 19, 20, 26

C

Case law, 166, 181
Cash-Flow, 6, 7, 174
Cash Generating Units, 176, 177
Code law, 166
Controlling, 4, 136

D

DRSC, 165, 166
Due Dilligence, 24, 25

E

Eigenkapitalrentabilität, 139, 140, 142, 143, 149
Endorsementverfahren, 165
Erinnerungswert, 179, 180

F

Fehlbetrag, 132, 133, 134, 140, 141
Firmenwert, 19, 152, 155, 156, 158, 176, 178, 182
  derivativer, 134, 176
  Geschäfts- und, 153

G

Gebäude, 12, 134, 174, 175, 178, 180, 182
Geschäftswert, 19, 152, 155, 156, 158, 176, 178, 182
  derivativer, 134
Gewinnrücklagen, 8, 11, 157, 159, 171, 172, 182

Gewinn- und Verlustrechnung, 2, 6, 20, 21, 22, 25, 125, 130, 131, 132, 141, 143, 146, 168, 169, 170, 171
Goodwill, 176, 177, 178, 182, 183

H
Herstellungskosten, 8, 166, 167, 175, 179

I
IASB, 164, 165, 178, 181
IASC, 164, 165
IASCF, 164
IASC\t Siehe International Accounting Standards Committee, 163
IFRIC, 164, 178
IFRS, 8, 155, 157, 158, 159, 161, 162, 163, 164, 165, 166, 167, 170, 171, 172, 174, 175, 176, 177, 178, 179, 180, 181, 182
International Accounting Standards Committee (IASC), 163, 164
Inventar, 4, 6
Inventur, 5, 6, 13, 16

J
Jahresabschlussprüfung, 14

K
Kapitalflussrechnung, 2, 6, 7, 25, 174
Kapitalgesellschaft, kapitalmarktorientierte, 25
Konsolidierung, 155
Körperschaftsteuer, 2, 11, 21, 23
Kreditwürdigkeit, 13, 15, 23, 25, 26, 141

L
Leasing, 20, 21
Lifo, 14
Liquidität, 4, 23, 136, 137, 138, 140, 142, 143, 148, 173

M
Marktwert, 9, 20, 167, 168, 169, 171, 180, 182
Maßgeblichkeit, 12, 13, 134, 141
  formelle, 3

N
Niederstwertprinzip, 134, 167, 179
Nutzungsdauer, 21, 22, 23, 135, 165, 168, 174, 175, 176, 179

O
Operations Research, 4
Ordnungsmäßigkeit, 14, 18
  formelle, 14
  materielle, 14

P
Passivierungsverbot, 134, 136
pRAP\t SieheRechnungsabgrenzungsposten, passiver, 10
Publikation, 19, 20, 26, 165

R
Rechnungsabgrenzungsposten, 9, 10, 130, 131, 140, 141, 143, 145, 146
  aktiver (aRAP), 10
  passiver (pRAP), 10
Rechnungswesen
  externes, 1
    Aufgaben und Bedeutung, 2
  internes, Abgrenzung, 1
Recoverable Amount, 177, 178
Rückstellung, 7, 14, 24, 125, 126, 127, 128, 129, 130, 135, 136, 140, 141, 142, 144

S
Shareholder, 179
Sonderabschreibung, 176
Strafrecht, 18

U
Umlaufvermögen, 13, 19, 137, 179

V
Vermögensgegenstand
  immaterieller, 166
  linearer, 166
Vermögensstruktur, 8, 139, 143
Vorsichtsprinzip, 162

Sachverzeichnis

W
Wechselwirkung der Handels- und Steuerbilanz, 19
Wertminderung, 166, 167, 175, 182
Wertzuschreibung, 8, 19, 159, 167, 169, 171, 181, 182

Z
Zahlungsmittelfluss, 141, 172, 182
Zeitwert, 8, 176, 177, 178

Printed by Printforce, the Netherlands